프란시스 쉐퍼의
도약 반대론

정태홍

RPTMINISTRIES
http://www.esesang91.com

목 차

머리말

I. 서론 ··· 7
  1. 연구목적과 문제 제기 ······································ 7
  2. 선행연구사 ·· 10
  3. 연구방법 및 범위 ·· 15

II. 프란시스 쉐퍼의 도약 반대 개념 ················· 20
  1. 문화관과 도약 반대 ······································ 20
    1.1. 철학에서의 도약 반대 ···························· 20
    1.2. 예술에서의 도약 반대 ···························· 38
    1.3. 신학에서의 도약 반대 ···························· 50

  2. 성경관과 도약 반대 ······································ 78
    2.1. 성경관에서의 도약 반대 ························ 78
    2.2. 인간 구원에서의 도약 반대 ·················· 94
    2.3. 기독교 예술에서의 도약 반대 ············ 106

3. 영성관과 도약 반대 ··· 116
   3.1. 하나님의 백성으로서의 도약 반대 ················· 116
   3.2. 참된 영성에서의 도약 반대 ······························ 127
   3.3. 초영성에서의 도약 반대 ··································· 137

4. 교회관과 도약 반대 ··· 149
   4.1. 탈기독교에서의 도약 반대 ································ 149
   4.2. 그리스도인의 표지에서의 도약 반대 ············· 163
   4.3. 도시와 인간으로서의 도약 반대 ····················· 174

5. 서구관과 도약 반대 ··· 187
   5.1. 인간의 파괴와 도약에서의 반대 ····················· 187
   5.2. 인간의 존엄성에서의 도약 반대 ····················· 196
   5.3. 기독교인으로서의 도약 반대 ··························· 206

Ⅲ. 결론 및 제언 ·· 216

참고문헌 ·· 287

도 식 목 차

〈도식 Ⅱ-1〉 자연과 은총 ·· 21
〈도식 Ⅱ-2〉 자연과 은총 상세 ·· 21
〈도식 Ⅱ-3〉 신정통주의와 신신학자의 단어 ··················· 57
〈도식 Ⅱ-4〉 신신학의 내적 문제 ······································ 65

약어표기

CWFS1	*The Complete Works of Francis A Schaeffer A Christian Worldview Vol. I*, 2d ed. *A Christians view of Philosophy and Culture* (Wheaton, Illinois: Crossway Books, 1991)
CWFS2	*The Complete Works of Francis A Schaeffer A Christian Worldview Vol. II*, 2d ed. *A Christians view of The Bible as Truth* (Wheaton, Illinois: Crossway Books, 1991)
CWFS3	*The Complete Works of Francis A Schaeffer A Christian Worldview Vol. III*, 2d ed. *A Christians view of Spirituality* (Wheaton, Illinois: Crossway Books, 1991)
CWFS4	*The Complete Works of Francis A Schaeffer A Christian Worldview Vol. IV*, 2d ed. *A Christians view of The Church* (Wheaton, Illinois: Crossway Books, 1991)
CWFS5	*The Complete Works of Francis A Schaeffer A Christian Worldview Vol. V*, 2d ed. *A Christians view of The West* (Wheaton, Illinois: Crossway Books, 1991)

머 리 말

　이 시대에 도약을 말한다는 것은 생소한 일이다. 도약을 말하면, '도약이 뭐야?', '도약은 좋은 거 아닌가?'라고 반응한다. 도약이 기독교 신앙에서 얼마나 위험한지를 모르고 있다. 우리의 신앙이 도약을 감행하고 있는지 확인해야 하는 시점에 와 있다.

　그 확인을 위해 이 책은 유익하다. 쉐퍼는 기독교 신앙에서 도약이 일어나지 말아야 한다는 것을 우리에게 말해 준다. 쉐퍼를 읽거나 논하면서 도약이 무엇인지 모르면 의미가 없다고 해도 과언이 아니다. 쉐퍼를 접하는 분들이 쉐퍼를 이해하지 못하는 이유도 사실은 도약이 무엇인지 파악하지 못하는 데 있다.

　이 책은 박사 논문을 재편집한 것이다. 편집의 근거는 쉐퍼 전집의 순서에 있다. 쉐퍼 전집의 순서를 따라 도약을 이해하는 것이 필요하기 때문이다. 도약을 이해해야 쉐퍼의 사상 전체를 이해할 수 있다. 또한, 기독교 신앙이 도약해서는 안 되는 근거를 확보할 수 있다.

　하나님께서 눈 열어 여기까지 인도해 주심을 감사하며, 부족한 자를 위하여 늘 기도해 주시는 분들에게 감사를 드린다.

정 태 홍

Ⅰ. 서 론
1. 연구목적과 문제 제기

본 연구는 프란시스 쉐퍼(Francis August Schaeffer)의 전체 사상에 도약(leap)[1] 반대론이 핵심적 역할을 하고 있음을 밝힘으로써 쉐퍼의 사상을 보다 깊게 이해하는 데 도움을 주고, 나아가서 기독교인들이 섣부르게 도약 개념에 의지하지 않고 이성을 사용하여 안정된 삶을 누릴 수 있다는 것을 보여주고자 하는 데 그 목적이 있다. 따라서 본 연구를 통해 쉐퍼의 사상에 핵심적으로 나타나 있는 진리관의 변화와 도약에 대한 반대를 밝힘으로써 기독교인들이 세상 속에서 자기 존재를 성경적으로 확보하고 인격적인 삶을 살아갈 수 있게 하려고 한다.

또한, 본 논문은 쉐퍼의 저작들을 연구함으로써 현대를 살아가는 기독교인들에게 도약 없이 합리성을 수호할 수 있는 근거를 제공하려고 한다. 쉐퍼는 "만일 우리가 성경에 기록되어 있는 것을 정상적인 방법으로 이해하려 들지 않는다면, 기독교의 뼈대는 단지 하나의 실존적 도약[2]으로 전락할 것이다."라고 말했다.[3] 쉐퍼의 이 말에는 적극적인 방법으로는 성경의 진리를 수호하고 실천하려는 의지를 보여주며, 소극적인 방법으로는 기독교인들이 실존적 도약에 빠지지 말아야 한다는 두 가지 큰 틀을 말해주고 있다.

---

[1] 번역자에 따라 '도약'(leap)을 '비약'으로 번역을 달리하지만 그 의미는 동일하다. 쉐퍼가 말하는 도약은 아무런 검증이 없이 논리적인 것에서 비논리적인 것으로, 합리적인 것에서 비합리적으로 나아가는 것을 말한다.
[2] 남경태, **개념어 사전** (서울: Humanist, 2012), 306-308; '실존'은 키에르케고르가 헤겔철학을 비판하면서 처음으로 제기한 말로써 인간이 항상 구체적인 상황 속에 처한 존재라는 뜻이다. 그런 까닭에 인간은 상황에 지배를 받는다. 그런 실존이 직면하는 권태를 극복하기 위해 진정으로 실존적인 존재가 되기 위해 실존의 단계를 상승시키는 것이 실존적 도약이다.
[3] Francis A. Schaeffer, **창세기의 시공간성**, 권혁봉 역 (서울: 생명의말씀사, 2003), 45.

쉐퍼는 특히 자신의 책 3부작4)을 통해 인본주의 사상과 혼합주의의 도전에 맞서 20세기의 교회를 깨우고자 했다. 무엇보다 쉐퍼는 영적 방황에 휩싸여 헤매고 있는 사람들에게 삶의 기준을 세워주면서 일상의 삶 속에서 참된 진리이신 하나님의 영광을 위하여 살도록 인도하고자 했다.

'도약'이라는 말은 합리적인 근거 없이 신앙으로 종교에 투신하는 것을 말한다. 도약은 초월적 존재를 증명할 수 없고, 다만 그 초월적 존재를 믿기 위해 믿는 신앙을 의미한다. 그야말로 신앙을 위한 신앙이 도약이다. 도약은 합리성이 비합리성으로 나가기 위해 일종의 도박을 하는 것이다. 그것은 주체적 정열로 이루어진다.5) 이 도약은 키르케고르(Sören Aabye Kierkegaard)가 『철학적 단편』 후기에서 하나님의 존재를 증명하기 위한 시도에서 비롯되었으며, 존재 그 자체는 도약으로 입증된다고 말했다.6) 키르케고르는 신 존재 증명은 "신앙으로 말미암아 역사적 실존의 삶에서 신앙의 삶으로 비약하는 길뿐이다."라고 말했다.7) 키르케고르가 도약을 말한 이유는 하나님께서 인간이 되셨다는 것은 역설이고 인간의 이성으로는 그 역설을 이해할 수 없기 때문이었다.

키르케고르는 칸트(Immanuel Kant)가 말한 단번에 신인동형에 이르게 하는 강력한 뛰어오름(ein gewaltiger Sprung)을 도약이라는 말로 표현했다. 이것은 한 속(genus)에서 다른 속으로 전이 되는 것으

---

4) Francis A. Schaeffer, 기독교 문화관, 문석호 역 (서울: 크리스챤다이제스트, 1994), 6; 쉐퍼의 기본적인 3부작은 『존재하시는 하나님』, 『이성에서의 도피』, 『존재하시며 말씀하시는 하나님』이다. 나머지 모든 책들은 그 중심축을 받쳐 주는 둥근 수레바퀴라고 말하는 것이 적합하다.
5) Sören Aabye Kierkegaard, **철학적 단편**, 표재명 역 (서울: 종로서적주식회사, 1980), 34-35.
6) Robert L. Perkins, *International Kierkegaard Commentary Concluding Unscientific Postscript to Philosophical Fragments vol XII* (Georgia: Mercer University Press, 1994), 183.
7) Tony kim, **키르케고르 신앙의 합리성**, 윤덕영 역 (서울: 홍성사, 2018), 52.

로 사고 범주의 불법적인 혼란을 야기하는 아리스토텔레스(Aristotle) 의 어법이었다.8) 키르케고르는 진리는 추구하는 대상이 아니라 찾는 데 있다는 레싱(Lessing)의 말에 동의했다. 그 말이 의미하는 것은 "종교적 진리는 개인과 개인에 관한 것이며, 개인화와 실현의 과정이며 주관적 역동성이었다."9) 퍼킨스(Robert L. Perkins)는 키르케고르가 도약이라는 단어를 결정적으로 사용한 것은 레싱의 영향보다는 칸트의 영향이 컸다고 보았다.10) 쉐퍼는 칸트나 레싱의 영향을 입은 키르케고르의 도약 개념을 반대하며 합리성을 중시하면서도 성경의 하나님 안에서 의미와 통일성을 강조하고자 했다.

이와 같은 이해를 바탕으로 본 연구는 기독교인들이 도약 없이 합리성을 갖춘 참된 영성으로 안정되게 살아가는 근거를 제공하려고 한다. 쉐퍼는 문화관, 성경관, 영성관, 교회관, 서구관에서 도약이 일어나는 배경을 말하면서 기독교인들에게는 그런 도약이 일어나지 않는다고 말했다.

쉐퍼는 그 시작을 토마스 아퀴나스(Thomas Aquinas)로부터 말했다. 아퀴나스는 하층부에 자율적인 인간을 등장시켰다. 그로 인해 자율적인 자연신학과 철학을 도입하면서 세속적 사고에서는 모든 희망을 비합리적인 상층부에 두게 되었다. 따라서 합리적인 영역에서 하나님을 찾기 위해 할 수 있는 일이 없어졌다. 그 결과로 도약이 일어나지 않을 수 없었다.11)

종교개혁자들과 성경은 인간이 자신의 구원을 위해 아무 일도 할 수 없지만, 이성을 사용해 종교적 진리와 역사와 우주를 취급하는 성

---

8) Robert L. Perkins, 172.
9) Vincent Edward Smith, *Idea-men of today* (Milwaukee: Bruce, 1950), 254-255.
10) Robert L. Perkins, 185.
11) Francis Schaeffer, **이성에서의 도피**, 김영재 역 (서울: 생명의말씀사, 2008), 13-17.

경을 탐구할 수 있다고 보았다.12) 그런 까닭에 종교개혁자들에게는 도약이 일어나지 않았다. 쉐퍼의 전집과 책과 자료들은 참된 신앙이 없는 세계에서 어떻게 도약이 일어나는지를 파악하고 도약 없이 성경적 원리로 살아갈 것인지를 제공해 준다. 본 연구는 쉐퍼의 사상을 통해 도약 없는 참된 기독교인의 삶이 무엇인지 명확하게 밝히려고 한다.

2. 선행연구사

본 연구는 쉐퍼의 도약에 대한 반대 개념과 관련하여 다음과 같이 문제를 제기하고자 한다. 첫째, 쉐퍼를 소개하는 책들과 논문들이 쉐퍼가 말하는 도약을 거의 대부분 말하지 않는다는 사실이다. 쉐퍼에 관한 논문과13) 비평들은14) 쉐퍼의 사상을 소개하는 정도에 그치고 있다. 쉐퍼의 사상을 한국에 소개하는 데 큰 역할을 한 성인경도 역시 쉐퍼의 도약에 대해 제대로 드러내지 않았다.15) 이렇게 된 이유는 알 수 없지만 쉐퍼가 도약을 반대한다는 사실을 말하지 않으면서 쉐퍼의 사상을 말한다는 것은 쉐퍼 사상의 본질을 알지 못하는 것이다. 쉐퍼의 문화적 관점에 대해 일필 하는 것으로 만족한다면 쉐퍼가 말하는 핵심이 무엇인지를 정확히 간파하지 못하는 결과를 초래한다.

---

12) Ibid., 30-33.
13) Huynh Thi Hong Buu, "Francis Schaeffer's True Knowledge Apologetics and Its Relevance to Curriculum in a Christian Educational Context" (박사학위논문, 고신대학교, 2014), 49; 티 홍 부는 "쉐퍼에 따르면, 비이성주의에 의해 현대인은 믿음의 도약을 하고 절망에 빠졌다."라고 말하지만 도약에 대한 구체적인 언급이 부족하다.
14) 신동식, "프란시스 쉐퍼의 삶과 사상(5)," Apr 11, 2016. Accessed Apr 12, 2018. http://blog.daum.net/bjc3028/7206971; 신동식은 "제3장 쉐퍼에 대한 비평적 이해"에서 쉐퍼가 20세기 말의 교회에 "복음주의 신학의 바른 기준을 제시하였다."는 말을 하지만, 도약에 대해서는 전혀 언급이 없다.
15) 성인경, **프랜시스 쉐퍼 읽기** (서울: 예영커뮤니케이션, 2003), 93-94; 성인경은 키르케고르의 도약에 대해 쉐퍼의 글을 소개하면서 매우 짧게 약술하는 것에 그쳤다.

예를 들어, 래리 리옹(Larry W. Lyon)은 공공신학의 측면에서 쉐퍼를 분석하며 문화에 대한 그리스도의 주권과 문화변혁을 주장했다.16) 그러나 리옹의 논문에는 문화 속에 일어나고 있는 도약에 대해서 언급하지 않았다.

둘째, 쉐퍼의 도약 반대 개념을 말하지 않기 때문에 쉐퍼에 관한 저서들과 논문들이 쉐퍼의 사상을 제대로 전달하지 못하고 있다. 쉐퍼의 사상을 소개하는 자료들이 쉐퍼가 도약을 반대한다는 사실을 담아내지 못하기 때문에 쉐퍼가 어떤 말을 할 때 그 진의를 제대로 파악하지 못하고 있다.

셋째, 쉐퍼의 도약 반대 개념을 밝혀내지 못함으로써 쉐퍼의 의도와는 달리 오히려 하층부에 치중하는 경향이 일어나고 있다. 그리스도의 주권과 문화변혁을 말하면서 이 현실 세계의 변화를 너무 강조하다 보니 쉐퍼가 우려했던 것처럼 상층부와 하층부가 균형을 이루지 못하는 현상이 나타나고 있다.

넷째, 한국교회가 비성경적인 영성에 깊이 빠져들고 있다. 많은 교회가 현실의 고난에 대한 해결책을 성경적으로 제시하지 못하고 영성이라는 이름으로 비성경적인 방식을 교회에 도입하고 있다.

다섯째, 한국교회의 영성에 대한 반작용으로 신앙이 지성적으로 흐르고 있다. 영성이 비성경적으로 나가는 것을 우려한 나머지 지적인 만족을 구하면서 책을 읽고 토론하는 것으로 만족하려는 경향이 짙어지고 있다.

이런 문제들로 인하여 본 연구를 위해 쉐퍼의 도약 반대론에 관련된 선행연구들이 있는지 살펴보았다. 쉐퍼의 도약에 관한 선행연구를

---

16) Larry W. Lyon, "The enduring value of the public theology of Francis Schaeffer" (Ph.D, diss., Southeastern Baptist Theological Seminary, 2016).

살펴보면, 국내에서는 후인 티 홍 부(Huynh Thi Hong Buu)가 쓴 1개의 박사학위 논문이 있다. 티 홍 부는 기독교 세계관의 관점에서 쉐퍼의 참지식의 변증학에 대해 연구를 했다. 티 홍 부는 신앙, 학문 그리고 삶의 모든 영역에서 그리스도의 주되심을 나타내는 커리큘럼 개발과의 관련성에 대해서 검토했다. 그러나 티 홍 부는 서구사상과 쉐퍼에 대해 논했지만, 도약에 대한 구체적인 설명이 없다.[17]

해외에서는 쉐퍼에 대한 박사 논문이 5개가 있다. 그 가운데 찰스 맥카티(Charles Barry McCarty)와 아웃로(David Outlaw)는 쉐퍼의 영향력에 대해 진술했지만, 이들도 역시 도약에 대해서는 말하지 않았다.[18] 아웃로는 쉐퍼의 변증학에 대한 스크리브너(Steve Scrivener)와 존 프레임(John M. Frame)과의 대화에서도 도약은 등장하지 않고 있다.[19]

그런가 하면, 맥카티는 쉐퍼가 자신의 의도에 따라 자료들을 왜곡했으며, 자기주장에 대한 증거가 적거나 없다고 주장했다. 맥카티는 쉐퍼가 아퀴나스를 말하면서 아퀴나스의 저작으로부터 하나도 인용한 것이 없다면서 쉐퍼의 주장을 혹평하고 있다. 맥카티는 이와 같은 문제의 원인이 증거의 왜곡이 아니라 타당한 추론으로 이끌어 내는 적절한 증거의 부재라고 보았다. 그러나 맥카티의 논문은 쉐퍼가 사용한 증거 자료들의 신빙성에 관한 연구였기 때문에 도약에 대한 언급은 없었다.[20]

---

17) Huynh Thi Hong Buu, "Francis Schaeffer's True Knowledge Apologetics and Its Relevance to Curriculum in a Christian Educational Context" (박사학위논문, 고신대학교, 2014).
18) William David. Outlaw, "The Impact of Francis Schaeffer on selected American Evangelical social thinkers" (Ph.D. diss., Mid-America Baptist Theological Seminary, 2001).
19) John M. Frame, "Some Thoughts on Schaeffer's Apologetics," FRAME-POYTHRESS. ORG. Jun 5, 2012. Accessed Apr 12, 2018. https://frame-poythress.org/some-thoughts-on-schaeffers-apologetics.
20) Charles Barry Mccarty, "A Study Of The Integrity of Evidence used in Fracne A. Schaeffer's 'How should we then live?: The rise and decline of Western thought and culture" (Ph.D. diss., University of

아웃로는 화이트헤드(Whitehead), 오스 기니스(Os Guinness), 팀 라헤이(Tim LaHaye), 랜달 테리(Randall Terry)와 같은 복음주의 비평가들에게 미친 쉐퍼의 영향력에 대해 진술했다.21) 아웃로는 쉐퍼의 라브리(L'Abri, 피난처) 사역을 소개하면서 쉐퍼가 교회로 하여금 당대의 문화와 사회 윤리에 관심을 촉구한 것을 말했다. 쉐퍼는 교회가 사회적 책임을 사랑과 진리로 감당하면서 여러 사회 이슈들에 대해 기독교적 위치를 분명하게 하기를 원했다. 아웃로는 예술의 영역을 말하면서 이성에서의 도피에 나타난 도약과 코넬리우스 반틸(Cornelius Van Til)의 전제주의를 말하면서 도약을 언급하기는 했으나 구체적인 설명이 없다.22)

도란(Nicole Doran)은 라브리에서 있었던 예술 활동과 창조성을 논했다.23) 도란은 라브리의 예술철학에 대해 논하면서 하나님께서 물질세계를 창조하셨으며 하나님의 형상을 따라 인간을 창조하시고 문화명령을 주셨다는 것에서 예술철학의 근거를 말하고자 했다. 인간이 물질과 이념의 세계에서 창조성을 펼쳐가는 것은 하나님의 선하심을 나타내는 것이다. 그런데 도란은 라브리에서의 예술철학에 대해 논하고 있지만, 도약에 대한 언급은 없었다.

데이비드 라슨(David Kenneth Larsen)은 환경주의자들에 대한 복음주의자들의 자세가 무엇인지를 다루고 있다. 라슨은 쉐퍼를 말하기

Pittsburgh, 1980).
21) William David Outlaw, "The Impact of Francis Schaeffer on selected American Evangelical social thinkers" (Ph.D. diss., Mid-America Baptist Theological Seminary, 2001).
22) Ibid., 44; 반 틸의 전제주의는 그가 '그리스도에 대한 성경의 자기 증언은 항상 내가 말한 모든 것에 대한 출발점이었다.'라고 말했을 때 명백하게 나타난다. 그러나 이것은 비이성론자의 도약과는 거리가 멀다. 존 프레임은 반 틸을 위해 기독교 전제가 가능한 가장 강력한 합리적 근거, 즉 하나님의 계시를 가지고 있다고 확인했다."
23) Nicole Ellen Doran, "A Christian Philosophy of Music and the Arts: the Contributions of the Schaeffer Family and the L'Abri Community" (Doctor of the Musical Arts., the University of Cincinnati, 2002).

전에 먼저 린 화이트(Lynn White, Jr.)의 생태적 문제에 대한 주장을 말했다. 라슨은 쉐퍼의 책 『오염과 인간의 죽음』으로 지구의 지배에 대해 부정적인 린 화이트의 환경 신학을 비판하며 다루었다.24) 라슨은 린 화이트의 개념을 더 확장한 민즈(Richard L. Means)의 범신론적 해결책을 비판하였다. 라슨이 쉐퍼의 책을 마무리하면서 도약에 대해 한마디 언급은 했으나 도약에 대한 선명한 설명이 없었다.25)

리옹(Larry W. Lyon)은 공공신학의 측면에서 쉐퍼를 분석하며 문화에 대한 그리스도의 주권과 문화변혁을 주장했다. 리옹은 쉐퍼의 공공신학적 기여를 설명하면서, 기독교 신앙이 합리적이며 이해할 수 없는 어떤 이상한 체계가 아니기 때문에 어둠 속의 도약(leap in the dark)이 일어나지 않는 것을 언급하였다.26) 리옹은 계시의 권위(Revelation's Authority)를 말하면서, 이스라엘 백성들이 하나님으로부터 말씀을 듣고 보았기 때문에 도약이 일어나지 않았다고 말했다.27) 또한, 리옹은 쉐퍼가 "도덕률과 정부의 통치가 도덕적 절대성에 기초하지 않을 때, 그 날의 유리한 도덕이 모든 도덕을 지배하는

---

24) David Kenneth Larsen, "God's Gardeners: American Protestant Evangelicals Confront Environmentalism" (Ph.D. diss., The University of Chicago, 2001).
25) Ibid., 72; "White's article caused many evangelicals to both leap to the defense of a misunderstood Christianity and to begin formulation an environmental theology. Most responede by claiming that Christianity offered the best solution to the envionmental crisis. The 1970s would test how well they could substantiate this claim through their environmental efforts."
26) Larry W. Lyon, 65; "Schaeffer disregards the common critique of Christianity as being a "leap of faith" with little to no tangible evidence other than the faith of Christian believers. Schaeffer instead argues that the Bible and the Christian faith are understandable and accessible within the demands of historical, philosophical, and any other societal measure."
27) Ibid., 105; "Schaeffer demonstrates his argument through the illustration of Moses proclaiming to the Israelites that they had seen the work of the Lord, and that they had heard the voice of the Lord. This hearing and seeing from the Lord meant that something from God was taking place in the natural world and as such should have real world effects. Schaeffer writes about Moses speaking to the Israelites, 'What they heard (along with other things) was a verbalized propositional communication from God to man, in a definite, historic space-time situation. It was not some kind of contentless, existential experience, nor an anti-intellectual leap.'"

법이 되는 종잡을 수 없는 상황이 될 수 있다."고 말하면서 '대약진'(The Great Leap Forward)을 말했다.28) 리옹은 거기에 기초하여 기독교인들은 정치적 과정에 관여해야 한다고 말했다.29) 그러나 리옹도 도약에 대한 구체적인 설명은 없었다.

이와 같이 국내외의 선행연구들은 쉐퍼의 사상에서 핵심적으로 말하고 있는 도약 반대에 대해 말하지 않거나 분명하게 말하지 않고 있는 것을 볼 수 있다. 그런 까닭에 본 연구에서는 쉐퍼가 도약을 왜 반대했는가를 밝히고자 하였다.

3. 연구방법 및 범위

본 연구에서는 쉐퍼의 도약 반대를 연구하기 위해 문헌연구 방법을 사용하려고 하였다. 그러기 위해 먼저 쉐퍼의 전집을 검토하였다. 쉐퍼의 전집은 5권인데, 이들 책에는 쉐퍼의 주요한 사상이 집약되어 있다. 효과적인 연구를 위해 먼저 쉐퍼의 3부작이라 불리는 『존재하시는 하나님』, 『이성에서의 도피』, 그리고 『존재하시며 말씀하시는 하나님』을 중심으로 쉐퍼의 사상에서 도약이 어떻게 핵심적으로 나타나고 있는지를 면밀하게 살펴보려고 할 것이다.

Ⅰ부에서는 논문의 연구목적과 선행연구사를 다루며 연구방법에 대해 말할 것이다. 앞에서 다루었던 선행연구들은 쉐퍼의 사상을 세부적으로 살피는 데는 나름의 유익한 점이 있다. 그러나 쉐퍼의 사상을 전체적으로 지배하고 있는 도약 반대에 대해서는 보다 선명한 분

---

28) Ibid., 153; "Moral law and rule in government, when not based on moral absolutes, can become shifting sands upon which the favorable morality of the day becomes the law that governs all morality. The Christian must be willing to engage the political process to combat legal and constitutional relativism. The engagement process must be taken seriously, according to Schaeffer, since Christianity's presence in the public square is at stake."
29) Ibid.

석과 설명을 발견할 수가 없다. 그런 까닭에, 1차 자료인 쉐퍼의 전집과 문헌들을 검토함으로써 사람들이 통일성을 얻기 위해 도약한다는 것을 밝히려고 하였다. 이를 통해 쉐퍼의 문화관, 성경관, 영성관, 교회관, 서구관에 나타난 도약을 밝히고 기독교에는 그런 도약이 없다는 것을 말하고자 하였다. 쉐퍼의 사상에서 도약이 얼마나 중요한지 파악하기 위해 쉐퍼의 전집에서 실제로 도약에 대해 무엇을 말하는가를 살펴보려고 하였다.

무엇보다 번역가의 사견과 오류가 있을 수 있기 때문에 쉐퍼의 사상을 분석하기 위해 쉐퍼의 전집을 원문과 대조해 가면서 살펴보려고 하였다. 또한 쉐퍼의 저술들에 대한 학자들의 서평과 학술지를 참고하려고 하였다. 이런 작업들은 쉐퍼의 도약을 연구함에 있어서 올바른 연구를 하도록 안내해 줄 것이다. 또한 쉐퍼가 현대사상의 문제점들을 말할 때 중요한 핵심 단어인 도약이라고 말하는 것을 밝혀 가는 과정에서 어느 한쪽으로 치우치지 않도록 할 것이다.

Ⅱ부에서는 쉐퍼의 도약 반대론 개념이 무엇인지 쉐퍼의 저작들을 중심으로 살피려고 한다. 먼저 1장에서는 문화관에 나타난 도약 반대 개념을 살펴보고자 한다. 그러기 위해서 아퀴나스와 아리스토텔레스의 관계성을 밝힐 것이다. 문화관에서 합리성을 버리고 도약이 발생하게 된 것은 개별자가 자율성을 가지게 되었기 때문이다. 특별히 쉐퍼의 문화관을 말해주는 기독교 문화관을 중심으로 국내외 저서들, 학술서적, 그리고 논문들을 수집하여 도약이 어떻게 일어나고 문화에 어떤 영향을 주었는지에 대해 살펴보게 될 것이다. 또한, 아퀴나스로부터 키르케고르를 거쳐서 하이데거에 이르기까지 인간이 합리성을 포기하고 비합리적으로 통일성을 확보하기 위해 상층부로 도약하는

과정을 분석할 것이다. 그 분석을 통하여 철학에서 미술과 음악과 문화와 신학에까지 어떻게 영향을 끼쳤는지를 살펴보려고 한다.

사람들은 쉐퍼가 문화관에 왜 신학을 넣었는지 의아해한다. 혹은 신학이 문화관 안에 들어간 것을 불편해한다. 쉐퍼가 문화관에 신학을 넣은 것은 신학을 경시해서가 아니라 철학에서 시작된 영향이 신학에까지 미쳤다는 것을 말하기 위함이다.

2장 성경관과 도약 반대에서는 창조가 시공간에서 일어난 역사적 사건임을 믿는 것이 개별자에게 얼마나 중요한 것인지를 밝히려고 하였다. 그리고 존재의 기원을 인격적인 것과 비인격적인 것에서 시작하는 차이점을 통해 도약이 일어나지 않는 것과 도약이 일어나는 근거를 연구하려고 하였다.

무엇보다 쉐퍼의 성경관을 말해주는 기독교 성경관을 중심으로 국내외 저서들, 학술서적을 통해 성경이 참된 진리를 다루고 있으며, 모든 실재의 의미를 말해주고 있다는 사실을 연구하려고 하였다. 그럼으로써 성경이 모든 존재의 기원을 말해주며, 그로 인해 상층부와 하층부의 분리 없이 개별자들이 의미와 통일성을 부여받는다는 것을 밝히게 될 것이다. 또한, 참된 영성의 의미는 하나님께 참으로 성별 된 것임을 밝히려고 하였다. 쉐퍼의 체계에서 인간이라는 개별자가 자율성을 가짐으로 인해 결정론에 기대어 살아가는 기계가 된 것이 인간에게 어떤 영향을 주는지를 연구하려고 하였다. 그리고 쉐퍼의 영성관을 말해 주는 기독교 영성관을 중심으로 조셉 플레처(Joseph Fletcher)의 상황 윤리를 검토함으로써 도약과 함께 인간의 인격성을 검토하려고 하였다. 즉, 기독교 영성관과 현대의 영성이 어떤 방향으로 가고 있는지를 연구함으로써 기독교인에게 도약이 발생하지 않는 근거를 제시하려고 하였다. 이를 위해 국내외 저서들을 통해 기독교 영성과 플라톤적 영성과 현대의 초영성을 비교함으로써 기독교 영성에서 도약이 일어나지 않고 어떻게 삶을 살아갈 수 있는지를 연구하려고 하였다.

3장 영성관과 도약 반대에서는 쉐퍼가 말하는 참된 영성의 의미와 현대인들이 왜 영성으로 도약하는지를 살펴보았다. 현대인들이 합리성을 포기하고 신비주의자가 되는 이유는 자기 존재의 의미를 찾기 위해 도약이 일어나기 때문이다.

4장 교회관과 도약 반대에서는 탈기독교 세계 속에서 일어나는 도약이 무엇인지 밝히려고 했다. 탈기독교 세계에서 현대인들은 인간을 인간 그 자체로 말할 수 있는 근거를 왜 상실했는지를 살펴보고, 기독교인들에게 도약이 발생하지 않고 참된 인간으로 살아갈 수 있는 이유를 제시하려고 하였다. 쉐퍼의 기독교 교회관을 중심으로 국내외 서적과 논문과 학술지를 통해서 현대인들이 비인격체로부터 존재적 관점을 가짐으로써 상층부로 도약하게 되는 이유를 밝히려고 하였다.

5장 서구관과 도약 반대에서는 오늘날 서구 세계가 생태학적 문제에 대해 어떤 해결책을 말하며, 쉐퍼는 그에 대응하여 왜 기독교적 창조론으로 대답하려고 하는지를 연구하고자 하였다. 그뿐만 아니라 현대의 서구관이 인간과 우주에 대한 토대로써 우연과 물질과 시간의 결과로 생겨났다는 사상을 견지하는 결과로 일어난 문제가 무엇인지를 밝히려고 하였다. 이를 위해 쉐퍼의 기독교 서구관을 중심으로 국내외의 저서들과 논문과 학술지를 비교 검토함으로써 기독교인의 삶에 도약이 발생하지 않는다는 것을 본 연구를 통해 살펴보게 될 것이다.

Ⅲ부에서는 이상의 논의들을 통해 쉐퍼의 도약 반대론에 대한 결론을 내리고 제안을 하는 것으로 논문을 마무리하려고 한다.

II. 프란시스 쉐퍼의 도약 반대 개념
1. 문화관과 도약 반대
1.1. 철학에서의 도약 반대

쉐퍼가 문화관에서 철학을 먼저 말하는 이유는 철학이 합리성을 배제하고 도약함으로써 문화의 주된 영역인 미술과 음악에까지 비합리성을 추구하게 되었기 때문이다. 쉐퍼는 문화관에서 비합리성으로 가지 않기 위해 학문과 신앙의 통일성을 주장했다.[30] 무엇보다 쉐퍼는 문화 속에서 통일성이 깨진 시점이 아퀴나스라고 보았으며, 그 영향이 문화 전체에 미쳤다고 보았다. 그리고 쉐퍼는 절망[31]의 첫 단계가 철학으로 시작했으며, 두 번째 단계는 미술이라고 말했다. 세 번째 단계가 음악이고, 네 번째 단계가 일반문화이다. 따라서 쉐퍼는 철학에서의 도약을 반대하는 이유를 다음과 같이 말하고 있다.

첫 번째로, 쉐퍼가 철학에서의 도약 반대를 말하는 것은 아퀴나스와 아리스토텔레스의 관계성이다. 쉐퍼는 현대 문화관의 도약 시발점을 아퀴나스로 보았다. 쉐퍼는 현대 문화관에 도약이 일어난 이유가 진리관의 변화 때문이라고 말했다.[32] 그런 진리관의 변화를 말하기 위해, 쉐퍼는 아퀴나스가 말하는 자연과 은총을 다음과 같은 〈도식 Ⅱ-1〉과 〈도식 Ⅱ-2〉로 설명했다.

---

30) Francis A. Schaeffer, **기독교 문화관**, 30.
31) Francis A. Schaeffer, **이성에서의 도피**, 59; "그러면 여기서 말하는 절망이란 무엇인가? 그것은 지식과 삶에 대한 통일된 해답을 바라던 희망을 포기하는 데서 오는 절망이다. 현대인은 통일된 해답을 바라던 희망을 저버리는 한이 있더라도 합리주의와 자율적인 반항을 고집하고 있다."
32) Francis A. Schaeffer, **기독교 문화관**, 23.

<도식 II-1> 자연과 은총

은총

자연33)

<도식 II-2> 자연과 은총 상세

은총, 위층: 창조주 하나님, 하늘과 하늘에 있는 것들, 보이지 않는 것과 그것의 땅에 미치는 영향, 인간의 영혼, 통일성

자연, 아래층: 피조물, 땅과 땅에 있는 것들, 보이는 것과 자연과 인간이 땅 위에서 행하는 것, 인간의 육체, 다양성34)

아퀴나스는 이러한 도식을 통해 은총과 자연, 그리고 하나님과 인간 간에는 통일성이 있다는 것을 말하고자 했다. 그러나 이 도식으로 인해 자연이 자율성을 가지기 시작했다. 쉐퍼는 자연의 자율성에 대해 다음과 같이 말했다.

아퀴나스의 견해에 의하면 인간의 의지(will)는 타락하였으나 지성(mind)은 타락하지 않았다. 성경이 말하는 타락에 대한 이 불완전한 견해로 말미암아 갖가지 어려운 문제들이 꼬리를 물고 일어나게 되었다. 인간의 지성이 자율적이
되었다. 인간은 이제 한 영역에서만은 독립적(independent)이고 자율적(autonomous)이었다.35)

---

33) Francis A. Schaeffer, 이성에서의 도피, 13-14.
34) Ibid.
35) Ibid., 16; "아퀴나스의 자율 개념은 여러 가지 형태를 파생한다. 하나의 결과를 예로 들면, 자연신학의 발달이다. 이 자율 사상 하에서 자연신학은 성경과는 관계없이 독립적으로 추구될 수 있는 하나의 신학이 되었다."

쉐퍼에 의하면, 인간의 지성이 타락하지 않았다는 아퀴나스의 사상은 아리스토텔레스의 개별자 개념에서 가져왔다.36) 이 견해에 대하여 스티븐 던(Steven Dunn)은 아퀴나스에 대한 쉐퍼의 견해에 이의를 제기했다. 던은 "아퀴나스가 은혜로부터 자연을 분리시켰다고 비난하는 것은 특히나 기독교 신앙을 변호하는 것과 관련하여 전체 철학의 중요한 추진력을 놓치는 것이다.",37) "지적 정신 분열증은 자연과 은혜를 복수로 분리한다."라는 스프라울(R. C. Sproul)의 말을 인용하면서 쉐퍼를 맹렬히 비판했다.38)

그러나 던의 이러한 비판은 쉐퍼의 논지와 아퀴나스를 잘못 이해한 데서 비롯된 것이다. 아퀴나스는 『신학대전』에서 다음과 같이 말했다.

> 우리 자연 본성적 인식은 감각에서 시작한다. 그러므로 우리 자연 본성적 이성이 미치는 범위는 그것이 감각적인 것에 의해 인도되는 한에 가능하다. 그런데 감각적인 것들에서 우리 지성은 하나님의 본성을 보는데 이를 수가 없다. 하나님에 대한 인식에 있어서도 본질에 의한 인식은 그것이 은총에 의한 인식이기 때문에 선한 사람에게만 적합한 것이다. 이에 반해 자연 본성적 이성에 의한 하나님의 인식은 선한 사람에게나 악한 사람에게나 다 같이 적합할 수 있다.39)

---

36) Francis A. Schaeffer, *The Complete Works of Francis A Schaeffer A Christian Worldview Vol. V, 2d ed. A Christians view of The West*, 104; 이하 *CWFS5*라 표기한다.
37) Steven Dunn, "Where Francis Schaeffer Got Aquinas Wrong," May 8, 2013. Accessed Apr 12, 2018.
https://philosophicaugustine.wordpress.com/2013/05/08/francis-schaeffer-and-thomas-aquinas-secular-autonomy.
38) Ibid.
39) Thomas Aquinas, **신학대전** Ⅰ, 정의채 역 (서울: 바오로딸, 2014), 597-601; 그러므로 아우구스티누스는 『재론』(再論)에서 다음과 같이 말한다. '기도 중에 나는 '마음이 깨끗한 자들만이 참된 것을 알게 하시려 하신 하나님이시여!'라고 하였지만 지금은 이것을 인정할 수 없는 것이다. 마음이 깨끗하지 못한 자들도 역시 많은 참된 것을 알 수 있다고 응답할 수 있을 것이다.' 즉 자연 본성적 이성으로 말미암아 이런 인

진리는 지성 안에만 존재하는 것이 아니고 오히려 사물들 안에 존재하는 것으로 생각된다. 이렇게 욕구의 종점은 선(善)이며 이런 종점은 욕구할 만한 사물 안에 있는 것인데 인식된 종점은 진(眞)이며 이런 종점은 지성 자체 안에 있다.40)

아리스토텔레스의 사상을 따르는 아퀴나스의 주장을 보면, 인간에게 자율성을 부여하고 있음을 알 수 있다. 쉐퍼는 지식에 대한 접근 방식의 문제만을 다룬 것이 아니다. 아퀴나스가 논리에 있어서 아리스토텔레스의 분석을 채택했다는 것은 자명한 사실이다.41) 쉐퍼가 그 사실을 부정하는 것이 아니다. 쉐퍼는 인간이라는 개별자에게 아퀴나스가 얼마나 자율성을 부과했느냐는 존재적 관점을 말했다. 아퀴나스는 아리스토텔레스의 철학을 통해 인간에게 자율성을 부여했다.42) 아퀴나스가 말한 것은 인간의 자연 본성으로도 하나님을 인식할 수 있고, 진리가 지성에만 있는 것이 아니라 물질에도 있다는 것이다. 이것은 방법 이전에 존재에 관한 진술이다.

그런 까닭에, 쉐퍼는 아퀴나스의 자연과 은총의 도식에서 존재가

식이 가능한 것이다."
40) Thomas Aquinas, **신학대전 Ⅱ**, 정의채 역 (서울: 바오로딸, 2014), 333; "「범주론」에서 「말하는」아리스토텔레스에 따르면 '사물이 있고 없고 하는 데서(곧 사물의 유무(有無)에서) 견해나 말들이 참(眞)되거나 거짓(僞)된 것이다.' 그러므로 진리는 지성 안에 있기보다는 오히려 사물들 안에 있는 것이다."
41) Jean-Marie Keroas. "Thomas d'Aquin et la logique d'Aristote," Oct 15. 2015. Accessed Apr 12, 2018. http://www.mauvaisenouvelle.fr/?article=livres-thomas-d-aquin-et-la-logique-d-aristote—679; "Comme Aristote, saint Thomas est un réaliste : il ne sépare pas empirisme et métaphysique mais il pense que les choses existent, réellement et distinctement, en dehors de nous ; que le monde a un sens ; que le réel est intelligible."
42) Norbert Kutschki, *Der Streit um den rechten Glauben* (Zürich: Benziger, 1991). 174-175; Ichar D. Heinzmann. "Thomas Von Aquin Und Die Autonimoie Der Vernunft," Der Streit um den rechten Glauben. 1991. Accessed April 12, 2018. https://core.ac.uk/download/pdf/12170790.pdf; "Autonomie heißt freilich nicht Beliebigkeit oder Subjektivismus. Die Denk – und Wahrheitsfähigkeit des Menschen gründet letztlich in Gott. Thomas spricht von einer Teilhabe der menschlichen Vernunft an der prima veritas, an der Wahrheit Gottes selbst."

개별자로서 자율성을 지니고 있다고 말했다. 아퀴나스의 주장이 중요한 이유는 개별자가 자율성을 가지게 되자 개별자가 의미와 통일성을 구하기 위해 도약을 감행한다는 것을 증거 하기 때문이다. 마크 놀(Mark Noll)은 쉐퍼가 아퀴나스를 후대의 기준으로 판단했다고 비판했지만,[43] 개별자의 자율성에 대한 아퀴나스와 아리스토텔레스와의 연관성을 고려할 때 쉐퍼의 견해가 타당하다.

두 번째로, 쉐퍼가 철학에서의 도약 반대를 말하는 대상은 키르케고르이다. 쉐퍼가 도약을 말하기 위해 『기독교 문화관』에서 중요하게 말하는 것 중 하나가 '절망의 선'(the line of despair)이다. 여기에서 '절망의 선'은 1935년 이전의 미국과 1935년 이후의 미국, 1890년 이전의 유럽과 1890년 이후의 유럽을 구분하는 것이다. 절망의 선이란 이전에는 절대자에 관한 낭만적 관념을 가지고 살았으나 절망의 선 아래의 사람들은 진리에 대해 전혀 다르게 사고하게 되었다는 것을 의미한다. 절망의 선은 철학을 기점으로써 미술, 음악, 일반문화, 신학에까지 확산되었다.

철학에서의 절망의 선은 "모든 사상을 포함하고, 그들이 그 안에서 살 수 있는 통일된 합리주의적 원을 발견할 수 없다는 결론에 이르게 되었다."는 것을 뜻한다.[44] 문제는 출구가 없다는 것이다. 고전적인 반정립(反定立)[45]의 방법론에서 이탈하자 현대인들은 통일성을

---

[43] Richard John Neuhaus, "The Schaeffer Legacy," *First Things* 34 (1993): 64; "Mark Noll of Wheaton acknowledges the great good done by Schaeffer, but does not blink the fact that the man had very considerable weaknesses. As is common with autodidacts, he frequently popped off on questions about which he had no conspicuous knowledge. he condemned Aquinas, 'judging the medieval theologian by standards that came into play, at best, six or seven hundred years after Aquinas lived.'"
[44] Francis A. Schaeffer, 기독교 문화관, 29.
[45] Francis A. Schaeffer, 이성에서의 도피, 47-48; "만일 어떤 사물이 참되다면 그와 반대되는 것은 참되지 않다. 도덕에서 어떤 것이 옳다면 그와 반대되는 것은 옳지 않다. … 'A는 A이지 비(非)A가 아니다."

상실하게 되었고 해결책을 마련하기 위해 진리 개념을 변화시켰다. 현대인은 그렇게 변화된 진리관으로 탄생 된 사람들이다.46)

현대인들로 하여금 절망의 선으로 들어가게 한 사람은 헤겔(Georg Wilhelm Friedrich Hegel)이었다. 헤겔 이전의 세대에는 반정립의 기초 위에서 생각했으나 헤겔 이후로는 변증법적 사고가 자리 잡게 되었다. 이제 진리는 반정립이 아니라 종합 속에서 확보되었다. 칸트(Immanuel Kant)는 절망의 선에 이르도록 예비적 작업을 했다. 헤겔은 절망의 선에 이르는 문이 되었으며, 키르케고르는 절망의 선 아래에 들어온 최초의 인물이었다. 쉐퍼는 키르케고르가 실존주의의 아버지로 생각될 수 있는 이유로 "이성에 의해서는 종합에 이를 수가 없다는 결론에 도달"하였기 때문이라고 말했다.47) 키르케고르의 대안은 신앙의 도약이다. 헤겔에게 있어서 '현존하는 모든 것은 절대자의 한 계기'이지만, 키르케고르에게 있어서 기독교인은 실존적 결단에 의한 도약으로 현재라는 시간 속에서 영원을 살아가는 것을 의미했다.48)

키르케고르는 인간의 삶을 심미적 단계, 윤리적 단계, 종교적 단계로 말했다.49) 각 단계에서 도약이 일어나지만, 특히 종교적 단계에서 도약이 강조된다고 보았다. 키르케고르는 사람들이 자신들을 기독교

---

46) Francis A. Schaeffer, **기독교 문화관**, 30.
47) Ibid., 34.
48) 양승아, "키에르케고르의 실존주의가 불트만과 바르트에게 미친 영향에 대한 연구: 마태복음 6장 24-34절에 대한 설교 분석을 중심으로," **신학과 사회** 31:2 (2017): 159; 키에르케고르에게 있어서 실존적 결단을 통한 비약은 그리스도인에게 있어서 현재라는 시간 속에서 영원을 살아가는 것을 의미한다. 즉 자기 자신에게 실존적으로 존재한다는 것은 오늘과 맞닿아 있는 영원한 하나님 나라에 존재한다는 것이다. 이렇게 키에르케고르의 설교는 기독교의 역설을 일깨움으로써 회중이 하나님 앞에 선 단독자로서의 참된 실존을 향해 비약할 수 있는 길을 제시하는 실존주의와 변증법이 내포된 설교다.
49) Patrick Gardiner, **키에르케고르**, 임규정 역 (서울: 시공사, 2001), 73; 심미적 실존과 윤리적 실존의 대비는 『이것이냐 저것이냐』에서 가장 명확하게 나타나며, 윤리적 실존과 종교적 실존의 대비는 『두려움과 떨림』에서 나타난다."

인이라고 망상하는 단계는 심리적·윤리적 단계라고 말했다.50) 그 이유는 심리적·윤리적 단계에 있는 사람들은 실존적 권태를 자각하고 있지 못하기 때문이다.51) 키르케고르가 신앙의 도약을 말하는 근거는 아브라함이 이삭을 희생제물로 드린 사건이다. 쉐퍼는 키르케고르가 이삭의 번제 사건을 "합리적인 것에 전혀 기초 되거나 상관되지 않는 신앙의 행위라고 규정하였다."52)고 말했다. 이에 대해 토마스 존슨(Thomas K. Johnson)은 쉐퍼의 의도를 잘 반영하여 믿음과 합리성이 양립하는 것이 가능하다고 말했다.53) 쉐퍼는 키르케고르가 성경을 충분히 읽지 못했다고 비판하면서 성경이 이삭의 번제 사건을 도약이라고 말하지 않는 이유를 다음과 같이 말했다.

> 아브라함은 이삭이라는 희생제물(물론 하나님이 칼을 대도록 허락하시지 않으신)을 바치라고 요구받기 전에 하나님으로부터 온 많은 명제적 계시를 가지고 있었고, 하나님을 친히 만난 적이 있으며, 하나님은 그에게 하신 약속을 성취하셨다. 요약하면, 하나님이 하신 말씀들을 하나님이 존재하시고, 완전히 신뢰할 만한 분이라는 사실을 알고 있는 아브라함의 이성의 맥락 속에 있었다는 것이다.54)

---

50) Sören Aabye Kierkegaard, 관점, 임춘갑 역 (서울: 치우, 2011), 42; "그들은 심미적인 혹은 고작해야 심미적·윤리적 범주 속에 살고 있다."
51) 이명곤, "키르케고르의 '실존적 권태와' '심미적 실존의 의의'," 철학연구 127 (2013): 143; "모든 것이 완전하게 충족되고 모든 것이 충만한 사람에게 있어서 무엇을 새롭게 기획할 수 있는 단 한 가지 조건이 있다면 그것은 오직 '그가 권태롭다'는 사실 뿐이다. 따라서 권태롭다는 것은 무언가 새로운 것이 존재하기 위한 필요조건이 되는 것이다."
52) Francis A. Schaeffer, 기독교 문화관, 34-35.
53) Thomas K. Johnson, "Dialogue with Kierkegaard in Protestant theology," *Communio viatorum* 46:3 (2004): 292-293; "If Schaeffer is right, the Knight of Faith may, paradoxically, have aided in the ideological suspension of the ethical for an entire society. Schaeffer's solution can be phrased in terms of his analysis of the narrative of Abraham's almost sacrifice of Isaac, (Genesis 22) which was so important for Kierkegaard's thought. … Clearly, Schaeffer thinks faith and rationality are somehow compatible."
54) Francis A. Schaeffer, 기독교 문화관, 35.

쉐퍼는 아브라함에게는 도약이 일어나지 않았다고 말했다. 아브라함은 하나님으로부터 명제적 계시를 가지고 있었으며 하나님을 만났으며, 하나님을 신뢰하는 그 사실을 아브라함의 이성으로 알고 있었기 때문이다.[55] 키르케고르의 도약은 이삭 번제 사건을 통해, "믿음은 인간 속에 있는 최고의 정열이다."라는 말에 나타난다.[56] 키르케고르는 진리의 주체성을 말하지만,[57] 성경의 아브라함은 하나님의 계시에 근거한 믿음이었다. 쉐퍼는 이러한 키르케고르의 신앙에 대해 '얄팍하고 왜곡된 개념'이라고 말했다.[58] 아브라함이 하나님을 믿었지만, 합리성을 벗어난 것이 아니었다. 이것은 성경이 믿음을 말할 때 합리성을 중시하고 있다는 것을 의미한다.

쉐퍼가 말하는 핵심은 키르케고르가 비합리적인 신앙의 도약으로 말미암아 통일된 지식을 포기했다는 것이다. 이제는 어느 철학 강의를 듣더라도 '모든 것을 포괄하는 하나의 원은 없다'라는 한 가지 공통점을 가지게 되었다.[59] 그런 관점에서 본다면, 존슨이 키르케고르의 이런 도약을 '강등'이라 본 것은 적절하다.[60] 보편자를 상실한 인간은 인과율 속에 기계로 전락하기 때문이다. 키르케고르에 정초(定

---

[55] David Martyn Lloyd-Jones, **성경교리강해시리즈1 성부하나님 성자하나님**, 강철성 역 (서울: 기독교문서선교회, 2000), 35; "바르트 신학자들은 그들이 '명제 진리'(propositional truth)라고 칭하는 바를 하나님께서 계시하셨다는 사실을 부정합니다. 명제 진리는 성경에 진리의, 교리의 진술들이 있다는 것을 나타내는 말입니다."
[56] Sören Aabye Kierkegaard, **공포(恐怖)와 전율(戰慄)**, 손재준 역 (서울: 삼성출판사, 1982), 226-228.
[57] 표재명, **키에르케고르의 단독자 개념** (서울: 서광사, 1992), 96.
[58] Francis A. Schaeffer, **복음의 진수**, 조계광 역 (서울: 생명의말씀사, 2014), 162.
[59] Francis A. Schaeffer, **기독교 문화관**, 36.
[60] Thomas K. Johnson, "The Moral Crisis of the West: Reflections from Helmut Thielicke and Francis Schaeffer," *Presbyterion* 17:2 (1991): 122; "The distinctly human was relegated to an irrational leap in the dark. Moreover, many modern naturalists take a further step, reducing everything to mechanics and particulars alone. But without universale, no meaning or morals or anything distinctly human remains. All that is left, in the modern secular mind, is a causeeffect nexus encompassing everything, including man."

礎)한 실존주의 사상은 세속적 실존주의와 신학적 실존주의로 나누어진다. 키르케고르로부터 두 가지 실존주의로 나누어지는 그 핵심은 도약에 있다.

세 번째로, 쉐퍼가 철학에서의 도약 반대를 말하는 대상은 하이데거(Martin Heidegger)이다. 쉐퍼는 하이데거를 말하기 위해 세속적 실존주의를 세 흐름으로 분류했다. 그 흐름이란 프랑스의 사르트르(J. P. Sartre)와 알베르 카뮈(Albert Camus), 스위스의 야스퍼스(K. Jaspers), 그리고 독일의 하이데거의 실존주의이다. 쉐퍼는 키르케고르의 맥락 속에서 독일의 실존주의 철학자 하이데거를 논했다. 박찬국은 하이데거가 키르케고르의 불안 개념에 가장 강하게 영향을 받았다고 말하면서도 키르케고르의 사유도식에서 어느 정도 떠나 있다고 말했다.[61] 그러나 쉐퍼는 키르케고르가 세속적 실존주의나 종교적 실존주의의 아버지로 말했다.[62]

이와 같이 쉐퍼는 세속적 실존주의의 세 가지 흐름을 분석하고 난 뒤에 존재의 의미를 말하기 위해 다음과 같이 세 가지를 말했다. 첫 번째로, 쉐퍼는 "합리적으로 볼 때 우주는 불합리하다(absurd)"는 사르트르의 관점을 말했다.[63] 사르트르는 사람이 자신을 자신답게 만들려고(to authenticate oneself) 노력하기 위해 의지(will)의 행동으로 자신을 자신답게 함으로써 가능하다고 했다.[64] 만일 내가 자동차를

---

[61] 박찬국, "키에르케고르와 하이데거의 불안 개념에 대한 비교 연구," **시대와 철학** 10:1 (1999): 217; "키에르케고르는 인간의 자아가 육체와 영혼 그리고 양자를 종합하는 정신으로 구성되어 있다고 보면서 인간의 실존 방식들이 갖는 다양성을 그러한 세 가지 구성 부분 간의 상호 관계에서 찾고 있다. 이에 대해서 하이데거는 이미 『존재와 시간』에서부터 그러한 사유도식을 떠나 인간을 전체로서 보고자 하며 그를 존재전체(Seinganze)로서의 세계와의 관련 하에서 고찰하고 있다."
[62] Francis A. Schaeffer, 기독교 문화관, 34.
[63] Francis A Schaeffer, *The Complete Works of Francis A Schaeffer A Christian Worldview Vol. I, 2d ed. A Christians view of Philosophy and Culture* (Wheaton, Illinois: Crossway Books, 1991), 238; 이하 *CWFSI*로 표기한다.
[64] Ibid.

운전하고 가다가 비를 맞고 있는 사람을 보았을 때 그 사람을 차에 태워 주는 것은 부조리하다. 그런 행동은 나의 의지의 행동으로써 자신을 자신답게 한 것에 불과하다. 그렇게 자신을 자신답게 하는 데는 전혀 합리적이거나 논리적인 내용이 없기 때문이다. 의지의 행동은 다르게 나타날 수 있다. 만일 내가 차를 몰고 가다가 비를 맞고 있는 사람을 발견하고서도 정지하지 않고 속력을 더 내어 그 사람을 치었다 하더라도, 나의 의지로 나 자신을 자신답게 한 것에 불과하다. 쉐퍼는 이와 같은 사실을 이해하면 절망적인 상태에 처하게 되고, 그로 인해 현대인을 위하여 울 수밖에 없다고 말했다.65) 그 이유는 사르트르의 행동이 합리성을 상실하기 때문이다.

두 번째로, 쉐퍼는 야스퍼스의 한계체험(final experience)을 말했다. 한계체험은 사람이 살아가면서 변화시키거나 피할 수 없는 한계상황에서 경험된다.66) 그런 한계상황은 현존재를 좌절시키면서 동시에 실존적 초월을 가능하게 한다. 이 실존적 초월은 초월자의 암호 해독 가능성을 구현시키는 한계체험을 하게 한다.67) 한계체험이란 말하자면 어떤 체험이 너무 절실하기 때문에 자신이 존재하고 있다는 확실성과 존재 의의를 파악할 수 있다는 희망을 안겨준다. 하지만 합

---

65) Francis A. Schaeffer, 이성에서의 도피, 63-64.
66) Störig J. Hans, 세계철학사, 박민수 역 (서울: 자음과모음, 2015), 903-904; "초월자는 비대상적이다. 그것은 단적으로 은폐된 것이다. 초월자는 사유될 수 없고 상징에서만 포착될 수 있다. 세상 모든 것은 초월자의 암호, 초월자의 상징일 수 있다."
67) 홍경자, "야스퍼스의 한계상황과 의미-정향된 철학상담," 철학과 현상학 연구 47 (2010): 114-115; "이 단계에서 야스퍼스는 실존조명의 근거로 작용하는 세 가지 종류의 비약에 대해 설명한다. 첫 번째의 비약은 자기이탈(Selbstdistanz)을 통해 수행된다. 이때의 비약은 인간이 자기와 거리를 두는 것이며 그렇게 함으로써 자신의 개별성을 의식하게 되는 단계로서 자신의 현실존재를 객관적으로 바라보게 된다. 두 번째의 비약은 자기 자신을 의식하는 단계이다. 이 단계는 자기의식(Selbstbewustsein)과 자기초월(Selbsttranszendenz)을 통해 수행된다. … 그러나 역설적인 것은 이러한 좌절이 삶의 발판을 다시 획득하는 도약판으로 작용한다는 것이다. 세 번째의 비약은 실존적 결단과 실존의 장악(Ergreifen der Existenz)을 통해 수행된다. … 야스퍼스는 이러한 비약을 키에르케고르와 마찬가지로 질적인 것으로 간주한다."

리적으로는 인간이 이러한 희망을 도저히 가질 수 없다. 야스퍼스의 이 한계체험이 합리적이지 않기 때문에 그 체험을 다른 사람들에게나 자기 자신에게도 전달할 수 없다. 야스퍼스의 한계체험은 도약의 결과이다.68) 그런 까닭에 정달용은 야스퍼스의 "신앙은 우선 지식이 아니다."라고 말했다.69)

야스퍼스가 말하는 실존적 경험은 타인에게 전달되지 않기 때문에 야스퍼스를 따르는 사람들은 존재의 의미와 확실성에 대한 소망을 가질 수 없고 공포에 시달리게 된다. 쉐퍼는 그 이유가 야스퍼스의 추종자들이 비합리적, 비논리적, 비소통적 경험에 기초하기 때문이라고 말했다.70) 한계체험은 스스로 얻는 것이 아니라 찾아오는 것이기 때문에 더욱 절망적이다.71) 그 말은 야스퍼스와 그의 추종자들 역시 도약을 감행하고 있다는 것을 의미한다.

세 번째로, 쉐퍼는 하이데거의 불안(Angst)을 말했다. 두려움이 어떤 대상으로부터 오는 것이라면 불안은 막연한 두려움의 감정으로 도깨비라도 나올 것 같은 집에 들어설 때 느끼는 불편한 느낌이다.72) 하이데거의 실존철학은 이런 근본적인 불안과 연결되어 있다. 쉐퍼는 하이데거가 말하는 불안은 쉐퍼가 의미하는 상층부를 표현하려는 것이며 도약에 근거하고 있다고 말했다.73) 후기 하이데거의 불안은 "존

---

68) 강갑회, "야스퍼스에 있어서 한계상황을 통한 실존개명," **철학논총** 29 (2002): 24; "인간은 한계상황 앞에서 좌절을 경험한다. 이 좌절은 인간 자신으로 하여금 실존에의 비약을 가능하게 한다. 실존의 비약을 통해서 인간은 비로소 초월자 앞에 서게 된다."
69) 정달용, "칼 야스퍼스의 「哲學的 信仰」," **신학전망** 32 (1976): 13.
70) Francis A. Schaeffer, **기독교 문화관**, 38; "신앙은 우선 지식이 아니다. 실존적인 불안을 통해 열려진 차원은 지식을 넘어서 파악할 수 없는 심연에로의 움직임이다. 이곳은 지식으로 알 수 없는 암흑이 깃들어 있다."
71) Francis A. Schaeffer, **이성에서의 도피**, 65; "그뿐 아니라, 이 한계 체험은 얻을 준비를 갖춘다고 해서 얻게 되는 것도 아니다. 한계 체험을 스스로 얻는 길은 없다. 한계 체험은 한층 높은 범주에 속하는 것으로 그것은 다만 찾아올 뿐이다."
72) Martin Heidegger, **존재와 시간**, 전양범 역 (서울: 시간과공간사, 1992), 255.
73) Francis A. Schaeffer, **이성에서의 도피**, 65.

재 망각이 극에 달한 현시대의 근본 기분으로서 이러한 존재 망각의 사실을 환기시키는 것이다."74)

쉐퍼는 하이데거의 도약을 말하기 위해 하이데거의 나이 70세를 전후하여 두 시기로 구분했다. 70세 이후의 하이데거는 새로운 하이데거이다. 하이데거가 달라진 이유는 하이데거 자신의 체계를 따라 더 이상 살아갈 수 없게 되었기 때문이다.75) 하이데거는 만사를 불안과 결부시켰다.76) 그런데 이 불안은 막연하다. 공포가 아니라 막연한 두려움의 감정이다. 설명이 안 되는 느낌이다. 쉐퍼는 이것을 상층부를 표현하려는 용어라고 보았으며, 하이데거의 이런 사상이 "결국 도약에 근거하고 있는 것이다."라고 말했다.77)

한편, 박찬국은 불안이 "현존재의 본래적인 가능성이 섬뜩한 세계의 무에 의해서 위협받기 때문"이라는 하이데거의 생각에 반대했으며,78) 다음과 같이 말했다.

> 우리가 불안해하는 이유는 하이데거가 말하는 것처럼 일상적인 용도 전체성이 붕괴된 섬뜩한 세계에 의해서 본래적인 실존가능성이 위협받기 때문이 아니라 오히려 우리가 그동안 집착했던 일상적인 삶의 '모든' 가치들이 위협받기 때문에, 즉 무의미한 것으로 드러나기 때문이라고 보아야 할 것이다.79)

---

74) 박찬국, "키에르케고르와 하이데거의 불안 개념에 대한 비교 연구," 217; "키에르케고르는 인간의 자아가 육체와 영혼 그리고 양자를 종합하는 정신으로 구성되어 있다고 보면서 인간의 실존 방식들이 갖는 다양성을 그러한 세 가지 구성 부분 간의 상호 관계에서 찾고 있다. 이에 대해서 하이데거는 이미 『존재와 시간』에서부터 그러한 사유도식을 떠나 인간을 전체로서 보고자하며 그를 존재전체(Seinganze)로서의 세계와의 관련 하에서 고찰하고 있다."
75) Francis A. Schaeffer, **기독교 문화관**, 38-39; 쉐퍼가 새로운 하이데거를 말하는 이유는 자기확인의 관점이 완전히 비합리적으로 변질되었기 때문이다.
76) Francis A. Schaeffer, **이성에서의 도피**, 65.
77) Ibid.
78) 조규철, "하이데거의 사유근원과 현존재의 본래성," **철학논총** 30 (2002): 382; "하이데거에 따르면 현존재를 각자적인 방식으로 존재하게 하고 개별화시키는 본래적 특성은 불안과 죽음 그리고 양심이다."
79) 박찬국, "초기 하이데거의 불안 개념에 대한 비판적 고찰: 하이데거의 불안 분석은 얼마나 사태 자체를

박찬국에 의하면, 인간은 일상적인 삶의 가능성 전체가 무의미하게 드러나기 때문에 불안해한다. 박찬국은 아직 자아 중심적인 자아를 버리지 못했기 때문에 불안을 느끼는 것으로 말했다.80) 반면에, 하이데거는 본래적인 실존 가능성이 위협을 받기 때문에 불안을 느낀다고 말했다.81) 한마디로 말해서 하이데거의 불안은 존재를 말하기 위한 불안이다.82) 그런 점에 있어서 박찬국은 존재적 관점에서 말하고 있는 하이데거의 의도에서 벗어나 현상적 관점에서 말하고 있다고 해야 할 것이다.

인간에게 실존적 위협이 있기 때문에 하이데거의 철학은 그 절망의 선 아래에서 도약했다. 하이데거는 자기 존재를 확인하기 위해 인간의 이해를 벗어난 어떤 것, 곧 불안을 말했다.83) 문제는 그 불안을 어떻게 설명할 길이 없다는 것이다. 불안을 설명하지 못한다는 것은 자기 존재를 확인받을 길이 없다는 뜻이 된다. 따라서 하이데거는 자기 존재를 확인받기 위해 불안이라는 상층부로 도약하지만, 결코 자기 존재의 의미를 알 수 없다는 것을 말하고 있다.

드러내는가," **가톨릭신학과 사상** 62 (2008): 167-168.
80) Ibid., 168; "이렇게 보면 불안이란 기분은 우리가 우리의 일상적인 삶의 허망함을 경험하면서 그것으로부터 거리를 취하면서도 아직은 자신을 자기중심적인 자아로 생각하기에 자신이 섬득하고 황량한 세계에 홀로 내던져 있다고 생각하는 기분이다."
81) 조형국, "삶과 현존재 그리고 본래성: 하이데거의 불안, 양심, 죽음에 대한 생각을 중심으로," **가톨릭신학과사상** 62 (2008): 120; 하이데거에 의하면 인간은 죽음을 향한 존재이다. 현존재는 언젠가 죽는다. 이것이야말로 가장 확실한 진리이다. 근대적 세계관을 개척한 데카르트가 "나는 생각한다. 그러므로 나는 존재한다."라는 논제가 가장 확실한 진리라고 주장한 이후 주체의 형이상학이 전개되어 왔지만 결국 현대에 들어 키에르케고르는 인간을 초월론적 선험적 주체가 아닌 실존으로 보며 죽음을 본격적으로 철학적 주제로 강조하게 되었다. 이러한 키에르케고르의 영향을 받은 하이데거는 더 나아가 죽음을 인간으로 하여금 본래적인 실존에로 향하게 하는 근본현상으로 여기며 죽음의 실존론적인 의미에 대해 깊이 천착해 간 것이다.
82) Francis A. Schaeffer, **기독교 문화관**, 39.
83) Ibid.

쉐퍼는 하이데거의 도약을 말하기 위해 후기의 하이데거를 말하면서 다음과 같이 말했다.

> 하이데거는 70세 이후, 자신의 실존주의를 받아들일 수 없어서 철학적 입장을 바꾸었다. 철학이란 무엇인가(What is Philosophy)에서 그는 "그러나 시인의 말을 들어 보라."는 권유로써 말을 맺고 있다. 그가 "시인의 말을 들어 보라."고 한 것은 시인이 이야기하는 내용을 들어보라는 의미가 아니다. 내용이란 무형의 것이어서 여섯 사람의 시인이 제각기 서로 상반되는 말을 하는 것으로도 들린다. 내용은 합리성의 영역, 즉 하층부에 속하는 것이기 때문에 상관이 없다. 문제는 시(詩)라는 어떤 것이 존재한다는 사실이며, 또한 시가 상층부에 속한다는 것이다.[84]

후기의 하이데거는 자신의 실존주의를 버리고 새로운 철학적 입장을 취했다. 하이데거는 "시인의 말을 들어 보라"고 했다.[85] 하이데거는 상층부의 영역을 시(詩)를 통해 나타내려고 했던 것이다. 하이데거는 사르트르처럼 자기 존재를 확인하려고 했으며 '의지의 행위가 아니라 불안(dread)'이라는 인간의 이해를 넘어서는 애매한 감정으로 성취되었다.[86] 하이데거의 이러한 이해는 합리성을 벗어난 것이다.

배학수는 하이데거의 책 중에 시와 관련된 문장을 "인간은 세계-내-존재이다. 예술은 작품 속에 세계를 건립한다. 언어는 존재의 집이다. 시의 본질은 귀향이다."라고 말했다.[87] 이런 문장들은 하이데거

---

[84] 프란시스 쉐퍼, **이성에서의 도피**, 김영재 역 (서울: 생명의말씀사, 2008), 79. "하이데거의 입장은 다음과 같다. 존재의 한 부분은 말을 하는 존재, 즉 인간이다. 결국 우주에 말이 있기 때문에 존재자, 즉 존재하는 것에 일종의 어떤 의미가 있으리라는 희망을 가진다. 시인이 존재한다고 주목한다면, 단순히 존재한다는 그 사실로써 시인은 예언자가 된다. 시는 우리에게 합리적으로나 논리적으로 아는 것 이상의 삶이 있다는 희망을 주기 때문이다."
[85] Francis A. Schaeffer, **이성에서의 도피**, 79.
[86] *CWFS1*, 19; "이것은 어떻게 성취되어졌는가? 그것은 의지의 행위가 아니라 불안(dread)이라는 애매한 감정에 의해 성취되었다. 불안은 공포(fear)와 혼동되어서는 안 된다. 그에게 공포한 어떤 대상을 가지고 있다. 그런데 불안은 대상이 없다. 자기 확인은 불안(Angst)의 감정 곧 우리의 이해를 벗어나 있는 어떤 것에 대한 불안-전조-을 통해서 오고, 그것이 전부이다."
[87] 배학수, "귀향의 노래-하이데거의 시 철학," **대동철학** 32 (2005): 211; "문장 1은 1927년의 '존재와

가 인간의 존재와 존재의 근원에 대해 비합리적인 근거로 확보했다는 것을 의미한다. 하이데거는 존재의 근원으로 사원(四元, Geviert = 하늘, 대지, 유한자, 신)을 말했다.88) 배학수는 하이데거가 그렇게 말한 이유가 "종교적 삶이 인간 존재의 진정한 모습이어야 한다고 전제하고 있기 때문일 것이다."라고 말함으로써 하이데거의 의도를 간파했다.89)

하이데거는 존재의 근거를 확보하기 위해 존재를 해명하기보다 "실존을 부르는 존재의 목소리"를 경청하라고 말했다.90) 하이데거에게 있어서 시인은 "시적 응답 방식을 통해 존재의 아름다움을 모아들이고, 수립하는 자"이기 때문이다.91) 김종엽은 존재자의 본질을 탐구하는 하이데거의 학문적 활동에 대해 "약간의 비약을 감행한다."고 말했다.92) 하이데거가 존재의 목소리를 들으려고 하는 것은 키르케고르의 시화(詩化)는 관념성을 제공하는 것이며, 관념성은 유한자를 넘어서는 것이라는 개념을 하이데거가 더 발전시킨 것이다.93) 따라서

시간'에서, 문장 2는 1934년의 '예술 작품의 근원', 그리고 문장 3은 1946년의 '휴머니즘에 관한 편지'와 1959년의 '언어로 가는 길, 그리고 문장 4는 1943년의 '귀향'에서 뽑아낸 것이다."
88) 전동진, "하이데거의 세계이해," **哲學** 63 (2000): 239; 번역에 따라 '사원'(四元, Geviert = 하늘, 대지, 유한자, 신)으로 말하기도 한다.
89) 배학수, "귀향의 노래-하이데거의 시 철학," 236; "하이데거의 사원 중에서 신은 모든 인간 존재의 진실을 구성하는 기본 요소가 아닐 수도 있을 것이다. 왜냐하면 신의 은혜와 축복에 기대지 않고 살아가는 인간을 본래적 삶이 아니라고 할 수는 없기 때문이다. 그런데 왜 하이데거는 그 사원에 신을 넣었을까? 아마 그는 종교적 삶이 인간 존재의 진정한 모습이어야 한다고 전제하고 있기 때문일 것이다."
90) 김종엽, **하이데거의 형이상학이란 무엇인가 읽기** (서울: 세창미디어, 2014), 15; "시인은 존재의 고요한 소리를 듣기 위해 깨어 있어야 한다. 그리고 그렇게 깨어나 있는 시인은 존재의 밝음 가운데 그 가까이 머물러 있어야 한다. 그리고 그렇게 근원 가까이 머무를 때 오직 그때에만 시인은 고유한 것, 즉 표현의 명확성을 '자유롭게' 사용하는 것이 허락된다."
91) 염재철, "시작(詩作)의 존재론적 해명-하이데거 예술철학 논구(4)," **미학** 71 (2012): 78.
92) 김종엽, **하이데거의 형이상학이란 무엇인가 읽기**, 138; "존재자의 본질을 탐구하는 학문적 활동은 곧 다른 사건이 아닌 바로 '인간이라 불리는 한 존재자가 존재자 전체로 침입하는 사건'을 의미하기 때문이다. 여기서 하이데거는 약간의 비약을 감행한다. 우리가 현존재에서 발견할 수 있는 것을 제외한다면 존재자의 본질에 대해 말할 수 있는 어떠한 근거도 있을 수 없다는 주장이 그것이다."
93) 임규정, "시인의 실존: 키에르케고르의 시인과 시의 개념에 관한 연구1," **철학사상문화** 14 (2012), 188; "키르케고르에게 관념성은 항상 경험적 현실 내지 유한자를 넘어서는 것이다."

하이데거는 존재의 드러남에 대해 다음과 같이 말했다.94)

"그러므로 순수한 존재는 순수한 무와 똑같다"는 명제(논리학 제1권 전집 제3권 74)는 정당하다. 존재와 무는 한 물을 이룬다. 그러나 그것은 양자가-사고에 관한 헤겔의 개념으로 보아서-그 무규정성과 직접성에 있어서 일치하는 까닭이 아니라 존재 자신이 본질적으로 유한하며, 또 무의 속으로 진입되어 있는 현존재의 초월 속에서만 자신을 드러내는 까닭이다.95)

하이데거에 의하면, 존재의 드러남은 현존재의 초월 속에서만 자기를 드러낸다. 하이데거가 말하는 존재의 드러남을 기술하는 자는 시인(詩人)이다. 이것은 전기 하이데거가 자신의 체계를 따라 살 수 없기 때문에 초래된 결과였다.96) 이 때문에 후기의 하이데거는 합리성을 포기했으며 상층부로 도약을 감행했다. 그 증거는 김동규가 하이데거를 다음과 같이 말한 것에서 이해할 수 있다.

신인이 전령의 신 헤르메스로서 인간과 신 '사이'에 존재한다는 점에 있어서 플라톤과 횔덜린 그리고 하이데거는 일치한다. '마치 축제일처럼…'이라는 강연문에서 하이데거는 횔덜린의 시를 해석하면서 시인에 대한 이야기를 전개한다. 하이데거의 해석에 따르면, 시인은 '자연'의 '가벼운 포옹'에 안겨서 자연의 '성스러움'을 간직할 수 있다. 무엇보다 시인은 성스러움(자연)을 노래하는 자이다. … 자연의 비호 아래 있는 시인은 성스러운 자연의 잠재적 '불'(GA4, 109)을 품고 있기는 하지만 그것을 점화시켜 줄 '신의 번개'가 필요하다.97)

---

94) 박찬국, "키에르케고르와 하이데거의 불안 개념에 대한 비교 연구," 208; "… 하이데거는 존재와 신은 다르다고 말한나(WM, 331). 존재는 차라리 신을 비롯한 모든 존재자들이 그 안에서 자신의 본질을 드러내는 개방된 장이다. 그것은 그리스인들이 퓌지스(Physis)로서 경험한 세계이다. 퓌지스는 기독교적인 전통에서처럼 초자연의 세계와 구별된 자연도 아니며 근대에서처럼 인간의 역사와 구별된 한정된 영역으로서의 자연도 아니다. 그것인 인간과 신 그리고 인간의 삶과 행위 그리고 모든 존재자들이 자신의 고유한 존재를 발현하면서 하나의 조화를 이루는 전체로서의 세계이다."
95) Martin Heidegger, **형이상학이란 무엇인가**, 최동희 역 (서울: 서문당, 1978), 71.
96) Francis A. Schaeffer, **기독교 문화관**, 38.

김동규에 의하면, 하이데거가 말하는 시인은 신들과 인간들 사이에 존재하는 '사이' 존재로서 성스러움을 노래하는 자이다. 그 노래는 시인의 자의식에서 나온 것이 아니다. 하이데거의 시인은 신의 번개로 성스러움을 노래하는 자이다. 그런 까닭에, 하이데거의 상층부로의 도약은 합리성을 완전히 벗어난 도약이라는 것을 증명하고 있다.

그런 도약은 하이데거의 후기 저작인 『언어로의 도상』에서도 나타난다. 하이데거는 『詩에서의 언어: 게오르그 트라클의 詩에 대한 논구』에서 다음과 같이 말했다.

> 트라클은 자신의 마지막 시 '그로데크'(Grodek)에서 '정신의 뜨거운 불꽃'(201)에 대해 말하고 있다. … 인간 존재는 어떻게 '성스럽게' 존재하며, 또 어떻게 '성스럽게' 되는 것일까? 정신의 본질이 불꽃의 타오름에 존립하는 한에서, 정신은 '걸어가야 할' 궤도를 개척하고, 그 궤도를 환히 밝히면서 그것을 길로 가져온다. 불꽃으로서 정신은 '하늘을 향해 돌진하여', '신을 붙잡으려는'(187) 폭풍이다. …98)

하이데거에 의하면, 게오르그 트라클(Georg Trakl)의 시는 인간 정신의 본질이 신을 붙잡음으로 성스럽게 되는 것을 말한다. 여기에서 성스럽게 됨은 합리적 사고를 통하여 이루어지는 것이 아니라 바라봄을 통하여 이루어진다.99) 따라서 바라봄은 지극히 비합리적이다. 철학의 종착역이 비합리성이 되면 신비주의의 바다에 침몰한다. 철학자는 시인으로 변하며 시인은 제사장이 된다. 횔덜린(Hölderlin)에게

---

97) 김동규, **철학의 모비딕** (파주: 문학동네, 2013), 129; "헤라클레이토스의 말처럼, 자연은 자신을 감추기를 좋아한다. 감추어진 자연의 불길을 점화하기 위해서는 번개를 내리치는 신과 '맨머리로 서서 신의 빛살을 제 손으로 붙들어 백성들에게 노래로 감싸주는'(GA4, 97) 시인이 필요하다."
98) Martin Heidegger, **언어로의 도상에서**, 신상희 역 (파주: 나남, 2012), 84-85.
99) Ibid., 87; 그러나 이러한 것은 '바라봄'이 행할 수 있다. 불타오르는 바라봄이 영혼의 위대함을 규정한다.

있어서 시인은 성스러운 사제(heilige Priester)이며, 하이데거는 그런 시인을 반신(半神)으로 규정했다.100) 시인의 사유는 존재의 근원과 부름에 응답하는 존재론적 사유이다.101) 그 사유는 비합리적이기 때문에 도약이라는 것을 증명한다.

아퀴나스로부터 하이데거에 이르기까지 철학의 과정을 살펴볼 때, 철학자들은 이성으로 합리적 세계를 구축하려고 했다. 문제는 그렇게 이성으로 구축된 세계에서 인간의 한계에 직면했기 때문에 인간은 살아갈 수 없었다. 결국, 인간은 합리성을 포기하고 자기 존재를 해명하기 위하여 상층부로 도약하게 되었다. 철학자들은 개별자에게 통일성을 제공하지 못하기 때문에 결국은 비합리적으로 통일성을 구하기 위해 상층부로 도약을 감행했다.

---

100) 김동규, "시가 아름다운 이유: 하이데거 시론(詩論)을 중심으로," **존재론 연구** 31 (2013): 114.
101) 박유정, "존재의 소리와 고독: 하이데거와 릴케," **철학논집** 28 (2012): 217.

1.2. 예술에서의 도약 반대

예술에 있어서 도약 반대를 살펴보기 위해 철학에서의 도약이 두 번째로 영향을 미친 미술에서 도약이 어떻게 일어났는지를 살펴보려고 한다.

쉐퍼는 아퀴나스의 자율 사상에 영향받은 최초의 화가를 지오토(Giotto)의 스승인 치마부에(Cimabue)로 보았다. 아퀴나스의 생애가 1224-1274년이고 치마부에의 생애가 1240-1302년이라는 것을 보면 치마부에가 아퀴나스의 영향을 매우 빠르게 받았다는 것을 알 수 있다. 지오토와 치마부에의 변화는 과거 비잔틴 양식을 버리고 자연의 사물을 자연 그대로 그렸다. 그런 변화에도 불구하고 마리아는 여전히 상징적으로 그리는 경향이 지배적이었다.102)

문학에서는 단테(Dante), 페트라르카(Petrarch), 보카치오(Boccaccio)와 같은 사람들에게서 자연을 중시하는 경향이 나타났다. 아퀴나스가 구축해 놓은 자율적인 인본주의와 자율적인 철학의 기반은 예술에도 급속도로 파급되었다. 김영재는 "이러한 운동이 힘을 얻어"라고 번역함으로써 쉐퍼의 의도에 충실하지 못했다. 영문에는 "once the movement gained momentum"이며,103) 이 문장은 '일단 그 운동이 가속도를 얻게 되었으며'라고 번역해야 자율성이 얼마나 크게 영향을 주었는지 실제적으로 알 수 있다. 아퀴나스가 예술에 준 영향에 대해 쉐퍼는 다음과 같이 말했다.

우리가 간과해서는 안 될 중요한 원리는 자연이 자율을 얻자 곧 은총을 잠식하기 시작했다는 사실이다. 단테의 시대로부터 레오나르도 다 빈치 시대에 이르기까지 르네상스를 통틀어 자연은 점차 완전한 자율을 가지

---

102) Francis A. Schaeffer, 이성에서의 도피, 17.
103) *CWFS1*, 212.

게 되었다. 인본주의 철학자들이 더욱 자유롭게 사고하기 시작함에 따라 자연은 하나님에게서 벗어났다. 그리하여 르네상스가 절정에 달할 즈음에는 자연이 은총을 몽땅 삼켜 버리고 말았다.104)

쉐퍼가 보았을 때, 르네상스를 통해 자연이 은총을 삼켰다. 쉐퍼는 이것을 실증하기 위해 미술의 영역에서 여러 사람을 말했다. 무명의 작가에 의해 그려진 '로한에서의 위대한 시간'(Grandes Heures de Rohan)이라는 제목의 그림은 마리아와 요셉이 아기 예수를 데리고 이집트로 피난 갈 때 일어난 기적을 묘사했다. 피난 가는 그 시점에 어떤 사람이 씨를 뿌리고 있었는데 한 시간이 채 되지도 않아 곡식이 자라나고 열매가 맺혀서 농부가 추수를 하게 되는 기적이 일어났다. 그때, 피난길을 뒤쫓는 병사들이 와서 아기와 그 가족들이 지나간 때를 물었고 씨를 뿌릴 때 지나갔다고 말하자 그 병사들은 되돌아가 버렸다.105)

이 그림에서 중요한 것은 줄거리가 아니라 그림의 구도이다. 이 그림에도 두 가지의 특징이 있다. 첫째로, 마리아와 요셉, 아기, 몸종, 당나귀는 맨 위쪽에 크게 그려졌으며 그림 전체를 지배하고 있다. 반면에 농부와 병정들은 아주 작게 그려졌다. 둘째로, 그림 위쪽의 배경은 금색 선으로 덮여 있어서 초월을 표현하고 있다.106) '로한에서의 위대한 시간'은 자연과 은총을 그림으로 표현하고 있으며, 은총이 자연을 지배하고 있다는 것을 말해 준다. 이 그림은 여전히 은총이 중시되고 있다는 것을 보여준다.

이런 풍조를 깨뜨린 사람은 북부 유럽의 반 아이크(Van Eyck)이

---

104) Francis A. Schaeffer, 이성에서의 도피, 18; 자연이 은총을 몽땅 삼켜 버리고 말았다."는 번역은 번역자가 쉐퍼의 의도를 반영하여 강조한 번역이다. 영문은 'nature had eaten up grace'이다.
105) Ibid., 19.
106) Ibid.

다. 아이크는 '예수의 세례'라는 주제로 1410년에 5×3인치의 매우 작은 그림을 그렸다. 이 그림이 미술사에 대단히 중요한 이유는 자연의 풍경을 사실적으로 그린 최초의 그림이기 때문이다. '로한에서의 위대한 시간'의 방식처럼 예수가 크게 그려져서 강조되지 않고 있는 사실 그대로 그렸다. 예수는 화면의 일부만을 차지했고, 그 배경으로 흐르는 강, 성과 집들과 언덕도 원래 그대로 그렸다. 이것은 은총과 자연이 동등해졌다는 것을 의미한다. 아이크는 1436년에 '롤랑 총독의 마돈나'(Madonna of the Chancellor Rolin)를 그렸다. 이 그림에서 중요한 것은 롤랑 총독과 마리아가 같은 크기로 대등하게 그려졌다는 것이다. 롤랑 총독의 마돈나는 자연과 은총 사이의 균형을 이루고 있다는 것을 말한다. 마르시오(Masaccio) 역시 플로렌스의 카르미네 성당 안에 벽화를 그리면서 자연을 사실적으로 그렸다.107)

미술에 있어서 자연이 은총을 잠식하기 시작한 때는 필리포 리피(Filppo Lippi)가 마돈나를 그린 시점이다. 놀랍게도 그 마리아는 자기 부인이었다. 그 그림을 본 플로렌스의 사람들은 그 사실을 다 알고 있었다.108) 푸케(Fouquet)는 1450년경에 왕의 정부 아그네스 소렐(Agnes Sorel)을 마리아로 그렸다. 푸케는 그녀의 한쪽 가슴을 노출시켜 그렸는데, 푸케의 그림은 자연이 은총을 죽였다는 것을 의미했다.109)

쉐퍼는 미술이 자율성을 넘어 미술의 도약을 말하기 위해 레오나르도 다 빈치(Leonardo da Vinci)와 라파엘로(Raffaello Sanzio da Urbino)를 말했다.110) 두 사람은 르네상스에서 종교개혁으로 전환되

---

107) Ibid., 20.
108) Ibid., 21.
109) Ibid.
110) *CWFS1*, 214-216.

는 중요한 시대를 살았다. 다 빈치는 피렌체의 지배적 사상이었던 신플라톤주의를 수용했다.111) 신플라톤주의가 지배적이었던 이유는 상층부에 어떤 여지를 두기 위한 길이 필요했기 때문이었다. 쉐퍼는 그것을 지배적인 힘(dominant force)이라고 표현했다.112)

아쉽게도 쉐퍼는 그 당시 피렌체113)에서 일어난 중요한 일을 말하지 않았다. 코지모 데 메디치(Cosimo de Medici)는 신플라톤주의만 옹호한 것이 아니라 다른 이교의 사상도 수용했다. 코지모는 어디엔가 있을 이교도 작품을 찾기 위해 사람들을 파견했다. 1460년에 그 파견된 사람들 중 한 사람이 이집트의 신비주의인 헤르메스의 작품을 피렌체로 가지고 왔다. 피렌체는 흥분의 도가니에 빠졌다. 가장 위대한 현인의 작품을 손에 쥐게 되었다고 믿었기 때문이다. 코지모는 그리스의 젊은 학자 마르실리오 피치노(Marsilio Ficino)114)에게 플라톤(plato)의 작품을 번역하는 것을 멈추고 헤르메스의 문서를 즉시 번역하도록 명령했다.115)

헤르메스에게 중요한 사상은 "하나님은 하나의 큰마음이다."라는 말에 있다. 존재하는 모든 것은 하나님의 마음 안에 있다는 생각이다.

---

111) Francis A. Schaeffer, **기독교 문화관**, 243; "1416년에 세상을 떠난 피렌체의 원로 코시모(Cosimo)는 플라톤 철학의 중요성을 인식한 최초의 인물이었다. 토마스 아퀴나스는 아리스토텔레스의 사상을 도입하였다. 코시모는 신플라톤주의를 열렬히 옹호하였다. 가장 탁월한 신플라톤주의자 피치노(Ficino, 1433-1499)는 위대한 로렌초(Lorenzo, 1449-92)를 가르쳤다."
112) *CWFS1*, 214; 김영재는 **이성에서의 도피**에서 '지배적인 사상'이라고 번역했으나, 번역자의 의역(意譯)이다. 같은 단어(dominant force)를 한 번은 '지배적인 세력'으로 한 번은 '지배적인 사상'이라고 번역하는 것은 저자의 의도에서 벗어난다.
113) 피렌체(Firenze)는 이탈리아 중부 토스카나주의 수도로 영어로는 플로렌스(Florence)라고도 한다. 피렌체(Firenze)라는 말은 꽃(Fiore)이라는 데서 유래했다고 한다.
114) 김태린, **뉴에이지 신비주의** (서울: 라이트하우스, 2008), 49; "피치노는 『헤르메스 전서』가 피타고라스와 플라톤의 사상의 원천이라고 생각했으며, 플라톤의 스승 피로라오스의 스승이 피타고라스이고, 피타고라스의 스승이 아그라페모스이고, 그의 스승이 오르페우스이며, 오르페우스의 스승이 헤르메스 트리스메기스토스라고 생각했다."
115) Timothy Freke, Peter Gandy, **헤르메티카**, 오성근 역 (서울: 김영사, 2005), 18-19.

헤르메스는 하나님의 마음을 모든 것을 통합하는 단일성으로 묘사했다. 헤르메스는 인간의 마음이 하나님의 큰마음 형상에 따라 만들어졌다고 말한다.116) 그 자세한 내용은 이집트의 창세기라고 할 수 있는 『피만드로스』에 있다. 코지모와 피치노의 활동으로 피렌체는 신플라톤주의와 헤르메스주의가 지배적인 사상이었다는 것을 알 수 있다. 쉐퍼의 말을 빌리자면, 하층부가 상층부를 집어삼켜 버린 것이다. 쉐퍼가 헤르메스주의를 말했다면 훨씬 더 도약을 잘 설명할 수 있었을 것이다.

한편, 쉐퍼는 피렌체가 신플라톤주의를 도입한 이유를 다음과 같이 말했다.

> 그들은 신플라톤주의를 이념들과 이상들, 즉 보편자들을 복위시키기 위한 시도 속에 도입하였다. 보편자는 모든 특수자들에게 의미와 통일성을 부여하는 것이다. 특수자들은 모두 개체적 사물들이다. 각 개체적 사물은 특수자이다.117)

위의 글에서와같이 르네상스의 중심에 있었던 피렌체가 신플라톤주의를 통해 보편자를 채우려고 한 것은 합리성을 포기한 도약이었다. 쉐퍼는 보편자와 개별자118)와의 관계를 그림으로 설명해 준 것이

---

116) Timothy Freke, Peter Gandy, *The Hermetica: The Lost Wisdom of the Pharaohs, Material* (New York: TarcherPerigee, 2008), 22-23; "At the heart of Hermes's teaching is one simple-God is a Big Mind. Everything which exists is a thought within the Mind of God. … He is not limited by a physical body. He is the Big Mind within which everything exists. Hermes describes the Mind of god as the Oneness which unites everything. What does this mean? Again, look at your own experience. You experience many different things with your mind. Right now you are reading this book. Before that you may have been eating, or walking on the country. Yet all of these different things are experienced by one thing-your mind. It is the Oneness that unites all of your experience. In the same way, God's Mind is the Oneness which unites everything. …"
117) Francis A. Schaeffer, 기독교 문화관, 243.
118) 번역자에 따라 'particulars'를 '특수자', 또는 '개별자'로 번역하지만 본 연구에서는 '개별자'로 통일하였다.

라파엘로의 '아테네 학당'(The School of Athens)이라고 보았다. 라파엘로는 아테네 학당으로 아리스토텔레스 철학과 플라톤 철학의 차이를 그려냈다. 아리스토텔레스는 왼손에는 윤리학(Nicomachean Ethics)의 책을 들고 오른손을 펴서 아래를 가리키고 있었으며, 플라톤은 왼손에는 우주론을 다루는 티마우스(Timaeus)를 들고 오른손은 하늘을 가리키고 있었다. 즉, 아리스토텔레스는 개별자를, 플라톤은 보편자를 강조하는 그림이었다.

쉐퍼는 이 그림이 가지는 의미를 다음과 같이 말했다.

> 이 문제를 달리 표현하면, "다양성을 허용할 경우 어디서 통일성을 발견할 것인가? 개별자를 풀어주면 어떻게 그것을 다시 모을 수 있겠는가?" 하는 문제이다.[119]

이와 같은 쉐퍼의 말이 가지는 함의는 유럽이 기독교 신앙을 버리고 개별자의 자율성을 확보했지만, 통일성을 가지지 못했기 때문에 심각한 고민을 하고 있었다는 것이다. 그 고민은 레오나르도 다 빈치의 그림에 나타났다. 쉐퍼는 레오나르도 다 빈치가 고민한 내용을 다음과 같이 말했다.

> 자율적인 합리성과 함께 시작한다면 우리가 이르게 되는 지점은 수학(측정될 수 있는 것)으로서, 그것은 단지 보편자들이 아니고, 특수자들을 다루는 것이라는 사실을 그는 인식하였다. 그러므로 우리는 결코 기계론을 벗어나지 못한다. 통일성의 필요를 자각한 사람으로서 그는 이것이 불가함을 이해하였다. 따라서 그는 영혼을 그리고자 하였다. 이 맥락 속에서 영혼은 기독교적 영혼이 아니다. 그 영혼은 보편적 영혼-예를 들면 바다나 나무의 영혼-이다.[120]

---

[119] 프란시스 쉐퍼, **이성에서의 도피**, 김영재 역 (서울: 생명의말씀사, 2008), 23-24.
[120] Francis A. Schaeffer, **기독교 문화관**, 문석호 역 (서울: 크리스챤다이제스트, 1994), 244.

쉐퍼는 다 빈치가 고민한 내용이 기계론에 갇힌 인간의 통일성이라고 말했다.121) 다 빈치는 개별자에게 통일성을 주는 보편자를 그리려고 노력했으나 실패했다. 따라서 이탈리아의 철학자이며 현대 작가인 지오반니 젠틸레(Giovanni Gentile)는 다 빈치가 "개별자와 보편자를 한데 묶는 합리적인 통일에 대한 희망을 실현할 수 없었기 때문"에 낙심한 가운데 임종을 맞이했다고 말했다.122)

쉐퍼의 이런 주장과 달리 토마스 스테들러(G. Thomas Stadler)는 "레오나르도 다 빈치는 자율적인 합리주의 또는 르네상스 인본주의의 주요 대표자로 이해되어서는 안 된다."고 말했다.123) 스테들러가 이렇게 말한 이유는 르네상스의 인문주의가 자연이 은총을 집어삼키는(nature-eating-up-grace) 것이 아니라 비종교적인 지적 성장이라고 보았기 때문이다.

그러나 르네상스는 단순히 지적 성장만을 추구한 것이 아니었다. 르네상스는 개별자의 의미와 통일성을 확보하기 위해 노력했으며 그

---

121) Ibid.
122) Francis A. Schaeffer, *이성에서의 도피*, 24.
123) G. Thomas Stadler, "Renaissance humanism: Francis Schaeffer versus some contemporary scholars," *Fides et historia* 21:2 (1989): 19; "On the basis of observations made above, it seems clear that Francis Schaeffer's Renaissance scholarship leaves much to be desired. Contemporary scholars have demonstrated that Renaissance humanism cannot be linked to Thomas Aquinas, that it was not a philosophy or system of thought (and therefore was certainly not an autonomous rationalism), and that it is not to be identified with Renaissance thought as a whole. Furthermore, they have shown that Renaissance humanism did not entail a deliberate step away from Christianity. And although the Renaissancee humanists did tend to have a very high view of man, this derived partially from Christian origins and was undercut by other ideas they often held as well. Increasing secularization did occur during the Renaissance and the humanists played an important part in it, but it was not a matter of "nature-eating-up-grace." Rather, it resulted from the growth of non-religious intellectual interests. Grace was not opposed directly and more than survived the Renaissance. Lastly, Leonardo da Vinci should not be understood as a major representative of an autonomous rationalism or of Renaissance humanism."

근거를 신비주의 사상에 천착했다. 이순이는 "피치노는 아랍의 신비주의 사상과 함께 새로운 플라톤적 신학을 모색하여 르네상스 신플라톤학파를 형성했다."고 말했다.124)

쉐퍼가 다 빈치를 말한 것은 키르케고르의 도약을 설명하기 이전에 하나의 선행 작업을 통해 도약의 선구자가 누구인지를 말한 것이다. 다 빈치는 미술 세계 속에서 보편자를 담아내려고 했으나 그렇게 할 수 없었다. 결국, 다 빈치는 개별자와 보편자를 하나로 묶어주는 합리적 통일성에 실패했던 것이다.

한편, 쉐퍼는 철학에서 일어난 도약이 예술에까지 영향을 미친다는 것을 보여주려고 했다. 그 출발점이 된 아퀴나스의 자율 개념은 자연신학을 발달시켰으며, 르네상스 시대에 이르러서는 더욱 심화 되었다. 르네상스를 생각하면 일반적으로 이성의 시대라고 생각한다. 르네상스는 분명히 이성의 시대임에는 틀림이 없다. 그러나 유럽의 흐름은 변하고 있었다. 보편자를 찾고 싶어 하는 열망으로 대륙의 논바닥은 타들어 가고 있었다. 이성의 시대, 자율성을 부르짖었지만, 통일성을 상실한 인간은 끈 떨어진 연이 되어버렸다. 영원성을 향한 갈망이 사그라지지 않는 것이 인간이기 때문이다. 그 영원성을 해결한 것이 신플라톤주의와 헤르메스의 철학이었다. 그것은 쉐퍼의 관점에서 보면 합리성을 저버린 도약이었다.

미술에서 절망의 선으로 들어가는 문은 인상파 화가들이다. 그 대표적인 세 사람은 반 고흐(Vincent Van Gogh), 폴 고갱(Eugène Henry Paul Gauguin), 그리고 폴 세잔느(Paul Cézann)이다. 쉐퍼는

---

124) 이순이, "신플라톤주의와 르네상스(Renaissance) 미술문화 연구: 피렌체의 메디치家 영향을 중심으로", **조형연구**(Visual Art Research) 10 (2004): 111; 이순이는 피렌체의 신플라톤주의 화가로 산드로 보티첼리, 레오나르도 다 빈치, 미켈란젤로, 라파엘로를 말했다.

이 세 사람이 여러 세기 전에 시도했던 것처럼 자신들의 미술 속에서 보편자를 발견하려고 "필사적인 몸부림을 시작하였다."고 말하면서 다음과 같이 말했다.125)

철학자가 전체 우주의 범주 안에서 하려고 했던 것을 그들은 이제 그들의 캔버스의 제한된 공간 위에서 하려고 했다. 그들이 절망의 선의 문턱을 거쳤을 때, 그들의 실재의 배후에서 그것들을 제공하는 보편자 곧 단순한 특수자들 이상의 어떤 것을 발견하려는 필사적인 몸부림을 시작하였다. 그들은 그들의 분야 즉 미술의 영역 속에서 타당한 형식과 자유를 표현하려고 시도하였다.126)

쉐퍼는 먼저 고흐의 자살이 정신병과 고흐가 관심을 가졌던 여인을 고갱이 가로챘기 때문이기도 하지만 더 큰 이유가 있다고 말했다. 쉐퍼는 그 원인을 "예술가들이 선구자가 되는 새로운 종교의 창건을 염두에 두었다."고 말했다.127)

고흐는 아를(Arles)에 예술가 공동체를 세우려고 했으며 고갱을 참여시켰다가 헤어졌다. 쉐퍼는 고흐가 새로운 종교에 대한 소망이 실패하자 자살했다고 말했다. 고갱은 타이티로 가서 루소(Jean-Jacques Rousseau)의 관념을 실현하려고 고상한 미개인 관념을 실천하였다. 고갱은 타이티에서 원주민 여성의 아름다움을 그렸다. 고갱은 한동안은 그렇게 살아가는 것으로 만족했으나 고갱 자신의 작품인 「무엇? 어디서? 어디로?」에서 보편자를 그리려다 실패한 절망을 나타냈다.128) 이것은 인간이 자기 스스로 아무리 보편자를 발견하려고 노력

---

125) Francis A. Schaeffer, 기독교 문화관, 47.
126) Ibid.
127) Ibid.
128) Ibid., 48; "여러분이 이 그림을 원편에서 바라보면, 세 가지 형상의 모습들을 본다. 첫째 인물의 모습은 아주 아름다운 젊은 타이티 여인이다. 그녀 옆에는 죽어가는 가난한 노파가 있다. 자연 속에서는 전혀 존재하는 않는 기괴한 새가 그 노파를 오직 응시하고 있다. 고갱이 이 그림을 완성했을 때, 그 역시 실제로

해도 실패한다는 것을 보여준다. 고흐가 보편자를 찾기 위해 종교를 창건하려고 했다는 것은 결국 합리성을 벗어난 도약을 감행했다는 것을 말해 준다.

쉐퍼는 철학에서 시작된 절망의 세 번째 단계로 음악이며 네 번째 단계가 일반문화라고 보았다. 쉐퍼는 음악에서의 절망의 선을 말하기 위해 뮈직 콩크레테(musique concrete: 구상음악 혹은 구체음악)로 시작했다. 이 음악은 1948년 프랑스 방송협회 기술자였던 피에르 쉐페(Pierre Shaeffer)가 창안했다. 뮈직 콩크레테는 현실에 구체적으로 존재하고 있는 음향들을 구성한 음악이다. 뮈직 콩크레테는 물방울 소리, 자동차 소음, 파도 소리와 같이 일상에서 나는 소리를 가공하지 않고 녹음을 하거나 그것을 중복하거나 녹음기의 속도를 조절하거나 음질을 변형하여 하나의 작품으로 구성하는 음악이다. 현실의 물건들을 사용하기 때문에 '사물음'이라고도 불리며, 테이프를 사용하기 때문에 미국에서는 테이프 음악이라고 불리기도 한다. 쉐페의 친구인 피에르 헨리(Pierre Henry)의 선집에서도, 먼저 우연한 소리로 구성했다.

쉐퍼는 뮈직 콩크레테를 다음과 같이 분석했다.

> 모든 것은 상대적이고, 확실한 것은 아무것도 없다. 고정되어 있는 것은 아무것도 없고 모든 것은 유동적이다. 뮈직 콩크레테는 단지 현대인의 획일화된 메시지를 표현하는 하나의 방도일 뿐이다. … 반정립이 사라지고 상대주의가 일어날 때, 그리고 특수자들에게 의미를 부여하는 어떤 보편자를 발견할 가능성이 부정될 때, 다른 결말이 있을 수 없다. 이것은 문화적 환경의 획일적 여론으로서, 우리가 거부해야 하고, 우리가 들어가 말해야 하는 세상의 영이다.[129]

는 성공하지는 못했지만, 자살하려고 했다. 이 두 사람은 모두 휴머니즘적 보편자를 발견하고자 했다. 그들은 유감스럽게도 실패했고, 절망의 선 아래 남게 되었다."

쉐퍼는 반정립 사고방식이 무너지고 난 이후에 상대주의가 일어나서 보편자를 발견할 수 없을 때 뮈직 콩크레테가 일어나는 것이라고 분석했다.130) 쉐퍼의 분석에 의하면, 현실에 존재하는 자연의 소리로 구성된 음악은 개별자들의 상대성으로만 이루어져 있다. 현대인들은 개별자에 의미를 부여하는 보편자를 부정해 버렸기 때문에 모든 것은 상대적이고 확실한 것은 아무것도 없다. 인간은 우연한 존재이며 인간에게는 우연한 미래만 있다. 쉐퍼의 표현대로 하자면, 결국 인간은 변질되고 산만해지기 시작하며 전인격이 부패해진다. 이것은 개별자가 보편자를 버리고 의미와 통일성을 상실하면 인격이 무너진다는 것을 말해 주고 있다.

쉐퍼가 말하는 절망의 선 네 번째 단계는 일반문화이다. 쉐퍼는 미국의 소설가 헨리 밀러(Henry Miller)로 시작했다. 쉐퍼는 밀러의 책이 단지 외설 문학이 아니라 철학적 진술이라고 말했다.131) 밀러는 아무런 의미가 발견되지 않도록 모든 것을 산산조각으로 박살 냈다. 연극 분야에서의 절망은 존 오스본(John Osborne)에게서 나타났다. 오스본은 연극 「마르틴 루터」(Martin Luther)에서 루터의 생애를 묘사하면서 중요한 결말의 순간에 진리를 포기하게 만들어버렸다.132)

시 분야에서의 절망은 딜런 토마스(Dylon Thomas)에서 나타났다. 토마스는 죽기 전에 「비가」(Elegy)라는 시를 썼다. 쉐퍼는 딜런 토

---

129) Ibid., 57-58.
130) Ibid.
131) Ibid., 58.
132) Ibid., 59; "늙은 수도원장이 '마르틴, 자네는 자네가 옳다고 생각하오?'라고 묻는다. 여기서 오스본은 역사적 사실과 반대로 그가 '그렇게 되기를 바랍시다.'라고 답변하도록 만든다. 조명이 켜지고, 연극은 끝난다. 런던의 '더 타임즈'지의 연극 비평가는 그것을 바로 이해하였다. 그는 '그가 20세기 연극을 만들기 위하여 마지막 부분을 삽입시켜야 했던 것이 흥미롭지 않은가!'라고 말했다."

마스에 대해 다음과 같이 말했다.

> 런던에 있는 페스티벌 홀의 후편 통로에 있는 고급 갤러리들 가운데 한 곳에 딜런 토마스의 동상이 있다. 연민의 마음이 없이 그것을 볼 수 있는 사람은 죽은 사람이다. 거기서 그는 그의 입가에 담배를 물고, 즉 절망 속에 빠져 있는 바로 그 담배를 물고 여러분을 응시하고 있다.[133]

쉐퍼는 절망에 빠져 담배를 물고 사람들을 응시하는 토마스 동상에 대해 "연민의 마음이 없이 그것을 볼 수 있는 사람은 죽은 사람이다."라고 말했다.[134] 토마스의 어둠 속에서 울부짖고 있는 현대인들의 정서를 표출한 것이다. 토마스의 동상을 보면 토마스나 토마스를 바라보는 사람이나 동일하게 깊은 절망에 빠져 있다는 것을 의미한다. 쉐퍼는 현대영화를 비평하면서 현대 문화가 상대주의와 궁극적 무의미성에 빠져 있다고 진단했다. 쉐퍼가 지적하는 것은 현대인들이 의미와 통일성을 얻지 못하자 허무주의에 시달리며 마약을 사용하고 범신론적 종교형식과 신비주의 사상에 빠졌다는 것이다. 이런 현상들은 현대인들이 종교적 도약을 감행하고 있다는 것을 말해 준다.

---

133) Ibid., 61.
134) Ibid.

1.3. 신학에서의 도약 반대

쉐퍼는 세속적 실존주의에서 나타난 양상이 칼 바르트(Karl Barth)의 성경관과 도약 반대사상과 신신학(new theology)에서도 나타난다고 보았다.135) 쉐퍼는 현대 실존주의 신학의 기원은 키르케고르에 있다고 말했다.136) 키르케고르의 영향을 입은 바르트에게 "믿음은 역설이다."137) 그 영향을 입은 현대 실존주의 신학 체계의 핵심은 신앙의 도약에 있다. 신학의 영역에서 쉐퍼가 지적하는 것은 하나의 체계로서의 체계가 잘못되었다는 것이다. 쉐퍼는 다음과 같이 말했다.

> 독일의 구 자유주의 신학은 폐쇄체계로서의 자연적 원인들의 획일성이라는 전제를 허용함으로써 시작되었다. 그리하여 그들은 예수 그리스도의 생애 속에 있는 초자연적 요소를 포함하여 이적적이고, 초자연적인 모든 것을 거부하였다. 그러면서도 그들은 여전히 예수의 생애의 초자연적 국면을 "참된 역사"로부터 분리시킴으로써 합리적·객관적·학문적 방법으로 역사적 예수를 발견하리라는 소망을 가졌다. 그러나 그들은 합리주의 철학자들이 실패한 것과 똑같이 실패하였다.138)

쉐퍼에 의하면, 독일의 구자유주의 신학은 예수 그리스도의 생애에 나타난 초자연적 요소를 거부했다. 독일의 구자유주의 신학은 예

---

135) Francis A. Schaeffer, **이성에서의 도피**, 66.
136) *CWFS1*, 73; 현대 실존주의 신학이나 세속적 실존주의나 그 기원은 키에르케고르에 있으며, 그 체계의 핵심은 '신앙의 도약'이다. 쉐퍼는 신학의 영역을 도약의 영향이 나타나는 마지막 단계라고 보았다.
137) Karl Barth, **로마서**, 손성현 역 (서울: 복있는사람, 2017), 160-161; "복음은 '믿음'을 요구한다. 복음은 오직 믿는 자에게만 '구원을 주시는 하나님의 능력이다' 그러므로 구원의 진리는 직접 전달하거나 직접 깨달을 수 없다. 그리스도는 '영으로' 하나님의 아들로 선포되셨다(1:4). 여기서 '영은 매개자 없는 직접성의 부정이다' 그리스도께서 참 하나님이시라면, 그분은 알 수 없음(Unkenntlichkeit) 속에 존재하셔야 한다. 직접적으로 알 수 있음은 바로 우상의 특징이다'(키르케고르). 구원을 주시는 하나님의 능력은 너무나 새로운 것, 이 세상이 단 한 번도 듣거나 기대한 적이 없는 것이다. 그래서 그 능력은 이 세상에서는 그저 모순처럼 보이고, 모순으로 생각할 수밖에 없다. 복음은 자신을 설명하거나 추천하지 않는다. 부탁하거나 흥정하지도 않는다. 위협하거나 약속하지도 않는다. 오직 복음만을 위해서 복음을 들으려는 사람들이 없는 곳에서는 복음이 스스로를 닫아 버린다."
138) 프란시스 쉐퍼, **기독교 문화관**, 문석호 역 (서울: 크리스챤다이제스트, 1994), 74.

수 그리스도의 초자연적 역사를 참된 역사와 분리시켜 합리적·객관적·학문적 방법으로 역사적 예수를 발견하리라는 소망을 가졌으나 실패했다.139)

이처럼 독일의 구자유주의 신학이 역사적 예수를 발견하는 일에 실패했음에도 불구하고 종교개혁으로 복귀한 것도 아니고 허무주의적 입장으로 나간 것도 아니었다. 독일의 구자유주의 신학은 진리개념의 분리를 포함하는 제3의 길을 택하였다. 반면에 웨인 볼튼(Wayne G. Boulton)은 르네상스와 종교개혁을 엮어보려는 시도를 비판하면서, 쉐퍼가 "자유주의 신학은 신학적 용어로는 인본주의에 불과하다."고 요약했다고 말했다.140) 그러나 쉐퍼는 신정통주의가 세속 언어로 세속철학이 말한 것을 신학적으로 표현된 것이라고 말했다.141) 쉐퍼는 신정통주의에 대해 다음과 같이 말했다.

> 신정통주의는 삶에 소망과 의미를 부여하는 어떤 요소를 힘써 발견하기 위하여 내가 '위층'이라고 부르는 것으로 도약하였다. '아래층'은 그들의 전제들이 합리적으로 그리고 논리적으로 그들을 이끌었던 영역이다. 따라서 신학 역시 절망의 선 아래로 나아갔다. 신신학은 통일된 지식영역을 발견할 소망을 포기하였다. 따라서 성경적 및 종교개혁의 신학과는 반대로 그것은 반신학(antitheology)이다.142)

---

139) Francis A. Schaeffer, 기독교 문화관, 74.
140) Wayne G. Boulton, "A different Schaeffer," *Reformed Journal* 32:8 (1982): 4; "In my history courses, the Renaissance and the Reformation have never harmonized this easily In what appears to be a battle of half-truths, I believe evangelicals should prefer Schaeffer, who summarizes the matter thus 'Liberal theology is only humanism in theological terms.'"
141) Francis A. Schaeffer, 기독교 문화관, 75; 쉐퍼는 자유주의 신학이 제3의 길을 선택한 이유를 다음과 같이 두 가지로 말했다. "이 지극히 중요한 단계에서 신학은 어찌하여 철학을 따랐을까? 여기에는 두 가지 이유가 있다: 첫째로 그들의 전통적인 낙관적 합리주의는 일단 이적인인 요소를 거부하자, 역사적으로 신빙성 있는 예수를 창출하는데 실패하였다는 것이다. 둘째로 철학이 이런 방향 속에서 전개되자, 그들이 조심스럽게 따랐던 주변의 사상적 여론이 그들에게 규범적인 것이 되었기 때문에, 그들은 결국 그 길을 따랐던 것이다."
142) Ibid., 75-76.

쉐퍼는 이런 절망의 선으로 들어가는 신학의 입구가 바르트라고 말했다. 그 이유는 바르트의 체계가 검증이 불가능하기 때문이다. 바르트의 체계143)는 단순히 믿어야 하는 체계이다.144) 신정통주의는 성경이 과학과 역사에 오류가 있으나 종교적 영역에 관해서는 믿어야만 한다고 보기 때문이다.145) 이것은 역사적 사실에 기초한 합리성을 포기한 바르트의 도약이다. 키르케고르에게 있어서 도약은 인간의 결단을 통해 이루어지지만, 바르트에게 있어서 도약은 계시에 대한 순종이다.146)

바르트는 창조 역사를 비사실적인 역사(unhistorische Geschichte) 혹은 선역사적인 역사(praehistorische Geschichte)라고 말했으며, "창조 역사는 사실사적 역사(historische Geschichte)가 아니다. 모든 역사(Geschichte)가 사실사적(historisch)인 것은 아니다."라고 말했다.147) 바르트는 "성서적 창조사는 … 순수한 사가(saga)이다"라고 말

---

143) 김영재는 '칼 바르트의 사상'이라고 번역했지만, 문서호가 원문을 따라 '칼 바르트의 체계'(Karl Barth's system)이라고 번역한 것이 옳으며, 체계는 사상보다 훨씬 더 포괄적인 개념으로 바르트를 생각하게 한다. 프란시스 쉐퍼는 "나는 성경의 체계를 하나의 체계로서 사랑한다."고 말했다(Francis A. Schaeffer, 이성에서의 도피, 34).
144) Francis A. Schaeffer, 오늘날의 교회의 사명, 권혁봉 역 (서울: 생명의말씀사, 1996), 22; "칼 바르트의 기본적인 입장은 다음과 같다. 물론 성경 속에 여러 가지 종류의 과오가 있지만 그것은 문제시되지 않으니, 단지 성경을 종교적으로 믿기만 하라."
145) Francis A. Schaeffer, 궁극적 모순은 없다, 김원주 역 (서울: 생명의말씀사, 1995), 15; "신정통주의의 입장은, 성경이 역사와 과학의 영역에서 오류가 있긴 하지만 그래도 종교적 영역에 대한 부분에서는 성경을 믿어야 하며 어찌됐던 간에 성경은 '종교적 말씀'을 비추어 준다는 것이다. 결과적으로 종교적 사실들이 우리의 머릿속의 '진리'가 된다. 마치 약물 체험이나 동양 종교 체험이 우리의 머릿속의 '진리'가 되는 것과 마찬가지이다."
146) 양승아, "키에르케고르의 실존주의가 불트만과 바르트에게 미친 영향에 대한 연구: 마태복음 6장 24-34절에 대한 설교 분석을 중심으로," 172; "바르트는 하나님과 인간의 무한한 질적 차이를 강조한다. 그리고 인간이 자신의 실존적 한계에서 벗어날 수 있는 길은 하나님을 믿음으로써 가능한 것을 밝힌다. 이는 키에르케고르의 비약과는 다른 개념이다. 키에르케고르에게 있어서 비약은 인간의 결단을 통해 이루어지는 것이지만, 바르트에게 있어서 비약은 계시에 대한 순종을 통해 이루어지는 것이기 때문이다."
147) Karl Barth, 교회교의학 Ⅲ/Ⅰ, 신준호 역 (서울: 대한기독교서회, 2015), 111; "우리는 반복한다: 하나님께 대한 직접성 안에서 말하자면 모든 역사는 비사실사적이며, 다시 말하여 유도될 수 없고 비교 불가

했다.148) 바르트에게 창조론은 믿음의 조항일 뿐이며 역사 그 자체가 아니다.149) 바르트에게는 부활도 '비역사적 사건'이다.150)

바르트에게 있어서 종교적 진리는 성경의 역사적 진리와 분리되었고 이성이 설 자리도 없고 검증할 수 있는 가능성이 없다. 바르트는 죽을 때까지 고등 비평을 지지했으며 성경이 오류(mistakes)를 내포하고 있으나, "우리는 그것을 믿어야 한다."고 주장했다.151) 바르트의 주장은 합리성을 벗어난 종교적 도약이 이루어진 것이다. 바르트의 체계는 오류가 있고 검증이 불가능한 것을 무작정 믿으라고 하는 믿음을 위한 믿음이기 때문에 도약이 발생했다.

신정통주의자들은 성경에 나오는 단어를 사용할 뿐이지 현실 역사와 분리되어 있기 때문에 비합리적이고 비논리적이다.152) 그런데도 신정통주의자들은 그 단어들이 없으면 성립이 안 되기 때문에 그 단어들을 사용해야 하고 믿어야만 한다. 그것은 절망적인 행위이고 절망적인 도약이다. 그런데 잭 로저스(Jack Rogers)는 쉐퍼가 구프린스톤의 전통에 매여서 현대신학에 대해 상세한 연구를 하지 않았다고 맹비난했다.153) 로저스의 그런 비난은 쉐퍼에게는 적절치 않다. 왜냐

능하며, 그렇기 때문에 직관될 수 없고, 인지되거나 파악될 수 없다."
148) Ibid., 114.
149) Ibid., 13.
150) Karl Barth, **로마서**, 467; "그의 부활은 [탁월하게] '비역사적인' 사건이어서 '죽음이 그를 더 이상 지배하지 못한다.' 이 생명은 해체될 수 없으며 철회될 수 없는 **생명**, 하나님의 생명이며, 하나님께서 직접 아시는 생명이다. 그러므로 우리는 믿음을 통해 이러한 인식, 곧 하나님의 관점에서 일으켜진 인간의 인식을 우리 안에 수용하려고 감행하며, 이 생명, 곧 예수의 부활의 생명을 **우리의** 생명으로 받아들이기를 감행한다."
151) *CWFS1*, 240; "그의 입장은 성경에 실수가 포함되어 있지만 어쨌든 '종교적인 말'이 나온다는 것이다. '종교적 성실성'은 이성과 근거가 없는 곳이다. 이것은 종교적인 측면에서 도약을 구성한다."
152) Francis A. Schaeffer, **이성에서의 도피**, 69.
153) Jack Rogers, "Francis Schaeffer: the promise and the problem(1)," *Reformed Journal* 27:5 (1977): 15; "Schaeffer was taught the method of antithesis in theology at Westminster and Faith. His theological views were fixed at that time and have not significantly changed. The Scottish Common Sense philosophy presupposed by the old Princeton theologians he imbibed, with a presuppositional

하면, 쉐퍼는 구프린스톤 전통에 매인 것이 아니라 성경에 근거한 올바른 분석과 판단을 했기 때문이다.

그것은 쉐퍼의 다음과 같은 말에도 드러난다. 쉐퍼는 칼 바르트의 체계를 다음과 같이 말했다.

> 아퀴나스는 하층부에 독립된 한 인간을 등장시켰다. 즉 성경으로부터 자율적인 자연신학과 철학을 도입하였던 것이다. 이로 인해 세속적인 사고에서는 모든 희망을 비합리적인 상층부에 둘 수밖에 없게 되었다. 마찬가지로 신정통주의(neo-orthodox) 신학에서는 인간이 도약하지 않을 수 없는데, 인간은 전인(全人)으로서 합리적인 것의 영역에서는 하나님을 찾기 위하여 할 수 있는 일이 없기 때문이다. 신정통주의 신학에서 말하는 인간은 성경이 가르치는 타락한 인간보다 더 못하다.[154]

쉐퍼에 의하면, 아퀴나스나 바르트는 합리적 영역에서 보편자를 찾을 수 없었기 때문에 도약하지 않을 수가 없었다. 바르트가 역사로부터 분리된 신앙을 말하는 것은 아퀴나스가 자율적인 자연신학 체계를 만든 것과 같은 것이다. 역사와 분리된 신앙, 자율적인 신학 체계는 분명히 성경을 벗어난 것이므로 구프린스턴 전통에 매인 것이라고 볼 수 없다. 바르트처럼 역사와 신앙이 분리되면 도약이 일어난다. 개별자의 자율성을 부르짖으나 보편성을 상실한 개별자로는 살아갈 수 없기 때문이다.

쉐퍼가 종교적 실존주의에서 바르트를 비판하며 지적하는 중요한

---

twist probably contributed by Cornelius Van Til. The founder of Scottish Realism or Scottish Common Sense Philosophy was Thomas Reid (1710-1796). Reid's concern was to refute David Hume and Immanuel Kant. He tried to get behind them to common sense absolutes that all ordinary persons would accept. The first principle was that the mind truly knows objects as they are in themselves. … None of these positions has been worked out by Schaeffer on the basis of a detailed study of the contemporary theologians."
154) Ibid., 66-67.

점은 신정통주의가 가르치는 인간은 성경에서 말하는 인간보다 못하다는 것이다. 성경과 종교개혁자들은 인간의 구원에 인간이 기여할 수 없다고 했다. 왜냐하면, 인간은 전적으로 타락한 존재이기 때문이다. 인간은 타락했음에도 불구하고 자신의 이성을 활용하여 종교적 진리를 포함하여 역사와 우주를 다루고 있는 성경을 탐구할 수는 있다. 하나님께서 인간에게 본성적으로 종교의 씨앗을 심어 놓으셨기 때문이다.155) 바르트는 성경의 역사성을 부인하고 자연신학을 부정하기 때문에 인간을 인간답게 볼 수 없다.156)

바르트가 종교적인 단어를 사용한다고 해서 바르트의 근본체계가 변화되지 않는다. 쉐퍼의 방식으로 말하자면, 상층부의 단어들을 열거한다고 할지라도 성경과 일치되는 것이 아니다. 바르트가 자신의 체계를 세우기 위해 종교적 용어를 사용하는 것이나 하이데거가 자신의 체계를 세우기 위해 세속적인 용어를 사용하는 것과 하등의 차이가 없다.

쉐퍼는 그런 일을 두고 다음과 같이 말했다.

> 여기에서 특별히 주목해야 할 중요한 점은 도약의 필요성을 강조하는 키에르케고르 학파의 생각이 형태만 바꾸어 끊임없이 나타난다는 사실이다. 합리적이며 논리적인 것은, 비합리적이며 비논리적인 것과 전적으로 분리되어 있기 때문에 도약은 전체적일 수밖에 없다. 신앙은 그것이 세속적인 용어로 표현되든지 종교적인 용어로 표현되든지 간에 아무 검

---

155) John Calvin, **기독교강요(상)**, 원광연 역 (고양: 크리스챤다이제스트, 2003), 49.
156) 심용훈, "바르트의 계시관에 대한 개혁 신학적 비판," **개혁논총** 31 (2014): 53; 바르트의 자연계시의 반대는 개혁 신학의 이해와는 다르다. 먼저, 여전히 바르트는 자연신학에 대해 부정적인 태도를 보이면서 '인간 예수'에 집중하고 있다. 포이에르바흐처럼 여전히 인간의 투영으로서 신개념을 가지고 있는 것이다. 둘째, 개혁신학도 자연신학은 반대하지만 자연계시 또는 일반계시에 대해서는 분명하게 인정한다. 자연계시는 인간의 가능성이 아니라, 하나님께서 인간에게 주신 선물이기 때문이다. 물론 이 자연계시는 구원에 이르기에 불충분하다. 따라서 자연계시는 특별계시를 통해서 보았을 때 유용한 것이다. 그러나 바르트는 이 자연계시 자체를 자연신학과 동일시하면서 부정해 버리고 있다.

증이 없는 도약이 된다. 왜냐하면 신앙은 논리적인 것이나 이성적인 것과는 완전히 분리되어 있기 때문이다.157)

쉐퍼에 의하면, 바르트와 하이데거는 합리적인 것과 비합리적인 것이 분리되어 있고 논리적인 것과 비논리적인 것이 완전히 분리되어 있다. 신앙을 세속적인 말로 표현하거나 종교적인 용어로 나타내더라도 "아무 검증이 없는 도약이 된다."158)

바르트나 신정통주의 신학에서 신앙은 논리적인 것과 합리적인 것이 분리되어 있기 때문에 키르케고르 학파의 모습이 그대로 재현된 것이다. 누가 어떤 용어를 사용하고 있는가는 중요하지 않다. 개별자가 원하는 보편자를 얻기 위하여 비논리적이고 비합리적으로 찾는다는 것이 중요하다. 그것이 현대인들의 사고에 공통적으로 일어나는 도약이다.159)

의미와 통일성을 제공하는 보편자가 없으면 인간은 기계로 전락해 버린다. 현대인들이 아무리 실존을 부르짖어도 도약을 감행하지 않을 수 없는 이유가 거기에 있다. 그렇다고 사람들이 다시 구(舊) 자유주의로 되돌아가지는 않았다.160) 바르트만이 아니라 현대인들이 직면한 절망은 의미 있는 존재로 살기 위해 그토록 증오하는 보편자를 열렬히 갈망하지 않을 수 없다는 사실이다.

쉐퍼는 신정통주의와 신신학자를 〈도식 Ⅱ-3〉으로 말했다.

---

157) 프란시스 쉐퍼, **이성에서의 도피**, 김영재 역 (서울: 생명의말씀사, 2008), 67.
158) Ibid.
159) Francis A. Schaeffer, **기독교 문화관**, 271; 김영재는 "도약은 현대인의 사상 모든 영역에 보편화되어 있다."라고 번역했으나, 문석호가 "비약은 현대인의 사고의 모든 영역에서 공통적이다."(The leap is common to every sphere of modern man's thought.)라고 번역한 것이 원문에 적합하다.
160) *CWFSI*, 86.

〈도식 Ⅱ-3〉 신정통주의와 신신학자의 단어

비합리적-내포적 단어

합리적-정의된 단어161)

위의 도표에서 보듯이 신정통주의는 정의된 단어를 분계선 아래에 두며, 신신학자는 정의되지 않은 단어를 분계선 위에 둔다. 쉐퍼가 신정통주의나 신신학을 "도약의 신학"이라고 명명하는 이유는 정의되지 않는 말에 집중시키기 때문이다. 예를 들어, 틸리히(Paul Johannes Tillich)는 "하나님 뒤에 계시는 하나님"(God behind God)을 말한다. 이 말에서 두 번째 하나님은 내포적 단어일 뿐이고 전혀 정의되지 않는 막연한 하나님이며 썸씽(something)이다. 그 하나님은 키르케고르가 "이성에 의해서는 종합에 이를 수가 없다는 결론에 도달했던 것"과 동일하다.162)

여기서 우리가 틸리히의 사상에 대해 짚고 넘어가야 할 것이 있다. 오늘날 인간의 실존을 강조하면서 틸리히의 신학에 천착하는 사람들이 이 기독교 안에도 많이 일어나고 있다. 특히 상담을 연구하거나 가르치는 사람들에게는 틸리히를 강조하면서 폴 투르니에, 칼 융 등과 융합을 시도한다는 것은 매우 우려스러운 일이다.

황민효는 다음과 같이 말했다.

> 그러나 틸리히는 개종이 아닌 대화를 주장하는 점에서-상호 간의 변혁을 추구한다는 점에서-이 유형과 분명한 차이점을 보인다. 틸리히에 의하

---
161) Francis A. Schaeffer, 이성에서의 도피, 68.
162) Francis A. Schaeffer, 기독교 문화관, 34.

면, 타 종교들은 단순히 그리스도교에 의하여 변혁되어야 할 대상이 아니다. 비록 타 종교들이 그리스도의 십자가라는 궁극적인 실질적 기준을 결여하고 있지만, 그리스도와 완전히 동떨어진 것으로 생각될 수 없다. 종교 간의 대화의 목적은 어느 한 종교의 우수성을 주장하는 것도 아니고, 종교 간의 혼합도 아니다. 그보다 상호 간의 대화를 통하여 자신의 종교적 깊이로 들어가 모든 종교적 구체성이 사라지는 그 점까지 들어가는 것이다. 진정한 종교는 구체적임과 동시에 보편적이어야 한다. 종교는 구체적이고, 개별적인 한 종교임과 동시에 자신의 구체성을 부인함을 통하여 보편성을 주장한다.163)

황민효에 의하면, 틸리히가 말하는 종교는 보편적 종교이며, 기독교는 유일성으로 말할 수가 없다. 틸리히처럼 종교 간의 대화를 주장하게 되면 각 종교의 개별성만 강조되고 기독교는 그 개별성 중 하나에 불과하다. 틸리히의 종교에 대한 비성경적인 입장에 대해 침묵하면서 신학생들과 목회자들에게 틸리히를 가르친다는 것은 매우 심각한 일이다.

인간의 실존과 소외에 대해 '아래로부터의 방법'을 추구하는 틸리히의 상관관계 방법은 결국 '신토의 우주적 종교형식'(the Shintoist cosmic type of religion)과 '선불교'(Zen Buddhism) 승려들과의 만남을 통해 세계종교화 되었다.164) 틸리히는 히사마츠(Hisamatsu)와의 대화에서 무형의 자아(Formless Self)에 완전히 매료되었다.165) 틸리히는 1960년 5월부터 7월까지 약 8주간을 일본에 머무르면서 일본의 선불교 대가인 스즈키(D. Suzuki), 교도학파(the Kyoto School)의 철

---

163) 황민효, 폴 틸리히의 신학 Ⅱ (서울: 한국장로교출판사, 2008), 355.
164) Ibid., 248-249.
165) Paul Johannes Tillich, "Dialogues, East and West: conversations between Dr Paul Tillich and Dr Hisamatsu Shin'ichi Part two," *The Eastern Buddhist*, 5:2 (1972): 128; "Yes. Now this formulation is a little difficult. But as the hour is quite late, I think we should perhaps let the matter rest there for today. Good! Good! Thank you very much. This was really wonderful. I trust it was as enjoyable for you as it was for me."

학자 및 불교 학자들과 또한 일본의 고유 종교인 신토(Shinto)의 중들과 선불교 중들(Zen Masters)을 만나 대화했으며, 『기독교와 세계종교들과의 만남』이라는 책을 썼다. 틸리히는 하나님이라고 부르지 않고 "존재 자체"(Being-Itself) 혹은 "존재의 근거"(Ground of Being)로 불렀다. 틸리히는 존재 자체라는 개념을 통해 불교의 '공'(空), '절대무'(絶對無)를 이해하는데 있어서 단서를 제공하는 개념이라고 말했다. 틸리히는 신과 인간에 대하여 불교 사상에 매우 유사한 신비주의 요소를 발견할 수 있다고 보았다.

틸리히는 인간의 실존과 소외를 극복하려다가 엘리아데나 오토가 말하는 '거룩함의 경험'[166]이 모든 종교의 핵심이 되어버렸다.[167] 틸리히를 가르치는 사람들은 실존과 소외를 강조하나 실존과 소외를 극복하는 틸리히의 방법론이 결국은 선불교로 안착했다는 사실을 말해야 할 것이다. 틸리히는 실존의 문제를 제기하고 하나님 안에서 답을 찾으려 했으나 포기해 버렸다.

황민효는 틸리히의 입장을 다음과 같이 정리했다.

> 틸리히의 입장을 간략하게 다시 정리해 보자면, 그는 비록 그리스도교가 '종교적 대답의 담지자'(the bearer of religious answer)라는 것은 인

---

[166] 폴 틸리히, **조직신학 Ⅱ** (서울: 한들출판사, 2003), 99. 〈루돌프 오토의 고전적인 저작 『거룩의 개념』(The Idea of the holy)에서 제시되고 있는 거룩한 것에 대한 현상학적인 기술은 거룩한 것의 의미와 신적인 것의 의미의 상호연관성을 보여주고 있으며, 또한 그것은 궁극적인 관심의 본성에 대한 이들의 공통적인 의존을 보여주고 있다. 말하자면, 오토가 거룩한 것의 경험을 "numinos"라고 부를 때 그는 거룩한 것을 신적인 것의 현존으로서 해석하고 있다. 또한 그가 거룩의 신비적인 성격을 지시할 때 그는 거룩한 것이 실재의 주-객 구조를 초월하고 있다는 것을 암시하고 있다. 또한 그가 거룩한 것의 신비를 두려운 떨림(tremendum)과 매혹적인 끌림(fascinosum)으로서 묘사할 때 그는 "궁극적인 것"의 경험을 인간 존재의 심연과 인간 존재의 근거라는 이중의 의미에서 표현한 것이다.〉
[167] 황민효, 324; "틸리히는 거룩함의 경험을 모든 종교들의 가장 중요한 핵심이라고 생각한다. 그리고 거룩함의 경험은 경험하는 모든 대상들에게 있어서 궁극적인 관심의 대상이 된다. 거룩함의 경험이 있는 곳마다 우리는 궁극적인 관심을 발견할 수 있고, 궁극적인 관심이 발견되는 곳마다 우리는 종교 간의 대화의 공통적인 기반을 발견할 수 있는 것이다."

정하지만, 그리스도교는 유일한 계시종교도 아니며, 절대적인 종교도 아니라고 한다. 모든 세계종교들과 유사종교들 역시 보편적 계시의 대상이며 성령의 자유 안에 근거하는 영적 공동체들이기 때문이다. 그리스도교의 독특성은 다른 종교들을 판단할 수 있는 실질적 기준(그리스도의 십자가 사건)을 가지고 있는 것에 있을 뿐 아니라 모든 방향에서 오는 비판들을 겸허히 수용하는 개방성에 있다.168)

틸리히가 기독교의 유일성을 거부하며 개방성을 강조하는 이유는 틸리히의 구원론이 보편구원을 말하기 때문이다.169) 틸리히의 구원론에 의하면, 다른 종교들이 말하는 구원이나 기독교의 구원이 동일한 구원이 되어 버린다. 왜냐하면 "역사 속에 활동하는 신적인 영은 그리스도 예수 안에서 활동하는 신적인 영과 동일한 영이기"170) 때문이다.171) 틸리히의 견해에 의하면 "목수의 아들인 인간 예수 안에 신성이 있었다는 것은 이해될 수 없는 하나의 신화적인 얘기이다."172) 틸

---

168) ibid., 355-356; "그리스도의 자기초월적인 힘은 왜 그리스도가 다른 종교들을 개종하려고 하는 대신에 대화를 추구해야 하는지 그 정당성을 우리에게 부여해 준다. 불교주의자는-만일 불교가 진정으로 살아 있는 역동적인 종교라면-그리스도인으로 개종할 필요가 없다. 불교도와 그리스도인 사이에 필요한 것은 전투적인 개종이 아니라 상호 간의 대화를 통하여, 자신의 전통의 깊이 안으로 들어가 자신의 종교의 구체성이 극복되는 점을 발견하여 스스로를 변화시키는 것이다. 이러한 개방성이 바로 자신의 종교의 생명력과 보편성을 증거 하는 것이며, 이것이 그리스도의 십자가의 사건이 우리에게 요구하는 자기부인이다. 그리스도인 예수는 자신의 예수로서의 특수성을 그리스도로서의 보편성을 위하여 희생함으로써 하나님과의 일치를 이루었으며, 하나님께 순종할 수 있었던 것이다."(p. 356)
169) 김균진, "폴 틸리히(Paul Tillich)의 基督論과 그 問題點," 신학논단 16 (1983); 〈다른 종교들과 유대교에도 구원의 능력들이 있으며 기독교 안에 일어나는 구원도 상대적이요 부분적이다. 그러나 기독교에서는 구원의 능력이 완전하게 나타난다. "인류 역사 안에 있는 구원의 능력들 속에 들어 있는 것이 완전히 표출된다." 새 존재의 구원의 능력은 "구원이라고 불리우는 모든 것에 대한 궁극적 규범"이다.〉
170) Syst. Th. Ⅱ, S. 174.
171) 폴 틸리히, **흔들리는 터전**, 김광남 역 (고양: 뉴라이프, 2008), 245; "그러나 능력을 갖춘 동시에 이성으로 충만한 성령은 그것들을 개별적인 동시에 또한 보편적인 것으로 만들어 냅니다. 우리는 인간의 모든 위대한 작품들이 갖고 있는 개별적이고 비교할 수 없는 특성의 한없는 깊이-단 한번 발생할 뿐 반복될 수 없음에도 불구하고 시대를 이어가면서 볼 수 있는, 또한 모든 시대에 보편적이고 접근 가능한 것이 되는 무언가의 힘-에 대해 탄복합니다."
172) 김균진, 245; 〈그의 신성이란 하나님과 인간 사이의 통일성을 뜻하며 새 존재란 예수 안에서 "회복된 하나님과 인간 사이의 통일성"을 뜻한다. 그러므로 우리는 "신성"이란 부적합한 표현 대신에 "하나님과 인간의 영원한 통일성"이란 개념을 채택해야 한다. 말씀이 육신으로 되었다는 것은 말씀이 인간의 모습으로 변형하였다는 것을 뜻하는 것이 아니라, 말씀이 한 인격적인 삶 속에서 완전하게 나타났다는 것을 뜻한다.

리히는 하나님의 계시가 어느 시대나 어디에나 있다고 보았으며, "계시가 있는 곳에는 구원이 있다."고 말함으로써,173) 보편구원론을 인정했다.174)

모든 문제는 틸리히의 존재론에 있다. 틸리히의 존재적 관점이 틸리히의 사상 체계를 지배한다. 틸리히는 인간의 본질적인 상태를 '꿈 속의 무흠한 상태'로 보았으며,175) 인간의 본질적인 상태는 모든 인간의 발전 단계에 잠재적으로 현존한다고 말했다.176) 틸리히는 인간의 존재적 관점을 다음과 같이 말했다.

> 인간은 완전히 자아-중심적인 존재일 뿐만 아니라 또한 완전히 개체화된 존재이다. 그리고 인간은 완전히 개체화된 존재이기 때문에 완전히 자아-중심적인 존재이다.177)

―――――
이제 틸리히는 양성론에 대한 그의 입장이 슐라이어마허의 입장과 유사함을 발견한다. 슐라이어마허에 "신앙론"에 의하면 모든 사람은 "하나님 의식"을 가지고 있다. 이 하나님 의식은 인간의 육적인 요소로 인하여 흐려져 있다. 이에 반하여 예수는 조금도 흐려지지 않은 완전한 하나님의 의식을 가지고 있다. 그러므로 예수는 모든 사람들의 "원형"(Urbild)이다. 여기에서 틸리히는 슐라이어마허와 자신의 입장의 유사성을 발견한다. 그러나 양자 사이에 차이가 있음도 틸리히는 지적한다. 즉 슐라이어마허가 말하는 "원형"의 개념과 틸리히가 말하는 "새 존재"의 개념은 내용상 다르다는 것이다. 원형이란 인간의 실존과 반대되는 본질적 인간 존재를 뜻한다. 새존재는 소외를 극복한다는 점에 있어서 소외된 실존에 대하여 새로운 동시에 현실성으로 들어온다는 점에 있어서 본질에 대하여 새로운 것이다. 원형이란 개념에 있어서는 현실성으로 들어온다는 면이 결여되어 있다. 이 말은 설득력이 약하다. 왜냐하면 슐라이어마허가 말하는 예수의 원형도 분명히 실존적 소외의 상황 속에 들어와 있었고 예수 안에서 현실성으로 들어왔기 때문이다.〉
173) Syst. Th. Ⅱ, S. 180.
174) 김균진, 246-247. 〈그리스도가 구원자라는 것은 "나머지 역사가 구원의 능력을 가지고 있지 않다는 것을 뜻하지 않는다." 틸리히의 견해에 의하면 "하나님의 계시는 사건들과 인격들과 대상들 속에서 일어나는 존재의 나타남"을 뜻하며 부분적이고 불완전한 것이기는 하지만 어디에나, 어느 시대에나 있다. 이 "계시가 있는 곳에는 구원이 있다." 따라서 구원의 능력은 부분적이고 불완전한 것이긴 하지만 역사의 어디에나 있다. 이 구원의 능력이 "인류의 문화들과 종교들의 긍정적 발전을 위한 기초"이다. 세계사는 곧 구원사이다. 그러므로 틸리히는 "보편적 구원사"를 인정한다.〉
175) 폴 틸리히, 조직신학 Ⅰ (서울: 한들출판사, 2005), 68; 틸리히는 잠재성의 상태를 말하기 위해 인간의 타락을 부정한다. 〈타락 이전의 아담"과 "저주 이전의 자연"은 잠재성의 상태이다. 이것들은 현실적인 상태가 아니다. 현실적인 상태란 인간이 자신을 전 우주와 함께 있는 것으로 발견하는 실존을 뜻하며, 이와 다른 상황이 발생했던 시간이란 있을 수 없다. 인간과 자연이 시간 '안'의 어떤 순간에 선에서 악으로 변화되었다는 시간 '안'의 순간의 개념은 부조리한 것이며, 이것은 경험에 있어서나 계시에 있어서나 근거가 없는 것이다.〉
176) 고광필, "폴 틸리히의 신학적 인간학적인 자아의 개념과 그 문제점," 185. 光神論壇 5:1 (1993): 187.

틸리히는 인간을 완전히 개체화된 존재로 보았으며 자기 초월의 경향성을 가지고 있다고 말했다.178) 인간의 자기 초월의 경향성을 베르그송의 '생명의 약동'으로 정당화한 것은 인간이라는 존재 자체가 내적인 결함이 없는 존재로 보는 것이다.179) 틸리히가 말하는 인간은 무한한 자기 초월성이 있는 존재다.180) 이것이 틸리히의 신성한 내면아이다.

틸리히는 자기 초월의 갈망을 자신의 신개념에서 더욱 마성(魔性)을 드러내었다.

"신"은 인간의 유한성이 안고 있는 물음에 대한 대답이다. 즉 신은 인간으로 하여금 궁극적으로 관심을 가지게 하는 것에 대한 이름이다. 이것은 첫째, 신이라 불리우는 하나의 존재자가 있다는 것을 의미하지 않고, 둘째, 인간이 신에 대해서 궁극적으로 관심을 가지고 있어야만 한다는 주장을 의미하지 않는다. 이것이 의미하는 바는 인간으로 하여금 궁극적으로 관심을 가지게 하는 것은 무엇이든지 그에게 신이 된다는 것이며, 역으로 인간은 그에게 신이 되는 것에 대해서만 궁극적으로 관심을 가질 수 있다는 것이다.181)

---

177) 폴 틸리히, **조직신학 Ⅱ**, 33.
178) Ibid., 42. "존재의 역동적인 성격은 자신을 초월하여 새로운 형식을 창조하려는 모든 것의 경향성을 포함하고 있다."
179) Ibid., 43.
180) Ibid., 59; "무한한 자기 초월의 힘은 인간이 비존재를 초월해 있는 것, 즉 존재 자체에 속해 있다는 것을 나타내주고 있다. 무한자(무제한적인 자기 초월로서의 무한자)의 잠재적인 현존은 유한성 안에 있는 부정적인 요소와 부정이다. 이것은 비존재의 부정이다. 인간은 결코 그의 유한한 발달의 단계에도 만족하지 않고 있다는 사실과, 비록 유한성이 그의 운명일지라도 유한한 어떤 것도 그를 속박할 수 없다는 사실은 유한한 모든 것과 존재 자체 사이의 분리할 수 없는 관계를 암시하고 있다. 존재 자체는 무한성이 아니다. 존재 자체는 유한성과 무한한 자기 초월의 대극성을 초월하여 있는 것이다. 존재 자체는 유한자가 자신을 넘어서려고 무한히 갈망(infinite drive)할 때 유한한 존재에 자신을 나타낸다. 그러나 존재 자체는 무한성과, 말하자면 유한성의 부정과 동일시 될 수 없는 것이다. 존재 자체는 유한자를 선행하여 있는 것이며, 유한자의 무한한 부정을 선행하여 있는 것이다."
181) Ibid., 92; 틸리히의 신개념은 세상 일반 종교와 동일하다. 〈기독교를 포함한 모든 종교의 "신"에 의미에 대한 현상학적인 기술은 "신"이란 용어의 의미에 대해서 다음과 같은 정의를 제공하고 있다: 신은 힘과 의미에 있어서 일상적인 경험의 영역을 초월하고 있는 존재자이며, 사람들은 신과 강도와 의의에 있어서

틸리히의 궁극적 관심, 자기 초월이란 결국 인간이 신이 되는 것이다. 인간이 자기 존재의 유한성을 초월한다는 것은 영원성을 지닌 신이 되는 것이다. 그런 까닭에, 쉐퍼가 말하는 '정의되지 않은 단어', '내포된 단어'에 속하는 틸리히의 종교개념은 정통 기독교와 결코 부합되지 않는다.

쉐퍼는 "내포된 단어"의 의미에 대해 다음과 같이 말했다.

> … 엄밀히 말해 그 말들이 정의되지 않는다는 사실 속에 있다. 신정통주의는 세속적 실존주의보다는 이점이 있는 것처럼 보인다. 왜냐하면 그것은 인류의 기억 속에 뿌리를 두고 있기 때문에 강한 내포성을 지니고 있는 말들-부활, 십자가 고난, 그리스도, 예수와 같은 말들-을 사용하기 때문이다. 이 말들은 소통에 대한 환상을 갖게 한다. 이 말들이 신신학자들에게 가지는 중요성은 그 말들의 내포성의 기초에 따라 인간들이 가지는 고도의 동기유발적 반응에 덧붙여, 소통에 대한 환상을 불러일으킨다는데 있다. 그것이 세속적 실존주의와 현대 세속적 신비주의보다 나아 보이는 신신학의 이점이다.[182]

신정통주의는 부활, 십자가 고난, 그리스도, 예수와 같은 말들을 사용하지만, 소통에 대한 환상을 불러일으키는 내포성 단어일 뿐이다.[183] 무엇보다 신신학자가 성경에 나오는 여러 가지 단어를 사용하지만, 그 말들은 정의되지 않은 말이며 언제나 비합리적이고 비논리

일상적인 관계를 능가하는 관계를 맺고 있다.(p. 93)〉
182) Francis A. Schaeffer, *The Complete Works of Francis A Schaeffer A Christian Worldview Vol. I*, 2d ed., *A Christians view of Philosophy and Culture* (Wheaton, Illinois: Crossway Books, 1991), 241; 김영재의 번역은 쉐퍼의 영어 원문과 대조해 보면 원문에서 빗나갔다. 특히 김영재는 "이러한 단어는 대화의 미궁에 빠져들게 하는 데에 안성맞춤이다."라고 번역하였으나, 문석호는 "These words give an illusion of communication."을 "이 말들은 소통에 대한 환상을 갖게 한다."로 번역하여 원문에 맞게 번역했을 뿐만 아니라 쉐퍼의 원래 의도에 충실했다.
183) Ibid.

적인 것이다. 사람들이 그런 기독교적 용어를 말하면 계속해서 들어온 말이기 때문에 강한 반응이 일어나지만 실제로는 의미가 없다. 기독교적 단어들이 사용되는 것은 단지 소통을 위한 수단에 지나지 않는다.

또한, 그 단어들은 소통에 대한 환상을 불러일으킨다. 신신학자들이 그 단어를 사용하는 것과 실제로 예수 그리스도를 믿는 사람들과는 전혀 다른 의미이기 때문이다. 신신학자들은 기독교인들이 사용하는 그 단어를 사용하여 상층부의 비합리적인 것을 말한 것에 불과하기 때문이다.

쉐퍼는 그 현상을 다음과 같이 말했다.

> 사람들이 예수(Jesus)라는 말을 듣고 그것에 따라 행동한다. 그러나 그 말은 결코 정의되지 않고 있다. 이러한 말들은 언제나 비합리적이며 비논리적인 영역에서 사용된다. 이것들은 역사와 우주로부터 격리되어 있으므로 하층부에 있는 이성이 검증할 도리가 없다. 따라서 상층에 무엇이 있다는 확증도 없다. 따라서 우리는 이것이 모든 희망을 합리성의 영역에서 제거하는, 즉 상하층을 분리시키는 절망적 행위임을 이해할 필요가 있다. 이것은 절망의 행위다. 종교적인 말들을 사용한다고 하여 달라지지 않는다.

쉐퍼에 의하면, 신신학자들이 예수라는 말을 사용할지라도 역사와 우주로부터 벗어나 있기 때문에 합리적으로 검증할 길이 없다.[184] 바르트와 같은 신정통주의자들에게서 보였듯이, 신신학자들이 기독교적인 말을 사용할지라도 그런 말은 역사와 우주로부터 격리되어 있기 때문에 오로지 상층부의 비합리성을 나타내는 것에 불과하다. 인간의 이성으로서는 그 상층부의 단어들을 검증할 수 없기 때문에 결국은

---

184) Francis A. Schaeffer, 이성에서의 도피, 69.

상층부와 하층부의 분리가 일어난다. 그렇게 되면 레오나르도 다 빈치가 기계론을 벗어나지 못해서 절망하고 실패했던 일이 다시 재연된다.

쉐퍼는 신신학이 가지는 내적 문제를 〈도식 Ⅱ-4〉로 나타냈다.

〈도식 Ⅱ-4〉 신신학의 내적 문제

신앙=합리성 없음,
즉 우주(과학) 또는 역사와의 접촉이 없음

모든 합리성 - 과학적 증거와 역사를 포함[185]

위와 같은 쉐퍼의 도식은 현대인에게 신앙과 합리성이 통일성을 주지 못했다는 것을 보여준다. 합리성과 종교적 가치가 반정립과 긴장 관계 속에 있기 때문에 내부적 분열을 경험하게 된다. 그로 인해서 인간은 불안이 가속화된다. 이 문제를 해결하기 위한 대안은 두 가지 시도로 나타났는데, 하나는 상층부에서이고, 다른 하나는 하층부에서 전체적 통일성을 찾으려고 했다. 여기에서 후자는 '사신신학'(Death of God theology)으로 불린다. 사신신학은 통일성을 발견하기 위해 하층부에서 노력했다. 신이 죽었다는 의미는 오늘의 현대 세속세계에 신이 거의 들리지 않으며 신은 결단코 존재하지 않는다는 것이다. 그로 인해 상층부는 부정되었고 예수는 다만 하층부에서만 의미가 있게 되었다. 사신 신학자들이 말하는 예수는 상층부의 연상을 가진 구호로서만 의미가 있는 것에 지나지 않는다.

사람들은 사신 신학자들을 기독교적 무신론자들(Christian

---
[185] Francis A. Schaeffer, 기독교 문화관, 106.

atheists)이라고 불렀다.186) 그 호명은 사신 신학자들은 무신론자들이라는 의미이다. 사신 신학자들에게 있어서 예수라는 정의는 사람들의 고통에 위안을 제공해 주는 사람 이상의 의미가 없다. 예수라는 상층부의 이미지만 가져왔을 뿐이지 실제로 그 예수는 의미가 없는 예수이며 죽은 예수이다.187)

쉐퍼는 다음과 같이 말했다.

> 그들은 … 그리스도의 정의를 채택한다는 의미에서 볼 때에만, 그리스도인들이다. 그들은 사실상 오늘날의 낙관적 휴머니스트들과 거의 차이가 없다.188)

쉐퍼에 의하면, 무신론자들이라고 해서 무신론적인 단어만을 사용하는 것이 아니라 기독교적 용어를 사용한다. 기독교적 용어들이 내포하고 있는 상층부의 의미를 계속 요청하고 있기 때문이다. 세속적 무신론자나 사신 신학자들이나 분명히 무신론자이지만 하층부 안에서 아무리 의미와 통일성을 발견하려고 해도 결코 발견할 수 없는 까닭에 상층부로 도약하지 않을 수 없다. 사신 신학자들이 사고하는 방식은 초월적이다. 영국의 신학자인 로빈슨(John A. Robinson) 주교는 "하나님은 사실상 결국 초월적(transcendental)"이라고 주장했다.189) 쉐퍼는 신학자들과 세속인들이 초월이라는 말을 사용할 때 그것은 헨리 밀러(Henry Miller)의 '경이의 감정'(sesne of wonder)이라고 말했다.190)

---

186) *CWFS1*, 83.
187) Francis A. Schaeffer, **기독교 문화관**, 107.
188) 프란시스 쉐퍼, **기독교 문화관**, 문석호 역 (서울: 크리스챤다이제스트, 1994), 107.
189) Ibid., 108.
190) Ibid.

쉐퍼는 신신학자들의 현실을 말하면서 구(舊) 자유주의자들이 직면했던 두 가지에 다시 직면한다고 말했다. 첫 번째는, 하나님도 죽고 인간도 죽고 의미도 죽어버린 허무주의이다. 두 번째는, 역사적, 종교적 개혁적 기독교가 진술하는 것이다. 쉐퍼가 신신학을 고찰하며 내리는 결론은 다음과 같다.

> 역사적, 종교 개혁적 기독교의 입장은 인격적 하나님이 존재하시고, 인간은 그분의 형상으로 지음 받았으며, 그분은 계시 내용을 명제화 하고, 언어화함으로써 자신의 피조물과 소통하시기 때문에 이것은 전인격에 의해 고려될 수 있다고 진술한다. 또는 그것을 아주 간략하게 다시 말한다면, 그들의 딜레마로부터 벗어나는 유일한 길은 반정립의 방법론으로 되돌아가는 것이다.191)

쉐퍼에 의하면, 신신학이 참된 신학으로 되돌아가기 위해서는 상층부의 하나님이 비합리적인 개념으로서만 발설되는 것이 아니라 인격적 실재여야 한다. 하나님의 형상으로 창조된 인간은 그 인격적인 하나님의 계시를 받아들이고 하나님과 소통이 가능하다.192) 그것이 종교 개혁적 기독교의 입장이다. 따라서 위의 글에서 볼 수 있듯이 쉐퍼는 신신학이 다시 구(舊) 자유주의자들의 딜레마에 빠지지 않으려면 반정립의 방법론으로 되돌아가야만 한다고 말했다.193)

로널드 웰스(Ronald A. Wells)는 종교개혁 자체를 성경적 기독교

---

191) Ibid., 109.
192) John M. Frame, **성경론**, 김진운 역 (서울: 개혁주의신학사, 2014), 111; "그럼에도 우리의 주의를 말씀과 그리스도 사이의 일체성(identity)으로 환기시키는 바르트에게 감사해야 한다 … 그러나 그가 그리스도의 바로 그 말씀, 즉 하나님의 인격적 말씀이 궁극적인 권위를 가지고 계심을 부인하는 것은 잘못된 것이다."
193) Francis A. Schaeffer, **기독교 문화관**, 78-79; "반정립의 방법론(만일 어떤 것이 참이라면, 그 반대편은 참이 아니라는 것)을 포기해 버린 합리주의 인간은 통일된 지식개념에 대한 압력을 받지 않게 되었고, 그 결과 합리성과 의미 사이의 엄청난 전체적 대립이 초래되었다. 합리적인 아래층에서 인간은 단지 하나의 기계에 지나지 않는다. 비합리적인 위층에서 인간은 희랍어 '그림자'(shade)보다도 못한 존재이다."

와 인문주의 방법론의 종합이라고 여기면서 종교개혁의 원리가 진리에 대한 역사적이고 명제적인 자료를 제공하지 못한다고 비판했다. 쉐퍼가 진리에 대한 기준이 없으면 상대주의의 늪에 빠진다고 주장한 것에 대해 웰스는 인간 역사에 실제로 성경적 계시의 진리를 제도화한 증거가 없다고 말했다.194) 웰스는 자신의 주장을 뒷받침하기 위해 라인홀드 니버(Reinhold Niebur)의 에세이에서 사랑이 유일한 최종 법이어야 한다는 말을 인용하면서 상대주의를 옹호했다.195) 그러나 웰스의 주장은 자신의 상대주의적 입장을 주장하기 위해 종교개혁과 쉐퍼의 의도를 잘못 해석한 것이다. 쉐퍼는 문제의 원인이 반정립의 사고를 포기해 버린 데 있다고 보았다. 문제를 해결하기 위해서는 다시 반정립의 방법론으로 시작해야만 인간이 기계가 아니라 인격체로서 의미와 통일성을 공급받게 된다. 기독교가 이전의 자유주의자들의 오류에 다시 빠지지 않으려면 쉐퍼의 주장대로 성경에 근거한 반정립의 사고로 돌아가야만 한다. 반정립의 사고를 할 때 인간은 합리성에 근거한 삶을 살아갈 수 있다. 쉐퍼가 이처럼 반정립의 사고를 강조한

---

194) Ronald A. Wells, "Whatever happened to Francis Schaeffer," *Reformed Journal* 33:5 (1983): 12; "If, however, one suggests, as I did in my former article, that the Reformation itself was a synthesis of biblical Christianity and humanist methodology (the rule of private conscience), then the 'Reformation base' does not provide an historical and propositional repository of 'truth'. Schaeffer counters in one of his letters by arguing that if this were so, one would have no standard of knowing truth and is left 'in a mishmash of cultural relativism.' I reply that this is palpably untrue: the truth of biblical revelation does not turn on a demonstration that someone in human history actually institutionalized it."
195) Ibid; "Both Catholic and Reformation theory are too certain about the fixities of the norms of law. All law, whether historical, positive, scriptural or rational, is more tentative and less independent in its authority than orthodox Christianity, whether Catholic or Protestant, supposes, even as it is more necessary than liberal Protestantism assumes. The final dyke against relativism is to be found, not in these alleged fixities, but in the law of love itself. This is the only final law, and every other law is an expression of the law of love in minimal or in proximate terms or in terms appropriate to given historical occasions." Reinhold Niebuhr, "Love and Law in Protestantism and Catholicism" (in Christian Realism, 1953).

것은 쉐퍼가 합리성을 중시하면서도 비합리성으로 가지 않아야 한다는 것이다.

철학에서 시작된 자율성이 신학에까지 살펴본 것으로 족하지 않다. '지금 이 시대의 한국의 기독교는 어떠한가?'를 살펴보는 것이 중요하다. '실제로 키르케고르의 영향은 어느 정도인가?'를 살펴볼 필요가 있다. 국내 신학계에서는 합동신학대학원대학교에서 조직신학을 가르치는 이승구 교수이다. 위키피디아 자료를 보면 한국키에르케고르 학회에 대한 소개가 다음과 같이 나온다.

> 한국키에르케고어학회는 덴마크의 실존주의 철학자 키에르케고어의 학문과 사상을 연구하기 위하여 조직된 학회이다. 현재 회장은 서경대학교의 박창균 교수이며 총무는 합동신학대학원대학교의 이승구 교수이다. 1976년 5월 서울 종로 YMCA 대강당에서 키에르케고어 철학의 연구를 위해「한국 키에르케고어 협회」를 결성했다. 초대회장에 안병욱 교수(숭실대), 부회장에 임춘갑 교수(강남사회복지대학), 총무에 채규철 선생(청십자사 이사장)이 선출되고 김형석 교수(연세대)가 고문에 추대되었다. 임춘갑, 표재명 교수(고려대)의 기념 강연과 김형석 교수의 특별강연이 있었다. 80년대에 사회적, 문화적 상황 속에서 일반인들을 목적으로 한 협회모임이 약화되자 이 협회는 해체되고, 1992년 5월 순수한 연구모임으로「한국 키에르케고어 학회」로 새로 창립됐다. 학회는 키에르케고어가 출생한 5월과 사망한 11월에 공개 학회를 갖는다.[196]

이승구 교수는 한국키에르케고어학회의 총무와 회장(2005년)을 역임했다. 이승구 교수는 국민일보와의 인터뷰에서 다음과 같이 말했다.

---

[196] https://ko.m.wikipedia.org/wiki/한국키에르케고어학회; 역대회장: 표재명 초대회장 (고려대, 1992-94) 강학철 교수(서울여대, 1994-96) 이상훈 교수(한국 정신문화원, 2002-2004) 이일수 교수(李一洙, 군산대, 1996-98) 김하자 교수(성신여대, 1998-2000) 사미자 교수(장신대, 2000-2002) 이상훈 교수(한국 정신문화원, 2002-2004) 황필호 교수(강남대, 2004-) 이승구(합동신학대학원대학교) 황종환 (한남대 명예교수) 박창균.

"키에르케고어(Kierkegaard,1813-1855)는 19세기 덴마크 사회에서 어떻게 하면 진정한 그리스도인이 될 수 있도록 도울 수 있을까 하는 고민을 가지고 노력한 인물입니다"

지난해 11월 19일 한국 키에르케고어 학회 7대 회장으로 선출된 이승구 교수(국제신학대학원대학교)는 "지금까지 수많은 이들이 그에 대해 책을 썼지만 그의 의도와 작품에 대한 해석이 너무나도 다양해 철학자로 또 신학자로 분류되기도 한다"며 "신학에서도 자주 배제되는 인물이지만 사람들이 진정한 그리스도인이 될 수 있도록 하는 이 사역을, 문필적 작업으로 수행한 사람"이라고 평가했다.197)

이승구 교수는 키르케고르의 회심을 말하면서, "키에르케고르는 자신 안에 심미적인 사람, 윤리적인 사람, 종교성 A의 사람, 그리고 진정한 그리스도인이 되려는 모든 성향을 다 발견하고 그것을 표현해 낸 것이다."라고 말했다.198) 또한, 이승구 교수는 키르케고르가 제시하는 기독교적 진리관이 "아주 이상적인 기독교적 진리관"이라고 말했다.199) 과연 이승구 교수의 말이 진실일까?

이승구 교수는 2018년 키르케고르 학회를 공지하면서 다음과 같이 말했다.

5월 12일 토요일 오후 4시부터 키에르케고어와 정치 신학에 대한 강연이 있습니다. 관심 있는 분들은 누구나 참여할 수 있습니다. 참가비 1만 원이지만 흥미로운 강연이 될 것입니다. 우리나라에서 민중 신학과 정치

---

197) 이승구, "덴마크 복음화열정 키에르케고어의 삶 본받자," 국민일보, (2006.1.3.) 검색(2019.1.4.) http://news.kmib.co.kr/article/viewDetail.asp?newsClusterNo=01100201.20060103100002396;〈한국 키에르케고어 학회 신임회장 이승구 교수는 조직신학을 공부하고 가르치고 있는 개혁파 신학자로서 개혁파 신학의 입장에서 키에르케고어의 사상을 연구하고 적용하는 일에 관심을 가지고 있다. 이 교수는 "한국 키에르케고어 학회의 여러 모임에 많은 분들이 같이 많이 참석, 그의 진정한 의도를 같이 추구하며, 진정한 그리스도인이 되고, 그가 베푸시는 은혜 가운데 사랑의 역사를 이루어 갈 수 있기 바란다"고 말했다.〉
198) 이승구, "키에르케고르의 기독교적 진리 이해와 그 자신의 실존적 고백," **한국개혁신학** 9 (2001): 296.
199) Ibid., 287.

신학에 관심을 가지고 노력하셨던 이대의 서광선 교수님께서 자신의 삶과 학문의 역정과 키에르케고어와 정치 신학을 아울러 이야기 하실 것이기 때문입니다. 5월 12일 토요일 오후 4시부터 6시까지 이화대학교 대학교회 소예배실에서 있을 서광선 교수님의 귀한 강연에로 여러분들을 초대합니다.200)

민중신학이 개혁신학을 하는 분들에게 과연 "흥미로운 강연"이고 "귀한 강연"인가? 민중신학과 개혁신학이 키에르케고르라는 매개자를 통해 하나가 될 수 있는가?
이명곤 교수는 키르케고르에 대해 다음과 같이 말했다.

키르케고르는 '실존주의의 선구자'이자 '현대철학을 시작한 사상가'이며 또한 '종교철학자'이기도 하다. 그리고 이 세 가지 명칭들은 모두 한 가지 근본적인 문제와 연계되어 있는데, 이는 '주관성으로서의 진리개념'을 정립하였다는 것이다. 실존주의 철학자들이 "실존은 본질에 앞선다"라는 주장을 전제로 그들의 사유를 전개하고 있다면, 그들의 사유는 근본적으로 주관성의 지평에 있다. 왜냐하면 실존이란 아직 보편성이나 일반성의 범주에 있는 본질로 환원이 불가능한 내밀하고 모호하며 매우 주관적인 개별적인 실존을 의미하는 것이기 때문이다.201)

이명곤 교수가 말하듯이, '주관성으로서의 진리개념'이 문제이다. 풀끼에는 "키르케고르의 진리는 주관적이다. … 키르케고르의 신앙은 신념론 중에서도 가장 절대적인 것이다. 신은 증명되는 관념이 아니고, 사람이 그를 위하여 사는 존재이다."라고 말했다.202) 키르케고르에게 중요한 것은 '실존적 정열'이다.
이명곤 교수는 주관성에 대해 다음과 같이 말했다.

---

200) 이승구 교수의 페이스북에서.
201) 이명곤, "키르케고르의 종교관과 주관성으로서의 진리," 동서철학연구 89 (2018): 268.
202) P. 풀끼에, **실존주의**, 김원옥 역, (서울: 탐구당, 1990), 164-165; 이명곤; "키르케고르의 종교관과 주관성으로서의 진리," 동서철학연구 89 (2018): 273에서 재인용.

소크라테스의 입장에서 보자면, 모든 인간이 가진 '앎'이라고 하는 것은 결국 세상의 상대적인 입장에서 보는 '어느 정도까지는 진리인' 그러한 앎이며, '단적으로 혹은 절대적으로 진리'라고 할 수 있는 것은 아닌 것이다. 만일 진정으로 진리라고 할 만한 것을 추구하자면, 그 스스로 확신할 수 있는 앎, 그 자체 명석 판명한 앎, 그 누구로부터도 전해 들은 것이 아닌, 자신의 깊은 내면에서 솟구치는 명약관화한 그러한 앎이어야 한다. 그렇기 때문에 이러한 진리에 도달하기 위해서 먼저 요청되는 것이 곧 '나는 진리라고 할 만한 것을 아무것도 알고 있지 않다'는 "소크라테스적 무지"를 긍정하여야만 하는 것이다. 바로 여기에서 우리는 주관성에 대한 실존주의적인 개념을 확보하게 되는 것이다. 내가 진정한 앎을 가지게 된다는 것은 어떤 권위 있는 자의 말을 전해 들었거나, 어떤 역사적인 혹은 문화적인 맥락을 통해서거나 혹은 논리적인 추론을 통해서거나, 이성의 합리성에 의한 정당화 등을 통해서 가지는 것이 아니라, 나 스스로 절대적인 어떤 확신(깨달음)을 통해서 가지게 되는 것이며, 그런 한 이러한 앎은 역사적 문화적 맥락이나 여타의 다른 외부적인 상황의 변화에 따라 변할 수 있는 것이 아닌 '거의-절대적인(Quoisi-absolute) 앎'이라고 할 만한 것이다. 그렇기 때문에 이러한 의심이 불가능한 절대적인 앎에 기초한 나의 행위는 나 스스로 절대적인 확실성으로 절대적인 책임을 지고 행할 수밖에 없는 것이다. 이러한 행위에서 '적당히'란 있을 수가 없다. 그래서 키르케고르는 "우리시대의 불행이 바로 '적당히'라는 모토에 있고 모든 일을 적당히 처리하는 데 있고, 또 바로 그것이야말로 고침을 받아야 할 병"이라고 주장하고 있는 것이다. 바로 이러한 것이 실존주의가 말하고 있는 '주관성'의 의미인 것이다.203)

---

203) 이명곤, 276-277; 〈이러한 실존주의적인 주관성의 개념은 이성적인 정합성이나 타당성을 넘어서 삶을 통해 체득된 앎이라고 할 수 있는 것이며, 나 스스로 철회하지 않는 한 비록 부분적인 교정은 있을 수 있다고 해도 전체적으로 진리라고 할 만한 '변치 않는 앎'으로 소유할 수 있는 것이다. 우리는 여기서 '내면성(intériorité)'이라는 철학적 개념을 도출할 수가 있을 것이다. '인간은 소유주이다'라는 말이 있듯이, 인간은 자기 자신 안에 정도의 차이를 달리하여 일종의 정교한 하나의 세계를 가지고 있다. 철학자들은 이를 '세계관'이라고 부른다. 세계관은 일종의 내면성이다. 왜냐하면 이는 눈에 보이는 것들보다 더 숨겨져 있는 것이기 때문이며, 외부로 드러나는 행동의 이면에 있는 외적 행동의 원인이 되는 것이기 때문이다. 하지만 그럼에도 단순한 세계관은 완전한 내면성이라고 보기 어렵다. 왜냐하면 세계관이란 본질적으로 경험에 의해 축적된 지식들의 총체라고 할 수 있는 것인데, 경험론적인 지식이란 결코 완전하게 진리라고 할 만한 절대적인 앎에 이르지 못하고 항상 근사치에 의존하며, "객관적인 불확실성"을 완전하게 극복하지는 못하기 때문이다. 따라서 단순한 세계관은 '절대적 확실성의 결여'로 인하여 자신의 행위와 삶의 절대적인 지반이나 원리가 되지는 못한다. 반면 소크라테스적인 내면성은 이와는 다른 것이다. 소크라테스적 내면성은 그

이명곤 교수에 의하면, 키르케고르에게 있어서 진리는 나의 깨달음이다. 그 깨달음은 '역설적인 앎' 혹은 '역설로서의 앎'이다. 그런 까닭에 키르케고르는 "인간에 있어서 최고의 정열은 믿음이다"라고 말했다.204) 키르케고르가 말하는 믿음은 윤리적 실존에서 종교적 실존으로 도약하는 것이다205). 그런 도약을 하는 '단독자'에게 "진리는 무한한 정열을 가지고 객관적인 불확실성을 선택하는 모험 속에서 생성된다."206) 표재명 교수는 키르케고르가 진리의 주체성을 강조하더라도 객관적으로 존재하는 진리를 부정하거나 업신여기는 것이 아니라고 말한다.207) 그러나, 성경은 "자기 바깥에 있는 어떤 것 속에 스스로를 던져 넣"는 것을 신앙이라고 말하지 않는다.208) 그렇게 던져

자체 확실성의 지반, 거의-절대적인 진리를 확보한 내면성으로서, 자기 행위의 확고한 원리가 될 수 있는 것이다. 이러한 내면성은 자기-존재의 뿌리 혹은 존재의 근거가 되는 것으로서 이러한 내면성은 소크라테스가 그러했던 것처럼 모든 사회적 규범이나 상식적 사유를 넘어서게 하고, 경우에 따라서는 죽음마저도 초극하게 한다. 비록 자신의 죽음에 대한 합리적인 설명이나 타당성을 가지지 못했을지라도 그는 내면 깊숙이 자신이 옳다는 것을 알고 있었다. 이러한 소크라테스적인 내면성이야 말로 '자기 동일성'을 규정해주는 가장 근원적인 지반이라고 할 수 있을 것이다. 소크라테스적인 '상기설의 내재성'은 일종의 변증법을 거쳐 그리스도교 신앙인에게서는 '계시의 초월성'으로 이행하게 되는데, 키르케고르는 이를 '넓은 의미의 계시' 혹은 '직접적인 의미에서의 계시'라고 말하고 있다.〉
204) Sören Aabye Kierkegaard, **공포와 전율**, 임춘갑 역 (서울: 치우, 2011), 251.
205) 이명곤, **키르케고르 읽기** (서울: 세창미디어, 2014), 348-349; "인간의 실존은 '정-반-합'의 변증법적 운동을 그의 철학함의 근본원리처럼 그렇게 지니고 있는 것이다. 이러한 변증법적 운동을 키르케고르보다 더 분명하게 신앙의 행위 안에서 발견하고 있는 철학자가 야스퍼스이다. … 야스퍼스가 말하는 '철학적 신앙'은 사실 키르케고르가 말하는 '믿음'과 다른 것이 아니다. 야스퍼스가 '본래적 존재'로서의 자신이 곧 신앙이라고 말하는 것은 키르케고르가 말하는 '영원과 관계된 실존'과 다름이 아니다. 그렇기 때문에 믿음의 행위가 자신의 본래적인 존재를 회복(실현)하기 위해서 '세상의 모든 가치, 필연성, 보편성, 의미'로부터 스스로 물러나고자 하는 것은 자연스러운 것이다. 또한 '세상에서 죽는 것'을 의미하는 이러한 신앙의 행위가 만일 절대자와의 관계성을 부정하는 사람에게서 발생한다면 이는 곧 '정신적인 죽음' 혹은 '도덕적인 죽음'과 같을 것이다. 이러한 이유로 키르케고르에게 '믿음을 가진다는 것'은 세상에서 가장 정열적인 그 무엇으로 보인다. 그것은 자신의 죽음을 담보로 무엇을 추구하는 것, 이것보다 더 큰 정열이 있을 수 없기 때문이다."
206) 표재명, 109.
207) Ibid.
208) Ibid., 110-111; 표재명은 다음과 같이 말했다. "곧 '관계의 어떻게'로서 파악된 주체성의 내면성이 그 극한에 있어서 다시 객관성이라고 함은, 주체성의 정열이 그의 극한으로서의 신앙의 정열에까지 높아졌

넣는 방식은 도약이기 때문이다.209) 이로 보건대, 이승구 교수가 키르케고르의 기독교적 진리관이 "아주 이상적인 기독교적 진리관"이라는 말은 올바르다고 할 수 없다.

도약에 대한 영향은 라은성 교수의 책에서도 드러난다. 라은성 교수는 북아프리카의 카르타고에서 21세의 귀족 여성 페르페투아와 그녀의 유모 펠리치타스의 순교 이야기를 말하면서 다음과 같이 말했다.

페르페투아의 순교를 보면서 생각해 보고 싶은 것이 있습니다. 가족이 저렇게 애타게 함께 살기를 소원하는데 자신이 갈 길에만 집착해야 했는가 하는 점입니다. 한편으로 보면 이기적인 것 같습니다. 이것에 대한 답변을 위해 19세기 기독교 최초의 심리학자요 현대 심리학자의 아버지이며 기독교 실존주의자인 쇠렌 키르케고르(Sören Kierkegaard, 1813-1855년)의 설명은 우리에게 실마리를 제공합니다. 그는 기독교인들이 직면한 세 가지 삶을 말합니다. 키르케고르는 젊었을 때 레기네를 만나 그녀의 매력에 이끌려 사랑에 빠졌고, 그녀 역시 키르케고르에게 흠뻑 빠졌습니다. 서로 약혼했지만 결혼에 대한 회의로 파혼을 원했습니다. 당시 문화와 사회적 관습에서 볼 때 그녀를 거절하는 것은 그녀를 죽게 하는 것과 같았습니다. 그녀의 자존심을 다시 세워주기 위하여 일종의 속임수로 그녀의 사랑에 전혀 반응을 하지 않고 그녀를 전혀 돌보지 않음으로 그녀가 자신을 거절하도록 만들어서 결국 파혼이 이루어졌습니다. 당시 자신은 사회의 기준에 따라 파혼을 했고 누가 보아도 그렇다고 인정받을 만했기에 양심은 편했습니다.

훗날 시간이 지나서 기독교 신앙을 받아들인 후에 예수 그리스도 안에

을 때, 주체성은 동시에 내재성을 버리고 자기 바깥에 있는 어떤 것 속에 스스로를 던져 넣고 있으며, 던져 넣어야 할 그 어떤 것을 찾아냈다고 하는 말이 되는 것이다. 그리고 이때 주체성은 그 어떤 것 안에서 '자기'를 잃고 있는 것이 아니므로, 이러한 뜻에서 주체성은 다시 객관성이라고 말하는 것이다."
209) 임규정, "가능성의 현상학-키르케고르의 실존의 삼 단계에 관한 소고," **범한철학** 55 (2009): 320; "키르케고르의 세 단계들을 이해하기 위해서는 다음의 다섯 가지 측면에 대한 이해가 선행되어야 한다. 첫째, 키르케고르는 인간이 질적으로 다른 요소들의 종합이라는 견해에서 출발한다. 둘째, 키르케고르는 비약 이론을 형식화하여 단계들의 구조를 만드는 일종의 길잡이로 이용하였다. 넷째, 비약이론과 반복의 법칙은 밀접하게 연관된다. 다섯째, 키르케고르는 교리적, 현상학적 관점들을 확장하여 비약이론, 반복의 법칙과 결합시키고 있다."

서 보니 그때의 윤리적 기준이 틀렸다는 것을 알게 되었습니다. 그는 윤리적 기준을 뛰어넘은 마지막 단계의 삶인 종교적 삶의 중요성을 설명했습니다. 지금 당장 사회적, 윤리적 기준으로 볼 때 불합리하고 이해가 되지 않는다 하더라도, 우리의 인생 전체를 볼 때, '아! 그때 그 순간 신앙으로 선택한 것이 옳았다'는 것을 깨닫게 됩니다.

그 예로 아브라함의 경우를 봅시다. 아브라함이 아들 이삭을 희생제물로 바친 행위는 윤리적으로는 도저히 이해되지 않습니다. 성경에 의하면 아브라함은 아들을 바치라는 하나님의 명령에 순종하여 이삭을 모리아 산으로 데리고 가서 번제물로 바치려고 했습니다. 이때 하나님의 명령은 비윤리적이며, 아브라함의 행동도 객관적으로 이해되지 않습니다. 윤리적으로 보면 아브라함은 아들을 죽이려고 했던 잔인한 아버지가 되며 살인미수를 저지른 셈인데, 어떻게 이런 끔찍한 범죄자를 기독교에서는 믿음의 조상이며 심지어 '하나님의 친구라'(약 2:23 참고)고 칭송하며 모본으로 삼을 수 있을까요? 그러나 성경은 말합니다. 아브라함의 행위는 오로지 믿음을 통해서만 가능한 행위라고.

종교적 삶과 윤리적 삶이 충돌할 때 아브라함은 종교적 삶을 선택했습니다. 그 이유는 무엇일까요? 아브라함은 은밀한 하나님의 계획, 즉 숨겨진 하나님의 뜻에 믿음의 닻을 내렸습니다. 지금은 볼 수 없고 알 수 없는 일이지만, 믿음의 눈으로 보면 보이고 믿음의 귀로 들으면 들을 수 있었기에 순종했습니다. 하지만 이것을 오해하여 광신적이고 맹신적인 신앙을 변호하려는 무기와 방패로 사용해서는 안 됩니다. 이런 태도는 바리새파와 서기관들과 같은 모습입니다. 이에 대해 주님은 "하나님께 드림이 되었다고 하기만 하면 그 부모를 공경할 것이 없다 하여 너희의 전통으로 하나님의 말씀을 폐하는도다"(마 15:5-6)라고 경고하십니다. 진정한 종교적 삶은 기록된 하나님의 말씀에 근거해야 합니다. 자신의 욕심을 감추고 그분의 말씀을 가공하여 내세우는 자는 거짓된 신자입니다. 이기적 뜻을 숨기고 타당하게 보이는 것으로 자신을 포장한다면 주님의 심판을 두려워해야 할 것입니다. 아브라함 당시는 하나님이 직접 말씀하셨습니다. 지금은 기록된 하나님의 말씀이 있기에 우리는 이 말씀에 합당하게 살아야 합니다.

페르페투아 이야기로 다시 돌아옵시다. 윤리적 기준으로 볼 때 그녀의 순교는 반인륜적 행위입니다. 그녀의 신앙적 결단인 순교는 윤리적 삶과 충돌합니다. 그렇지만 그녀는 아기와 가족을 향한 하나님의 계획이 있음을 믿었습니다. 현재는 이기적인 결단으로 보이지만 후에 자식과 부친이 하나님께 보호받을 것을, 그분이 책임지실 것을 믿은 것입니다. 그러나 페르페투아가 자신보다 자신을 더 잘 아시는 하나님께서 부친과 아이를 자신보다 더 잘 돌보실 것을 확신한 것은 아닙니다. 하나님의 말씀을 믿었고, 부친과 아이와 함께 하실 그분을 믿은 것입니다. 이런 믿음은 은밀한 계획을 행하시는 하나님을 신뢰함을 의미합니다. 그분께 믿음의 닻을 내린 것입니다. 막연하게 잘 될 것이라고 믿은 것이 아니라 자신과 가족을 향한 그분의 약속을 굳게 신뢰한 것입니다. 결과적으로 잘 될 것이기 때문에 순교의 길을 택한 것이 아닙니다.

페르페투아는 보고 싶고, 함께 지내고 싶은 온갖 심정을 수 없이 억누르면서 그분이 걸어가신 길을 선택했습니다. 이 선택은 하나님께서 원치 않는 길은 걷지 않겠다는 의지의 표현입니다. 그분의 말씀을 가시적인 상황보다 우선순위에 둔 것입니다. 구름 뒤에 숨겨진 태양을 보았고, 내일이 그분의 손에 있다는 사실을 확신했습니다. 당장은 페르페투아가 어리석고 미련하고 비윤리적인 선택을 하는 것 같지만 그녀는 아브라함처럼 하나님의 말씀에 순종하는 신앙을 가졌습니다. 다시 말씀드립니다만 그녀는 결과를 예측하고 걸어간 것이 아니었습니다.[210]

라은성 교수는 페르페투아의 신앙을 설명하면서 키르케고르의 실존적 삼 단계로 말했다. 페르페투아는 키르케고르처럼 실존적 도약을 한 것이 아니라 참된 신앙인으로 하나님을 신뢰하며 순교를 당했다. 그런 까닭에, 라은성 교수는 키르케고르의 삼 단계를 말하지 않고 페르페투아의 신앙을 설명해도 아무런 문제가 없다. 문제는 라은성 교수가 키르케고르의 실존적 삼 단계로 설명한 것이다. 기독교 신앙이 이렇게 키르케고르의 실존적 방식으로 설명되는 것은 매우 우려스러운 일이다.

도약에 대한 영향은 이어령 교수에게도 나타난다. 이어령 교수를 보면 현대 기독교는 실존주의 기독교가 되어가는 위험성에 직면하고 있다는 것을 확인하게 된다. 이어령 교수는 자기의 신앙을 실존적 삼 단계로 말했다.[211] 이어령 교수는 중앙일보와의 대담에서 다음과 같

---

210) 라은성, **이것이 교회사다 진리의 보고** (서울: PTL, 2014), 96-99.
211) 이어령, **지성에서 영성으로** (파주: 열림원, 2010), 98-99, 171-173; "그런데 예술가들은 대체로 그

이 말했다.

질의 : 그렇다면 '예수를 믿는다'는 건 무얼 뜻하나.
응답 : "우리는 '너 예수교 믿어?'하고 묻는다. 그건 교(종교)를 믿느냐고 묻는 거다. '너 신을 믿어?' 하는 물음과는 다른 이야기다. 교를 믿는 것과 신을 믿는 것은 다르다. 기독교든, 불교든, 도교든 모든 종교의 궁극에는 '저절로 굴러가는 바퀴'와도 같은 게 있다. 스스로 움직이는 절대의 존재다. 인간은 단 1초도 무엇에 의존하지 않고 스스로의 힘으로 존재할 수 없다. 그런 점에서 자율자동차라는 말, 유발 하라리가 말하는 '호모 데우스' 같은 말처럼 공허하게 들리는 것도 없다."212)

이어령 교수의 말에 의하면, 어느 종교든지 "저절로 굴러가는 바퀴"와도 같기 때문에 굳이 기독교이어야 할 이유가 없다. 이어령의 하나님은 위대한 썸씽(something)이며,213) 죽어서 천국을 가는 종교가 아니다.214) 기독교 신앙을 키르케고르의 실존적 단계로 이해한 결과는 성경의 하나님이 아니다.

문턱에서 발을 헛디디거나 넘어지고 맙니다. 유미주의자 오스카 와일드가 그러했고 탐미주의자 보들레르가 그러했고 한국의 이상(李箱)이 그러했습니다. 저 역시 많은 예술가들이 그러했듯이 키르케고르의 미적 단계-윤리적 단계-종교적 단계의 길로 향한 것이 아니라 신은 죽었다고 말한 니체의 손가락을 따라서 낙타-사자-유아의 그 삼 단계 길로 간 것이지요. … 그러나 아직도 저는 미적 체험의 단계에서 윤리적 단계로 거기에서 다시 종교적 단계로 그 가파른 계단을 올라가야 하는데 아직도 미적 단계의 문지방을 넘지 못하고 있는 것입니다."(pp. 98-99) "어느 나라 민족보다도 가족을 최고의 가치로 믿고 살아온 한국인이라면 아브라함이나 입다와 같은 시험에 처해질 때 과연 어떤 선택을 하게 될까요. 백 살의 나이로 겨우 얻은 아들을 장작불에 태워 죽이겠습니까."(pp. 171-173)
212) 이어령, "암 통보받아 … 죽음 생각할 때 삶이 농밀해진다," 중앙일보, https://news.joins.com/article/23267144/ Jan. 7. 2019. Accessed. Jan. 17. 2019.
213) 이어령, http://news.kmib.co.kr/article/view.asp?arcid=0004564055/ 믿음을 말하다. Jan. 23. 2011. Accessed. Jan. 17. 2019.
214) 이어령 교수와의 대담- 삶과 죽음 https://www.youtube.com/watch?time_continue=2&v= Cqmt7oBZLuc/ [인터뷰] (4분 19초부터 25초까지, Jan. 2. 2018.) Accessed. Jan. 17. 2019; "(기자 질문) 종교를 받아들이면서 '일회성 존재'도 극복하고, 사후에 대한 확신을 얻었습니까? (이어령) 내게 종교는 죽으면 어떻게 달라지고 천당에 가는 것을 뜻하지 않아요. 존재에 대해 고민하고 답을 얻는 과정일 뿐이지요."

2. 성경관과 도약 반대
2.1. 성경관에서의 도약 반대

쉐퍼는 신정통주의자나 신신학자들과 달리 성경이 참된 진리를 다루며, 모든 실재의 의미를 다루고 있다고 보았기 때문에 합리성을 중시하고 도약을 반대했다.215) 쉐퍼는 성경관을 말하면서 창세기의 첫 부분인 창세기 1-11장이 현대인들에게 어떤 '놀라운 가치'가 있는지를 보여주려고 했다.216) 쉐퍼는 시편 136편을 통해 "시공간적 역사의 사실로서 창조에 관한 성경적 개념에 직면하도록 우리를 이끈다."고 말했다.217) 시편 136편은 하나님께서 창조주가 되심을 고백하고 있는데, 시편의 저자는 하나님을 찬양해야 할 두 가지 이유로 하나님께서 이스라엘을 애굽에서 구원하신 것과 역사 속에 행하신 일을 말했다. 이것은 이스라엘 백성들이 창조가 시공간에 일어난 역사적 사실이며, 그 창조는 우연이 아니라 실재하시는 하나님의 행하신 일이라는 것을 말하고 있다. 이것을 쉐퍼의 방식으로 말하자면, 상층부와 하층부의 분리가 없으며 개별자들이 의미와 통일성을 부여받기 때문에 도약이 발생하지 않는다. 그 이유는 이스라엘 백성들은 창세기의 첫 부분을 완전한 역사로 믿었기 때문이다. 현대 기독교인의 입장에서는 앤써니 후크마(Anthony A. Hoekema)와 같이 예수 그리스도의 중요성과 실제성을 신정통주의와 사신신학으로부터 지켜내는 것이 중요하다.218)

---

215) Barry Hankins, *Francis Schaeffer and the Shaping of Evangelical America* (Michigan: William B. Eeerdmans Publishing company, 2008), 142; "'This line of reasoning could easily have led to and argument that while science tells us how the universe was creacted-in other words, the facts-scripture deals with the meaning of all reality. But Schaeffer would not go that far. Instead he simply concluded that scripture gives us 'true truth' but not always 'exhaustive truth.'"
216) *CWFS2*, 3; 문석호가 'tremendous value Genesis'를 '놀라운 가치'라고 번역한 것은 원문의 의미가 제대로 전달되지 않는다. 'tremendous'는 '놀라운' 이상으로 '엄청난'(enormous, huge, great)이라는 뜻이기 때문이다.
217) Francis A. Schaeffer, **기독교 성경관**, 23.
218) 이승구, **전환기의 개혁신학** (서울: 이레서원, 2008), 36-37.

쉐퍼에게 복음주의의 분수령은 성경의 무오성이다.219) 칼 헨리(Carl F. H. Henry)는 무오성이 중요하나 그것이 리트머스 시험지가 된다면 아군도 적군으로 오인하여 궤멸하는 우를 범하기 때문에 쉐퍼의 견해에 반대했다.220) 그런 점에서 클락 피녹(Clark Pinnock)은 쉐퍼를 비판한 첫 번째 사람이었을 것이다.221) 피녹은 무오성(inerrancy)222)이라는 용어가 교회를 위험에 처하게 하기 때문에 '신뢰성'(trustworthiness)이나 '무류성'(infallibility)이라는 단어를 사용하는 것이 좋다고 말했다.223) 또한 피녹은 쉐퍼가 "지성사를 개괄적으

---

219) 이승구, "위기 속에서 복음주의자들은 과연 어떻게 해야 하는가?: 프란시스 쉐퍼의 복음주의자들이 참으로 복음주의적이 되어야 한다는 도전을 중심으로," **국제신학** 8 (2006): 53; "성경은 그것이 다루고 있는 모든 분야에 있어서 객관적이고 절대적 진리이다'(336, 337, 341). 쉐퍼는 성경관에 대한 양보와 절충이 복음주의권에서 있지 않도록 해야 한다고 강하게 주장하는 것이다. '성경에 대해서 강한 견해를 가지느냐 아니냐 하는 것이 복음주의권의 분수령이다.', '무오성은 복음주의의 분수령이다.'"
220) 박찬호, "프란시스 쉐퍼의 성경관과 창조론," **창조오픈포럼** 6:2 (2012): 21; "칼 헨리(Carl F.H. Henry, 1913-2003)는 무오성 자체가 매우 중요한 교리이기는 하지만 그것이 복음주의자임을 가려내는 분수령이나 리트머스 시험지가 되어야 한다는 쉐퍼나 헤롤드 린셀의 견해에 반대하였다. 지나치게 성경무오에 집착하게 되면 우리는 아군까지도 적군으로 오인하여 궤멸하는 우를 범하게 될 것이다. 사실 1970년대 미국을 중심으로 이루어졌던 성경무오에 대한 토론은 일반적으로 보면 별다른 생산적 결실 없이 끝이 났다고 볼 수 있다."
221) 성인경, **프랜시스 쉐퍼 읽기**, 249; "신학적인 비판은 변증학자 클라크 피노크에 의해 시도되었다. 그는 쉐퍼의 첫 저서인 『The God Is There』가 출판되었을 때부터 쉐퍼에 대한 포문을 열기 시작했다. 아마도 그는 쉐퍼의 변증학을 비판한 첫 번째 사람이었을 것이다."
222) John M. Frame, **성경론**, 277; "무오는 단순히 '오류 없음'을 의미하는 것이다. 불오는 오류의 가능성을 부인한다. … 성경은 불오하기 때문에 무오하다. 하나님의 말씀에는 어떠한 오류도 있을 수 없기 때문에 어떠한 오류도 없다." 무오성(Inerrancy, 無誤性)과 무류성(Infallibility, 無謬性)에 대한 논쟁은 바르트에 의해 일어났다. 무류(Infallibility)는 발생 후의 전개 과정을 다루며, 무오(Inerrancy)는 발생 전 단계에 초점을 둔다. '성경 무오'는 성령의 감동으로 성경이 틀림이 없이 기록되었다는 것이며, '성경 무류'는 하나님께서 계시하여 주신 문서가 성경이며 그 계시에 오류가 없다는 것이다.
223) John Jacob Tollefsen, "An apologetic approach to hermeneutics and inerrancy," *Global Journal of Classical Theology* 11 (2014): 22; "What really disturbs us with regard to the term 'inerrancy' is the harm that it does. It almost makes one afraid to open the Bible lest some flaw in the text might overthrow confidence in God. It places the church at a perilous and unnecessary risk. It is surely suicidal, as Orr pointed out in reply to Warfield, to claim that Christianity would be false if a single statement of the Bible on a matter of science, history, or geography might turn out to be inaccurate in some way. We think it better to use a term like 'trustworthiness' or 'infallibility', which speak of Scripture as reliable and never failing in its intended purpose. Is it not true that in the Bible we hear the Master's voice in spite of scratches of the needle on the record? The issue is not whether the Bible is totally accurate as we define accuracy, but whether it leads us to the truth of God as all

로 다루었으며 문화적 발전과정을 지나치게 단순화 했다."고 비판했다.224) 그런 비판에 대하여 콜린 브라운(Colin Brown)과 레인 데니스(Lane T. Dennis)는 쉐퍼가 삶의 전 영역에 대한 통합적인 해답을 주려고 했으며 종합적인 세계관을 그려주려고 했다면서 쉐퍼를 지지했다.225)

쉐퍼는 성경의 무오성에 대한 해답을 주기 위해 창세기의 사건이 역사적 사건이라는 것을 강조했다. 쉐퍼가 그렇게 말한 것은 유대적 진리 개념이 현대적 진리 개념처럼 실존적 도약이 아니기 때문이다.

쉐퍼는 다음과 같이 말했다.

> **첫째로 유대적 개념은 현대적 진리개념과 완전히 반대된다.** 왜냐하면 그것은 토론이 가능하고, 합리성에 문이 열려 있는 것으로서, 단순히 실존적 비약226)이 아니기 때문이다. 이것만 보면, 그것은 희랍적 개념과 같다. 그러나 그것은 희랍적 개념과 다르고, 그것보다 더 심오하다. 그 까닭은 유대적 개념은 역사적인 것에 뿌리를 두고 있기 때문이다.227)

쉐퍼에 의하면, 유대적 진리개념은 역사적인 것에 근거하기 때문에 합리성을 가지고 있고 토론이 가능하다.228) 진리개념은 시간과 공간에서 일어난 역사적 사실을 말할 때 실존적 도약이 일어나지 않는다.229) 진리가 인간에게 비합리성으로 주어지고 체험에 의존한다면

---

evangelicals believe."
224) Clark H. Pinnock, "Breakthorugh for evangelicals," Review of *"The God Who Is There,"* by Francis Schaeffer. *Christianity Today* (1969), 24.
225) 성인경, **프랜시스 쉐퍼 읽기**, 250-252.
226) 번역자에 따라 '도약'(leap)을 '비약'으로 번역을 달리하나 그 의미는 동일하다.
227) 프란시스 쉐퍼, **기독교 성경관**, 문석호 역 (고양: 크리스챤다이제스트, 1994), 24; "예를 들면 우리는 모세가 '너희는 보았다! 너희는 들었다!'고 주장하는 것을 본다. 신명기 4장과 5장에서 모세는 죽기 직전에 그 앞에 서 있던 유대인들에게 그들이 어렸을 때, 시내산에서 일어났던-즉 시공의 역사 속에서-일을 보고, 들었던 것을 상기키켰다. 그들의 부모는 광야에서 죽었지만, 그들은 어렸을 때 역사 속에서 직접 보고, 들었던 것이다. 여호수아 23:3 이하에 보면, 여호수아는 그보다 약간 후에 똑같이 선언하였다."
228) Ibid.

타인에게 전달이 불가능하고 무질서해진다. 그런데 문화관에서 일어났던 도약이 성경에서 일어나지 않는 것은 성경의 진리가 시공간에 뿌리를 두고 있는 진리이기 때문이다. 쉐퍼는 성경의 진리는 역사성을 가진 진리이기 때문에 하나님께서는 우리에게 참된 것을 말씀하신다고 했다.230) 모세는 이스라엘 백성들이 자기들의 시대와 장소에서 하나님의 행하신 바를 보고 들었다고 말했다(신 5:4). 그런 까닭에 야곱 도른(Jacob H. Dorn)은 쉐퍼의 세계관의 핵심은 '하나님의 실재하심'이라고 했다.231) 제임스 에머리 화이트(James Emery White)는 "그러므로 세계의 모든 사실에 대한 명료성의 전제는 기독교 유신론의 하나님의 실제적 존재와 성경의 무오성에 의해 전제된다."고 했다.232)

쉐퍼가 시공간의 역사를 말하는 이유는 하나님께서 창조 이후에 시간 속에서 활동하시고, 시간 속에 있는 인간에게 하나님의 지식을 전달하셨기 때문이다.

---

229) Francis A. Schaeffer, **창세기의 시공간성**, 14-15; "우리가 성경에서 유대 문헌과 특별히 창세기를 다룰 때에, 우리는 희랍의 관점으로 그것을 이해해서는 안 되며 또한 실존적 도약의 관점에서 이해해서도 안 된다. 그러기보다는 역사, 즉 공간과 시간에 뿌리를 박고 있는 진리를 고집해야 한다."
230) Louis Gifford Parkhurst, **프란시스 쉐퍼**, 성기문 역 (서울: 두란노, 1998), 147; "삼위일체의 존재는, 하나님이 우리에게 말씀하시는 것과 자신에게 대한 것과 세상에 대한 참된 것들을 이야기해 주는 것을 포함해 우리와의 관계성을 지닐 수 있고 믿는 것을 합리화시킨다. 사실상 이것은 우리가 하나님에게서 기대하여야 하는 것이다. 즉 그와 우리의 인격적 교제이다."
231) Jacob H. Dorn, Review of "*Francis Schaeffer and the shaping of evangelical America*," by Barry Hankins, *Fides et historia* 41:2 (2009): 138; "A worldview based on the reality of God as described in an inerrant Bible had suffered erosion as philosophers and theologians separated reason and faith, put science at odds with subjective experience, and stressed individual autonomy and relativism."
232) K. Scott Oliphint, Review of "*What is Truth: A Comparative Study of the Positions of Cornelius Van Til, Francis Schaeffer, Carl F H Henry, Donald Bloesch, and Millard Erickson,*" by James Emery White, *The Westminster Theological Journal* 57:2 (1995): 495; "Aside from the above, there are inconsistencies and ambiguities that detract from the book's integrity. He notes on p. 2 that Van Til died in 1975, while on p. 39 he correctly cites the date of Van Til's death as 1987. Elsewhere he states, 'Thus the presupposition of the intelligibility of any fact in the world is presupposed by the actual existence of the God of Christian theism and the infallibility of Scripture' (p. 45), and then cites Van Til as his source."

이 말이 가지는 의미에 대해 쉐퍼는 다음과 같이 말했다.

> 거기에 내포된 개념은 영원 속에 계시는 인격적 하나님이라는 실재이고, 그것은 흔히 20세기 신학자의 신개념으로 등장하는 철학적 타자나 비인격적 만물과 대조되는 개념이다. 거기에 내포된 개념은 이론적인 부동(不動)의 동자(動者)나 인간의 순수 주관적 사고의 배후자와는 대조되는 인격적 하나님이라는 실재이다. 여기에는 어떤 종류의 실존적 비약을 통해 성취된 내용 없는 종교적 진리보다 훨씬 더 탁월한 어떤 것이 담겨 있다.233)

성경의 하나님은 20세기 신학이 말하는 철학적 타자나 비인격적 만물이 아니라 인격적인 하나님이라는 실재이다.234) 성경의 하나님은 시공간 속에 일하시는 실존적 도약으로 설정된 신이 아니다. 성경의 하나님은 허공에 달린 하나님이 아니라 실재하는 인격적인 하나님이시다. 쉐퍼는 하나님께서 인격적이라는 의미를 "아버지는 아들을 사랑하고, 하나의 계획이 있었고, 교제가 있었고 또 천지가 창조되기 이전에 약속이 있었다는 사실을 소유한다."라고 말했다.235) 쉐퍼가 이렇게 말하는 이유는 성경의 하나님은 스토아철학에서 말하는 신개념이나 신정통주의자나 신신학자들의 신개념도 아니기 때문이다. 쉐퍼는 하나님과 하나님의 말씀이 실재한다는 것으로 논의를 시작했다. 그리고 쉐퍼는 그렇게 하나님의 실재로 시작할 때 진정한 세계관에 도달할 수 있다고 주장했다.236)

---

233) 프란시스 쉐퍼, **기독교 성경관**, 문석호 역 (고양: 크리스챤다이제스트, 1994), 26.
234) Ibid.
235) Ibid.
236) James C. Sanford, *Blueprint for Theocracy: The Christian Right's Vision for America: Examining a Radical "Worldview" and Its Roots* (Rhode Island: Metacomet Books, 2014), 121-122; "*In Escape from Reason and The God Who is There*, he took the Bible, inerrant and unchanging, as the framework for answering all of life's questions. Only by starting with the reality of God and his word, he maintained, could one arrive at an authentic worldview."

기독교는 성경이 삼위일체 하나님의 실재하신다는 것에서 세속적 실존주의나 기독교적 실존주의와 근본적으로 다른 노선에 서게 된다. 하나님께서 실재하지 않고, 다만 상층부의 비합리성으로만 존재한다면 기독교인이나 현대인들이나 다를 것이 없다. 여기서 말하는 현대인이란 인간 자신으로부터 시작해서 인간과 우주의 의미를 이해할 수 있다고 생각하는 사람들이다. 그런 생각은 아퀴나스로부터 시작된 인간의 자율성에 기반한 것으로 유한한 인간이 무한한 간극에 다리를 놓으려는 시도이기 때문에 불가능하다. 인간은 유한한 존재이기 때문에 유한한 존재가 보편자를 마련하며 그 보편자와 무한한 간극을 메우기 위해 도약을 감행한다. 사르트르는 무한한 준거점이 없이는 만사가 부조리한 것을 알게 되었다.[237] 사르트르는 이 사실을 잘 알고 있었기 때문에 철학적인 기본문제인 존재에 대해서 말할 때 무(無)가 아니라 유(有)가 존재한다고 말했다.[238]

쉐퍼가 심각하게 말하는 것은 20세기의 사람들이 모든 존재의 기원을 말할 때 비인격적인 것에서 출발한다는 것이다. 그런 사고는 동양이나 서양이나 동일하다. 쉐퍼는 그렇게 비인격적인 근원으로 시작하면 다음과 같은 두 가지의 문제가 일어난다고 말했다.

> 첫째 문제는 외부세계는 존재할 뿐 아니라 특수한 형식을 가지고 있다는 사실에 대한 참된 해명이 없다는 것이다. 둘째 문제는 더욱 중요한 것으로서, 만일 우리가 비인격적 우주와 함께 시작한다면, 인격에 대한 설명을 할 길이 없다는 것이다.[239]

---

[237] Francis A. Schaeffer, 이성에서의 도피, 114.
[238] Francis A. Schaeffer, 기독교 성경관, 26.
[239] *CWFS2*, 11; "In a very real sense the question of questions for all generations-but over-whelmingly so for modern man-is, 'who am I?' For when I look at the 'I' that is me and then look around to those who face me and are also men, one thing is immediately obvious: Man has a 'mannishness.'"

쉐퍼에 의하면, 모든 존재의 해명을 비인격성으로 시작하면 인간의 인격성에 대해 설명할 길이 없다. 쉐퍼의 관점에서 보면, 서양이나 동양이나 인간이 비인격적 출발점을 가진다는 것은 그 출발점이 비합리성으로 인해 생겨난 것이라는 것을 의미한다. 존재의 비인격적 기원은 단순히 물질이나 기(氣)와 같은 썸씽(something)이라고 말하는 것으로 끝나지 않는다. 실존적 도약으로 설정된 신들 혹은 최고의 어떤 궁극적 존재는 비인격적이다.

문제는 그렇게 비인격적으로 출발하면 실제로 우리가 이 시공간 속에서 바라보는 인격적인 존재들에 대해서 적절하게 설명할 수 없다는 것이다. 출발이 비인격적이기 때문에 인간은 의미 없이 사라지고 삶은 절망적이고 허무하다. 쉐퍼는 "비인격적 출발점은 우주의 형식도 설명하지 못하고, 인간의 인격성도 해명하지 못한다."고 말했다.[240] 쉐퍼는 "인식론이 우리 세대의 중심이었다"고 말했으며,[241] 비기독교적 인식론은 기원의 궁극성에 대해서도 통합할 수 없다고 말했다.[242] 반면에서 쉐퍼는 기독교의 인식론은 존재의 기원에 인격성을 가지고 있다고 말했다.

인간은 대학에서만이 아니라 들판의 농부도 직장과 가정에서 살아가는 모든 사람이 존재하는 것에 대한 의미와 통일성이 무엇인지 알아야 살아갈 수 있다. 존재하는 모든 것은 인격적 출발점이어야 도약이 일어나지 않는다. 이런 방식은 쉐퍼가 불신자들과의 대화에서 일

---

240) Francis A. Schaeffer, 기독교 성경관, 28.
241) Adam Lloyd Johnson, "Created To Know: A Comparison Of The Epistemologies Of Michael Polanyi And Francis Schaeffer," *The Westminster Theological Journal* 79:1 (2017): 45.
242) Edgar William, "Two Christian Warriors: Cornelius Van Til and Francis A Schaeffer Compared," *The Westminster Theological Journal* 57:1 (1995): 61-62; "Non-Christian epistemology, unable to integrate around the ultimate point of origin, is necessarily dialectical."

반적으로 사용하던 방식이었다. 쉐퍼는 비기독교인들의 가설을 보여주고 그들의 전제와 삶이 틀렸다는 것을 보여주는 지붕 벗기기(taking the Roof Off) 방식을 사용했다.243)

쉐퍼는 그것을 다음과 같이 말했다.

> 모든 사람은 긴장점에 있는 자신을 은폐하기 위하여 그의 머리에 지붕(roof)을 세워놓았다. 긴장점에서 인간은 자신의 체계에 대한 일치점을 갖지 못하고, 내적 및 외적 세계 곧 실제 세계의 공격에 대한 방어책으로 지붕을 세워놓았다. … 우리는 그 사람이 자신의 체계가 삶의 중대한 문제들에 대한 답변을 전혀 갖고 있지 않음을 깨달을 수 있도록 하기 위해서 이 경험을 해야 한다.244)

쉐퍼에 의하면, 비기독교인들은 실제 세계에 대한 참된 논리를 가지고 있지 못하면서도 삶을 살아가기 위해 자기 위에 비논리적인 방어막을 세워놓았다. 비기독교인들은 삶의 중대한 문제에 대한 답을 가지지 못하기 때문에 결국 인간은 자기 삶의 목적도 없고 죽은 존재가 되어버렸다. 쉐퍼는 우리가 그 사실을 아는 것도 "하나님의 말씀의 진리의 깊이를 현실에 적용한 결론"이라고 했다.245)

그렇다면, '우주의 형식과 인간의 인격성은 어디에서 말하는가?'에 대해 쉐퍼는 '유대-기독교적 전통에서 시작되었다'고 말했다.246) 그런

---

243) Robert W. Ⅱ. Burns, Review of "*Truth with love: the apologetics of Francis Schaeffer*," by Bryan A. Follis, *Journal of the Evangelical Theological Society* 52:1 (2009): 181; "Schaeffer enters into dialogue with unbelievers, uncovering the basic hypotheses that they use to explain reality while at the same time allowing them to ask questions and probe Christianity. He then shows unbelievers that their hypotheses cannot adequately account for the world, particularly for the things they most value (thus his emphasis on presuppositions; i.e. the Dutch approach). After laying this groundwork, Schaeffer demonstrates that the hypothesis of Christian revelation provides a more probable explanation of the world (thus his appeal to reason; i.e. the Princeton approach)."
244) 프란시스 쉐퍼, **기독교 문화관**, 문석호 역 (서울: 크리스찬다이제스트, 1994), 167-169.
245) Ibid., 169.
246) Francis A. Schaeffer, **기독교 성경관**, 28.

유대-기독교적 관점은 성경에 있다. 성경은 태초 이전에 인격적인 존재가 이미 존재했다고 말한다. 그 존재는 삼위일체 하나님이시다. 현대인들이 사랑과 교제를 말하지만, 그 사랑과 교제가 어디에서 기원하는지에 대해서는 말하지 못한다. 그러나 쉐퍼는 그 사랑과 교제가 삼위일체 하나님께 기원하고 있다고 성경으로 말했다.247) 현대인들은 사랑하고 교제하며 살아갈 수 있는 근거를 찾기 위해 철학, 음악, 미술, 시 등으로 고민하고 답을 찾으려고 했으나 실패하고 말았다.

반면에, 쉐퍼는 성경에 기초하여 인격성을 말했다. 창세기 1장 1절, 26절, 3장 22절에는 창조 이전에 존재하신 하나님에 대해서 증거하고 있다.248) 그리고 요한복음 1장 1-3절에서 삼위일체 하나님은 세상이 창조되기 이전에 존재하셨다고 말한다.249) 뿐만 아니라 요한복음 1장 14-15절은 말씀을 인격으로 말한다는 사실은 더욱 중요하다.250) 창세기와 그와 관련된 성경구절은 비정적(nonstatic)이고, 인격적-무한하신 삼위일체 하나님께서 선재한다는 것을 증언하고 있다. 하나님께서 인격적인 존재라는 것은 사랑과 교제가 있는 존재라는 의미이며 이 우주가 존재하기 이전에 사랑과 교제가 본질적이었다. 현대인들이 사랑과 교제의 궁극적 근거에 대해 목마를 때, 기독교인들

---

247) Ibid., 29; "성경적 답변은 이와 확실히 다르다. 창조 이전에 어떤 것이 존재하고 있었다는 것이 성경의 답변이다. 하나님이 존재하셨다. 사랑과 교제가 존재하였다. 그러므로 심지어는 창세기 1:1 이전에도 사랑과 교제는 본질적으로 상존하였다."
248) 태초에 하나님이 천지를 창조하시니라(창 1:1); 하나님이 가라사대 우리의 형상을 따라 우리의 모양대로 우리가 사람을 만들고 그로 바다의 고기와 공중의 새와 육축과 온 땅과 땅에 기는 모든 것을 다스리게 하자 하시고(창 1:26); 여호와 하나님이 가라사대 보라 이 사람이 선악을 아는 일에 우리 중 하나 같이 되었으니 그가 그 손을 들어 생명나무 실과도 따 먹고 영생할까 하노라 하시고(창 3:22).
249) 태초에 말씀이 계시니라 이 말씀이 하나님과 함께 계셨으니 이 말씀은 곧 하나님이시니라. 그가 태초에 하나님과 함께 계셨고 만물이 그로 말미암아 지은 바 되었으니 지은 것이 하나도 그가 없이는 된 것이 없느니라(요 1:1-3).
250) 말씀이 육신이 되어 우리 가운데 거하시매 우리가 그 영광을 보니 아버지의 독생자의 영광이요 은혜와 진리가 충만하더라. 요한이 그에 대하여 증거 하여 외쳐 가로되 내가 전에 말하기를 내 뒤에 오시는 이가 나보다 앞선 것은 나보다 먼저 계심이니라 한 것이 이 사람을 가리킴이라 하니라(요 1:14-15).

은 사랑과 교제의 본질적인 삼위일체 하나님을 성경에서 확인하고 사랑과 교제에 대한 답변을 받는다.

성경은 송영(頌詠)의 뿌리가 물질이 아니라 인격적인 존재라는 것을 말해준다. 예레미야 10장 16절은 하나님께서 조각된 신상이 아니라 만물의 조성자라고 밝히고 있다. 하나님은 '그것'(it)이 아니라 '그분'이시다.251) 성경의 하나님은 만물의 조성자이시며 인격적인 하나님이시다. 하나님께서 인격적인 존재라는 것은 신신학자들과 매우 대조적이다. 신신학이 고민한 것은 "하나님이 진정으로 존재하는가?"였다.252) 신신학이 하나님이라는 단어를 사용하지만, 그 하나님은 어떤 하나님인지 규정이 없는 하나님이다.

로빈슨은 신(神)의 존재 자체는 부정하지 않았으나 우주여행 시대를 살아가는 현대인을 납득시킬 만한 것으로 신의 개념을 바꾸어야 한다는 것을 강조했다.253) 알타이저(Thomas J. J. Altizere)는 신(神)의 사망을 공공연하게 선언했으며, 동양 신비 종교의 핵심 사상인 대극의 합일(coincidentia opoositorum) 개념을 기용(起用)하여 신학의 원리로 정했다.254) 대극의 합일은 프로클로스의 원환운동 사상에 기초하며, 신플라톤주의자인 플로티노스의 유출과 전회에 의한 조응개념에 근거한다.

요한계시록 4장 11절은 기독교인은 고난의 때에도 소망을 가지게 된다는 것을 말해주고 있다.255) 그 첫 문장은 "우리 주 하나님이여

---

251) Francis A. Schaeffer, **창세기의 시공간성**, 25; 권혁봉은 'to him'을 번역하면서, "성경의 근원은 '인격'에 있는 것이지 사물에 있는 것이 아니라는 것을 말해 준다."고 번역한 것은 쉐퍼의 의도를 잘 반영힌 번역이라고 볼 수 있다.
252) Francis A. Schaeffer, **기독교 성경관**, 31.
253) 박아론, **현대신학연구** (서울: CLC, 2006), 152.
254) Ibid., 155.
255) 우리 주 하나님이여 영광과 존귀와 능력을 받으시는 것이 합당하오니 주께서 만물을 지으신지라 만물이 주의 뜻대로 있었고 또 지으심을 받았나이다 하더라(계 4:11).

영광과 존귀와 권능을 받으시는 것이 합당하오니"라고 말했다. 핍박을 받는 초대교회 성도들은 "우리 주 하나님이여"라고 고백하면서, "주께서 만물을 지으신지라 만물이 주의 뜻대로 있었고 또 지으심을 받았나이다."라고 말했다. 이런 고백은 '나는 왜 존재하는가?'라고 묻는 현대인들의 문제에 대해 궁극적인 답변을 제공한다.

쉐퍼는 다음과 같이 그 답변에 대해 말했다.

> 나는 나 자신이 되는 존재의 특수한 부분과 내가 내 안에서 발견하는 "인간다움"(인격)을 이해한다. 사물들이 각기 제자리에 놓여지는 것은 어둠 속에서의 비약을 통해서가 아니라 이치에 합당하고, 토론될 수 있는 것을 통해서이다. 단번에 하나님은 외부세계와 인간 실존의 존재를 창조하셨다. 그것들은 인격적이고, 그것들이 존재하기 이전에 존재했던 분의 의지의 행위로 말미암아 존재한다.[256]

쉐퍼에 의하면, 인간이 자기 존재를 확인하는 것은 어둠 속의 도약이 아니라 인격적인 하나님께서 세계와 인간을 창조하셨다는 사실에 근거한다.[257] 기독교인들의 신앙과 삶의 근거가 되는 성경은 하나님께서 인격적이며 하나님의 의지 행위로 말미암아 인간이 존재했다고 말하기 때문에 도약이 발생하지 않는다. 쉐퍼는 현대의 신학계와 세속세계에 만연된 비인격적인 것을 말하기 위해 이 말을 했다. 그가 요한계시록 4장 11절의 의미를 "예수 그리스도를 믿는 인간은 고난의 때에 어떻게 도약이 일어나지 않는가?"라는 차원으로보다 현실적으로

---

256) 프란시스 쉐퍼, **기독교 성경관**, 문석호 역 (고양: 크리스챤다이제스트, 1994), 32; 쉐퍼가 계 4:11에서 송영의 기초가 반정립이라고 말하는 것도 주의 깊게 보아야 한다. "이런 송영의 기초는 'A는 A'이고 'A는 비(非) A가 아니다'라는 의미 있는 실존에 뿌리 박고 있다. 상층부에 속하며, 내용도 없는 종교적 체험으로 하나님을 찬양하는 것은 잘못된 일이다. 그런 행위는 하나님의 이름을 헛되이 부르는 것이다."
257) Francis A. Schaeffer, **기독교 성경관**, 32; "쉐퍼가 계 4:11에서 송영의 기초가 반정립이라고 말하는 것도 주의 깊게 보아야 한다. "이런 송영의 기초는 'A는 A'이고 'A는 비(非) A가 아니다'라는 의미 있는 실존에 뿌리 박고 있다. 상층부에 속하며, 내용도 없는 종교적 체험으로 하나님을 찬양하는 것은 잘못된 일이다. 그런 행위는 하나님의 이름을 헛되이 부르는 것이다."

접근했더라면 더 도약 반대의 의미가 살아났을 것이다.

한편, 쉐퍼가 하나님의 창조와 현대인의 문제에 답하기 위해 제시한 성경 구절은 시편이다. "그것들이 여호와의 이름을 찬양함은 그가 명령하시므로 지음을 받았음이로다."라는 말씀은 하나님께서 실재하시며 그 하나님께서 만물을 창조하셨다는 것을 말한다.[258] 인간이 시공간성과 역사적 실제로서의 창조를 제거하면 시몬 베유(Simone Weil)가 말하는 비창조성(非創造性)뿐이다.[259] 현대인들이라도 존재 그 자체를 부정할 수 없다.

결국, 무엇이 존재하는 것은 사실이나 "그 존재를 어떻게 해명하는가?"의 문제이다. 존재하는 사물들을 비창조성(uncreatedness)으로 규정하게 되면 자율성을 갖게 된다. 인간을 비롯하여 자율성을 가진 존재가 자기 존재의 의미와 통일성을 확보하지 못하기 때문에 해결책이나 해답 없이 그저 존재하게 된다.[260] 존재에 대한 해결책이 없으면 올더스 헉슬리(Aldous L. Huxley)처럼 제일의 체험(a first-order experience)을 얻기 위해 약물(LSD, 환각제)을 사용할 수 있다.[261] 상층부의 체험을 얻기 위한 철학적 대안들은 사르트르의 실존적 체험(existential experience), 야스퍼스의 한계 체험(final experience)[262] 과 하이데거의 불안(Angst) 등이 있다. 그런 체험들은 개별 존재가 의미와 통일성을 얻기 위한 도약이다. 쉐퍼가 창세기의 시공간성을 강

---

258) 시 148:5.
259) Francis A. Schaeffer, **기독교 성경관**, 32.
260) Ibid., 36; 문석호는 이 부분을 번역하지 않았다. 영어 원문은 "It is not that something does not exist, but that it just stands there, autonomous to itself, without solutions and without answers."이다.
261) Francis A. Schaeffer, **이성에서의 도피**, 70-71.
262) 정달용, 14-15; 야스퍼스는 '참된 것', 진리를 향한 '제1의 도약'(erster Aufschwung), 아무 것도 없는 카오스 속에 빠져들거나 '정신을 가다듬는 현기증 상태'(das besonnene Schwindigwerden)의 '제2의 도약'(zweiter Autschwung), 그리고 마지막 도약으로, 심연의 어둠 속에 한 가닥 '빛'(das Licht)을 의식하는 '신앙의 도약'(Aufschwung des Glaubens)을 말했다. 인간에게 남은 것은 '도약'을 하든지 '좌절'을 하든지 둘 중에 하나의 선택밖에 없다.

조하는 이유가 바로 여기에 있다. 현대인들이 원천적으로 모든 존재의 창조성(createdness)을 상실했다는 것은 존재 해명에 있어서 치명적이다.

현대인들이 자기 존재에 대해 해명하지 못하는 것은 출처를 밝히지 못하는 돈과 같다. 만일 내가 돈을 가지게 되었다면 국세청은 돈의 출처를 밝히라고 요구한다. 소유한 돈의 분명한 출처를 밝히지 않으면 부당하게 가지게 된 것이므로 그에 상응하는 세금을 부과받게 된다. 기독교인은 존재의 궁극적 근거가 실재하는 하나님에 근거하므로 존재에 대한 해답을 가지고 있다. 우리를 창조하신 하나님은 무한하시고 인격적인 하나님이시기에 우리가 사랑하고 교제하는 일에 맹목적이지 않다.

쉐퍼가 창조의 시공간성을 말하면서 강조하는 것은 무로부터의 창조와 함께 피조물의 구별이다. 하나님께서 거기 계시며 실재하는 하나님은 만물을 창조하시되 피조물과 틈(chasm)이 있다. 하나님만이 무한하신 창조주이기 때문이다. 쉐퍼는 무한성의 관점에서 인간은 "하나님과 단절된 상태에 있다."고 말했다.263) 쉐퍼가 더욱 강조하려는 것은 인간은 하나님의 형상대로 창조되었으므로 하나님과 인격적인 관계가 가능하다는 것이다. 이 말이 함의하는 것은 현대인들이 하층부에서만 유의미한 존재로 남아 있다는 것을 비판하는 것이다. 쉐퍼는 "현대인들은 아래쪽의 동물과 기계와의 관계를 찾는다."라고 말했다.264) 아담 로이드 존슨(Adam Lloyd Johnson)은 '수학적 모델이 모든 것을 해결할 수 있다는 데카르트(René Decartes)의 개념으로는 인간의 도덕과 삶의 의미를 알 수가 없게 된다'고 말했다.265) 인간이

---

263) *CWFS1*, 222.
264) Francis A. Schaeffer, **이성에서의 도피**, 36.

하나님과 인격적인 관계를 맺을 수 있다는 것은 진실 된 의사소통이 가능하다는 것을 말한다.

쉐퍼는 의사소통에 대해 다음과 같이 말했다.

> 우리가 그리스도인으로서 주장하는 것은 모든 사실들이 고찰될 때, 비록 완벽한 지식은 아니지만, 성경은 우리에게 참된 지식을 제시한다는 것이다. 유한한 피조물로서 인간은 어떤 경우든 완벽한 지식을 획득할 능력이 없다. 여기에는 인간들 간에 이루어지는 우리 자신의 소통과 유비가 존재한다. 우리는 서로 진실하게 소통하지만, 완벽하게 소통하지는 못한다.266)

쉐퍼에 의하면, 성경은 우리에게 참된 지식을 제시하며 우리가 완벽하게 소통하지 못하나 진실하게 소통할 수 있다. 쉐퍼가 합리성을 중시하나 하층부에만 머무르지 않을 수 있는 것은 하나님과 인격적인 관계가 있기 때문이다. 그러므로 하나님과 인간 사이에 간격이 있으나 하나님의 형상으로 창조된 인간은 하나님으로부터 참된 지식을 획득할 수 있다. 성경은 명제적이고(propositional) 사실적이며(factual) 참된 진리(true truth)를 말해주기 때문이다. 쉐퍼의 체계에 의하면, 참된 지식은 상층부로부터 주어진다는 의미가 된다. 상층부로부터 주

---

265) Adam Lloyd, Johnson, "Created To Know: A Comparison Of The Epistemologies Of Michael Polanyi And Francis Schaeffer,"46; "Schaeffer explained: 'Descartes' concept was that the mathematical model could settle everything and from this flowed (with variations, of course) the whole thought of a mathematical grid being forced upon all things and what was kept was only what is mathematical. As I see it, positivism and empiricism are a natural on-flow. The tragedy is the reduction of all truth and knowledge to merely impersonal mathematical formulas rather than the hillness of knowledge.' Limiting knowledge in this way eventually cut people off from knowing about, or believing in, such things as justice, beauty, morality, love, and meaning."

266) 프란시스 쉐퍼, **기독교 성경관**, 문석호 역 (고양: 크리스챤다이제스트, 1994), 40; "쉐퍼는 다음과 같이 설명했다. '데카르트(Descartes)의 개념은 수학적 모델이 모든 것을 해결할 수 있다는 것이었고, 이것으로부터 (물론 변형과 함께) 모든 것에 강제되는 수학적 그리드에 대한 전체적인 생각과 보관된 것은 수학적인 것뿐이었다. 내가 보듯이, 실증주의와 경험주의는 자연스러운 흐름이다. 비극은 모든 진실과 지식을 지식의 산란보다는 단순한 비개인적인 수학 공식으로 축소시키는 것이다.' 이런 식으로 지식을 제한하면 정의, 아름다움, 도덕성, 사랑, 그리고 의미 등을 알거나 믿을 수 없게 된다."

어지는 지식이라야 참된 진리이다. 세속적 실존주의자들과 신정통주의자들, 그리고 신신학자들까지도 상층부로 도약하는 이유는 하층부에서 자율을 부르짖을지라도 참된 진리는 상층부에서 주어지기 때문이다. 상층부와 연결되지 않은 진리는 의미 없기 때문에 도약을 통해서라도 참된 진리에 이르려고 한다는 것이다.

쉐퍼는 성경관에서 창세기 1장과 2장에 나오는 아담과 하와의 역사성을 매우 중요하게 말했다. 바르트는 창조역사를 설화(saga)로 보기 때문에 창세기 2장 역시 설화로 취급했다.267) 반면에 후크마는 인간의 타락 이야기는 문자적으로 이해해야 하며, 역사상의 한 사건이므로 "역사적인 원죄 교리를 계속해서 고수해야 한다."고 말했다.268) 김용준은 에드워드 영(E. J. Young)의 연구에 근거하여 바르트의 창세기 역사 설화(sage)는 "성경은 인간의 책일 뿐이라는 것을 눈속임한 것에 불과하다."고 말하면서,269) 바르트에게 "기독교는 단지 초월 종교일 뿐이다."라고 말했다.270) 초월 종교를 말한다는 것은 합리성이 아니라 비합리성에 근거한 신학이 된다는 것을 의미한다. 역사와 분리된 기독교는 관념적일 수밖에 없다.

쉐퍼는 아담의 실제성을 말하기 위해 첫 번째로, 예수 그리스도께서 이혼에 관한 바리새인의 물음에 대해 창세기를 인용한 것을 말했다.271) 두 번째로, 사도 바울의 로마서 5장을 말했다. 로마서 5장 12

---

267) Karl Barth, 교회교의학 III/I, 405.
268) Anthony A. Hoekema, 개혁주의 인간론, 이용중 역 (서울: 부흥과개혁사, 2012), 206-207.
269) 김용준, "칼 바르트의 성경관에 대한 개혁신학적 비판," 개혁논총 35 (2015): 89; "이러한 칼 바르트의 이해는 우선적으로 칸트가 분리시킨 '예지계와 현상계'의 도식으로부터 출발한다. 물론 이 도식은 플라톤으로 기인한 것이었다. 이러한 도식은 결국 역사와 초역사를 구분 짓도록 했다. 그렇지만 이 예지는 현상계에서는 알 수 없는 영역이었기 때문에 칸트는 알 수 있는 현상계의 문제인 윤리적 문제로 환원시키는 작업을 하였다. 이러한 칸트의 이해는 근대 철학에 있어서 가장 핵심적인 이해였다. 그런데 역사와 초역사의 구분에 대한 바르트의 인식은 직접적으로 키에르케고르로부터 물려받은 것이었다."
270) Ibid.
271) 예수께서 대답하여 가라사대 사람을 지으신 이가 본래 저희를 남자와 여자로 만드시고(마 19:4)

절은 최초에 사람이 있었다고 바울은 증거 했다. 14절에서는 모세를 말함으로써 아담이 모세와 같이 역사 속에 실제로 존재한 사람으로 말했다. 세 번째로, 고린도전서 15장 21-22절, 45절에서 예수 그리스도의 역사성과 아담의 역사성 사이의 유사성을 말했다. 네 번째로, 디모데전서 2장 12-14절에서 아담과 하와의 반역을 역사 속에서 일어난 일로 말했다. 다섯 번째로, 고린도전서 11장 8-9절에서 하와가 아담을 통해 창조되었다고 말했다.

쉐퍼는 『창세기의 시공간성』 3장에서 아담과 하와의 역사성에 집중했다. 쉐퍼가 창세기 1장과 2장의 역사성에 집중하면서 인간의 타락이 우리의 구원에 미치는 실제성에 대해서 명확하게 설명하지 않은 것은 아쉽다. 5장에 와서 인류에게 미친 타락의 결과를 말하지만, 타락의 결과에 주목하다 보니 인간의 구원에 대해서는 선명하게 말하지 않았다. 창세기 1장과 2장이 중요한 이유는 아담의 타락이 시공간에서 일어난 역사적 사건이라야 인간의 존재에 대한 성경적 관점이 유효하기 때문이다. 그리고 인간이 타락한 존재이기 때문에 예수 그리스도의 십자가 대속이 실제적으로 효력을 발생한다.

쉐퍼의 성경관을 다 말할 수는 없지만, 그 핵심을 말하는 『창세기의 시공간성』을 통해서 세 가지를 알 수 있다. 첫 번째, 성경의 하나님은 무한하시고 인격적인 하나님이시며, 두 번째로, 하나님의 형상으로 창조된 인간이기에 참된 소통이 가능하며, 세 번째로, 아담과 하와의 타락이 시공간에 일어난 실제적 사건이므로 예수 그리스도의 구속이 유효하다는 것을 말해 준다.

2.2. 인간 구원에서의 도약 반대

쉐퍼는 창세기의 시공간성을 말하면서 우리의 구원이 '허공에 달려 있는 것'이 아니라고 말했다.272) 그것은 인간과 세계가 우연과 물질과 시간의 결과로 생겨난 것이 아니라 무한하시고 인격적인 하나님께서 시공간의 역사 속에서 실제로 창조하셨기 때문이다. 반면에, 신정통주의와 사신 신학자들은 의미와 통일성을 얻기 위해 상층부로 도약한다. 예를 들어, 판 뷰렌(P. Van Buren)은 부활을 말하면서도 객관적인 신의 존재에 대해서는 침묵할 것을 주장했으며, 복음의 의미는 다만 역사적이며 윤리적인 것이라고 말했다.273) 참된 기독교는 하나님과 역사의 실제성에 근거하기 때문에 도약이 일어나지 않는다.

그 사실을 말하기 위해, 쉐퍼는 창세기 3장 6절에 주목했다.274) 쉐퍼가 이 구절을 굳이 말한 이유는, 아담과 하와가 선악과를 먹은 것이 역사적 사실이기 때문이다. 쉐퍼는 창세기 3장의 역사적 타락을 제거한다면 "기독교의 메시지를 결코 이해할 수 없다."고 보았다.275) 왜냐하면, 창세기의 타락 사건은 인간의 죄악의 기원을 말해주기 때문이다. 뿐만 아니라 인간의 타락이 역사적이지 않으면 그리스도의 죽음은 아무런 의미가 없다.276)

쉐퍼는 타락이 시공간에서 역사적으로 일어난 사건은 인간의 존재와 그 죄악에 대해 실제적인 답변을 준다고 보았다. 현대인들은 인간은 잘못되었다고 생각하며 무언가 잘못된 것이 있다고 외치고 있기

---

272) Francis A. Schaeffer, 창세기의 시공간성, 32.
273) 박아론, 현대신학연구, 164.
274) 여자가 그 나무를 본즉 먹음직도 하고 보암직도 하고 지혜롭게 할 만큼 탐스럽기도 한 나무인지라 여자가 그 실과를 따먹고 자기와 함께한 남편에게도 주매 그도 먹은지라(창 3:6).
275) Francis A. Schaeffer, 복음의 진수, 43.
276) CWFS2, 60. "While what happened in the Garden of Eden was a space-time historic event, the man-woman relationship and force of temptation it must have presented to Adam is universal."

때문이다. 성경은 그런 현실을 맞이하고 있는 인간 존재에 대해 분명하게 말하고 있다. 즉, 성경은 인간은 하나님께 죄를 지어 타락했으며 인간의 마음이 심히 부패하다고 증거 하고 있다(렘 17:9; 롬 5:16-17). 성경은 인간에 대하여 신화적이거나 낭만적으로 말하지 않고 현실적인 인생관을 실제로 제공한다.

쉐퍼는 "기독교의 구원은 플라톤적이지 않다"고 말했다.277) 그렇기 때문에 영혼이 원래 있던 자리로 돌아가는 것이 아니며 육체 역시 악한 것이 아니다. 하나님께서는 영혼과 육체를 함께 만든 분이시며, 하나님의 구속과 성화는 전인(全人)에게 적용된다.278) 쉐퍼가 인간의 존재와 구원에 대하여 이렇게 말하는 것은 성경이 절대적인 반정립(antithesis)의 메시지를 선언하기 때문이다. 그런데 세상은 반정립이 아니라 종합(synthesis)으로 가다가 실패하기 때문에 도약으로 간다는 것이 쉐퍼의 논지이다.

쉐퍼는 세상의 악을 설명하는 방식은 자연주의적, 비기독교적 답변들, 기독교적 답변이 있다고 보면서 자신은 비정상적인 세상 속에서 살고 있다고 확신했다. 그렇다면 '이 비정상적인 세계가 왜 이렇게 되었는지 어떻게 설명할 것인가?'라는 질문을 낳게 된다. 그 질문에 답하기 위하여 쉐퍼는 후기 하이데거가 일종의 시공간적 타락을 말했으나 도덕적 성향을 내포하지 않았다고 말했다.279) 쉐퍼는 하이데거의 관점을 매우 흥미롭게 여겼다. 시공간의 타락을 말하지만, 도덕적 성향을 거론하지 않으면 개별자에게 자율성을 주기 때문이다. 쉐퍼가 이렇게 하이데거를 말한 것은 세계가 정상이라고 말하게 되면 실재를

---

277) Francis A. Schaeffer, **기독교 성경관**, 406.
278) John Owen, **개혁주의 성령론**, 이근수 역 (서울: 여수룬, 2000), 372.
279) Francis A. Schaeffer, **기독교 성경관**, 88.

설명할 수 없기 때문이다. 쉐퍼는 성경은 현실 세계가 비정상적이며, 그 원인이 "의미 있는 인간에 의한 도덕적 타락"이라고 말한다고 진술했다.280)

쉐퍼는 인류가 범죄하여 타락했을지라도 인간 됨을 잃지 않은 이성적이며 도덕적인 존재라는 것을 강조했다. 타락이 역사 속에서 발생했으나 인간이 아닌 다른 존재가 된 것이 아니다. 쉐퍼는 인간이 인간 자신을 비인간화하는 것을 지적하면서 여전히 인간은 인격체라는 것을 말했다.281) 만일 타락으로 인간이 아닌 다른 존재가 되었다면 하나님 앞에서 죄책감을 가질 수 없게 된다. 그러나 인간이 아무리 부인하려고 해도 인간의 인격성을 부인할 수 없으며, 더구나 인간은 기계가 아니다.

하나님께서는 인간이 범죄 하자마자 도래하실 구주에 관한 약속을 주셨다. 따라서 인간이 범죄 함으로 하나님께 나아갈 수 있는 길은 인본주의적 행위가 아니라 메시아의 죽음을 통해 제공되는 것이었다.282) 그러므로 우리가 구원을 얻는 유일한 길은 예수 그리스도를 믿는 것이다. 그 구원에 이르도록 그리스도께서는 우리를 초청하신다.283)

그리스도의 대속적 죽음으로 죄인들이 칭의를 받는다. 칭의는 단순히 용서가 아니라 "바로 우리가 마치 죄를 전혀 범하지 않은 것처럼" 되는 것이다.284) 쉐퍼는 우리의 구원은 "아무것도 추가하지 않고

---

280) Ibid.
281) Francis A. Schaeffer, **복음의 진수**, 47; 인류의 타락이 인간을 기계로 변모시켰다면, 그들은 하나님 앞에서 죄책감을 느낄 수가 없다. 그러나 인간은 이 세상에 있든 저세상에 있든, 여전히 이성적이며 도덕적인 존재다. 인간은 결코 기계가 되지 않는다.
282) Francis A. Schaeffer, **기독교 성경관**, 357.
283) Ibid., 376.
284) Ibid., 377.

오직 그리스도를 믿음으로 받는다."고 말했다.285) 문석호는 "구원은 오로지 그리스도를 믿는 믿음에 의해 얻어진다는 것이다."라고 번역하여, "plus nothing"을 번역하지 않았다. 문석호의 번역은 의도성이 보인다. 이어지는 번역들에서도 계속해서 "plus nothing"을 번역하지 않았기 때문이다.286) 모두 세 곳에서나 "plus nothing"을 번역하지 않았다는 것은 "우리의 구원은 예수 그리스도를 믿는 것 외에 아무것도 추가하지 않아야 한다."는 쉐퍼의 의도를 훼손하는 것이다. 쉐퍼가 제시한 성경 구절들은 구원은 다양한 길이 아니라 오직 그리스도를 통해서만 주어진다는 것을 증거 한다.287)

믿음은 오직 그리스도와 그리스도의 사역에 의존하는 것이다. 구원에 있어서 인간이 자율적일 수 없다.288) 쉐퍼가 구원에 대해 말할 때 창세기의 역사적 사실로부터 시작하여 인간의 도덕적 타락을 말했다. 그 구원을 위해 성경은 메시아가 오실 것을 계속 예언했으며 오신 메시아이신 예수 그리스도를 믿음으로 구원을 얻는다고 말했다. 중요한 것은 '우리에게 구원이 왜 필요한가?'라는 물음에 대해 쉐퍼는 "우리가 하나님의 진노 아래 있기 때문이다."라고 답했다.289) 그 대답은 세상이 소외라고 말하는 것에 대한 성경적인 답변이다. 인간이 죄인이며 하나님의 진노 아래 있기 때문에 인간에게는 구원자가 필요하다. 소외로 말하게 되면 산업사회의 메카니즘 속에 일어나는 물상화(物象化, Reification)를 해결해야 한다고 말하게 된다.290)

---

285) *CWFS2*, 347.
286) Francis A. Schaeffer, **기독교 성경관**, 374; 문석호는 "요한복음 3:36 세례 요한은 구원은 오로지 믿음을 통해서만 오는 것이라고 강조한다."라고 번역했다(Ibid., 374); "로마서 9:6 … 참으로 구원은 오로지 그리스도를 믿는 믿음의 기초 위에서만 우리의 것이다"라고 번역했다(Ibid., 375); 롬 3:28에서 "칭의는 오로지 믿음으로 말미암는다."에서도 번역하지 않았다(Ibid., 377).
287) Ibid., 377-378.
288) Francis A. Schaeffer, **이성에서의 도피**, 28.
289) Francis A. Schaeffer, **복음의 진수**, 72.

쉐퍼는 인간이 하나님의 진노 아래 있다는 증거는 인간이 자기 자신을 신의 형상으로 만드는 것이라고 진단했다.291) 인간은 창조주 하나님을 인정하지 않고 피조물의 위치를 버리고 인간을 우주의 중심에 올려놓았다. 인간이 하나님의 진노를 사게 되는 이유는 하나님께서 양심을 주시고, 창조 세계를 보고 있음에도 불구하고 의도적으로 죄를 짓고 하나님을 거역했기 때문이다. 그러므로 인간에게 필요한 것은 방향을 수정하는 정도가 아니라 죄책을 제거하는 구원의 길이어야 한다. 그런 까닭에 쉐퍼는 죄책의 해결책이 있다고 말하면서 다음과 같이 기독교와 실존주의 철학의 차이점을 말했다.

> 현대 실존주의 철학자들은 "인간은 저주를 받았다."고 말한다. 그리고 성경도 "인간은 저주를 받았다."고 말한다. 유일한 차이가 있다면, 인간에 대한 실존주의자의 말에는 아무런 희망이 없지만, 감사하게도 성경은 희망을 제시하고 있다는 점이다. 로마서 3장 21-4장 25절에 이르는 내용은 "거부할 수 없는 희망이 있다. 해결책이 있다."라고 말한다.292)

쉐퍼에 의하면, 실존주의자나 기독교가 동일하게 인간이 저주받은 상태라고 말하고 있다. 그렇지만 실존주의자들에게는 아무런 희망이 없지만, 기독교는 희망에 이르는 해결책이 있다. 하나님께서 인간의 죄책을 해결하신 방법은 예수 그리스도의 대속으로 이룬 칭의이다(롬 3:21-23). 죄인에게 필요한 것은 구속이다. 하나님께서는 그리스도의 구속을 우리에게 값없이 주시고 의롭다 하셨다. 우리의 죄책은 그리스도의 계정(account)에 청구되었으며 완전히 지불되었다.293) 칭의는

---

290) 이홍균, "소외론의 시각에서 본 물상화론(Ⅱ): 루카치와 하버마스," **현상과인식** 20:2 (1996): 111.
291) Francis A. Schaeffer, **복음의 진수**, 56.
292) Ibid., 108-109.
293) Francis A. Schaeffer, **기독교 성경관**, 376-377.

하나님께서 죄인을 의롭다 하시는 법정적 선언이다.294) 칭의는 단지 용서만이 아니라 우리가 마치 결코(never) 죄를 짓지 않은 사람처럼 되는 것이다.295)

쉐퍼는 칭의를 말하면서 키르케고르나 신정통주의자들처럼 하나님을 믿는 것이 '신앙의 도약'(leap of faith)이 아니라고 했다. 키르케고르는 아브라함의 이삭 번제 사건을 신앙의 도약으로 말했다. 키르케고르는 신앙의 도약을 말하기 위해 인생의 3단계를 말했다.296) 키르케고르는 자신이 처음으로 쓴 책인 『이것이냐, 저것이냐』(Enten-Eller)에서 인간의 삶을 심미적 단계, 윤리적 단계, 종교적 단계로 말했다.297) 이 세 단계에서 한 단계로의 이동은 논리적 필연으로 일어나는 것이 아니라 개인의 실존적 결단에 의한 도약으로, 다시 말해서, 선택과 결단을 통한 도약으로 이루어진다. 각 단계의 도약에 대한 이해가 없기 때문에 키르케고르의 철학과 기독교 신앙의 혼합이 일어나게 된다.298)

첫 번째는 심미적 단계 혹은 미학적 단계이다. 남녀 간의 사랑을 말하자면, 그 사랑이 이루어지는 것은 우연성이 지배한다.299) 심미적 단계에서 윤리적 단계로 넘어가려면 자기 안에 영원한 것이 있다는 것을 자각해야 한다. 임규정은 실존의 단계들은 현실성이 '영원성이 부가된 현실성'으로 가는 개인의 시도를 의미한다고 말했다.300)

---

294) Francis A. Schaeffer, 복음의 진수, 111.
295) CWFS2, 349.
296) 『이것이냐, 저것이냐』에서는 심미적 단계, 윤리적 단계를, 『불안의 개념』, 『죽음에 이르는 병』, 『공포와 전율』에서는 종교적 실존과 신앙인의 본질 등을 밝히며, 『현대의 비판』에서는 군중과 집단 공공 등에 의해 일간의 수평화에서 나타나는 인간소외 현상을 밝히고, 『철학적 단편』에서는 신과 인간과의 관계를 밝히고 있다.
297) Patrick Gardiner, 73.
298) 이규민, "현세대 청년들을 위한 교육목회의 과제와 방향," 한국기독교신학논총 107 (2018): 249.
299) Sören Aabye Kierkegaard, 공포(恐怖)와 전율(戰慄), 112.
300) 임규정, 321.

두 번째는 윤리적 단계로, 나라의 국익을 위해서 자기 딸을 제물로 바치려고 했던 비극의 영웅인 아가멤논으로 비유했다. 심미적 단계에서는 현실의 심각한 사태를 말하면서 우연히 어떻게 해결될 것으로 생각한다. 윤리적 단계에서, 아가멤논은 나라의 상황을 그의 딸 이피게네이아에게 말하고 그녀의 운명을 말해줌으로써 자신의 윤리적 용기를 발휘했다.301) 심미적 단계에서 윤리적 단계로 넘어가려면 실존적이고자 하는 의지로 가능하다.302)

세 번째는 종교적 단계다. 인간이 윤리적 단계에서 살아가는 자신의 힘은 자기 내면의 힘이다. 그 내면의 힘으로 살아가면 죄의식과 후회를 겪게 되고 끊임없는 체념에 이르게 된다. 그 무한한 자기 체념으로 자신의 영원한 가치를 발견하게 되고 비로소 신앙에 의해 자기 존재를 확인하게 된다는 것이다.303) 자기 체념이라는 것은 자기 자신에 대하여 절망하는 것이다. 그 절망이 하나님 앞에 죄의식으로 나타나고 무한히 절망하게 되고 그리하여 종교적 단계로 들어간다고 보았다.304) 그것은 자신이 진정으로 절망하여 신 앞에 단독자로 서는 것이다.305)

종교적 단계는 윤리적 단계에서 말한 아가멤논이 그의 딸 이피게네이아를 제물로 바치려고 했던 것에서 더 나아가는 단계이다. 키르케고르는 아브라함이 이삭을 제물로 바치는 사건은 윤리적 단계 이상이라고 보았다. 아브라함은 이삭을 제물로 바치게 될 것을 아들인 이삭에게 말할 수 없었다. 키르케고르는 아브라함이 말을 못하는 것을

---

301) Sören Aabye Kierkegaard, **공포와 전율**, 임춘갑 역 (서울: 치우, 2011), 160.
302) 이명곤, "키르케고르: 윤리적 실존의 양상과 사랑의 윤리학," **철학연구** 129 (2014): 175.
303) Sören Aabye Kierkegaard, **공포(恐怖)와 전율(戰慄)**, 83.
304) Ibid., 53.
305) 이명곤, "죽음에 관한 진지한 사유와 죽음의 형이상학적 의미," **철학연구** 131 (2014): 313.

두고 두 가지 운동을 말했다. 하나는 무한운동이다. 무한운동은 아브라함이 체념으로 인해 오는 운동이다. 또한, 그 순간에 아브라함은 믿음의 운동을 했다. 키르케고르는 아브라함의 믿음 운동을 다음과 같이 표현했다.

> 어떤 일이 있어도 일어나지 않을 것이다. 아니면 만일 일어난다고 해도, 주께서는 부조리한 것의 힘을 빌어서 새로운 이삭을 나에게 주실 것이다.306)

키르케고르가 말하는 무한한 체념운동과 믿음 운동이란 아들을 번제로 바치는 일은 일어나지 않을 것이라고 생각하는 것이다. 만일, 번제로 바친다 해도 새로운 이삭을 주실 것이라는 믿음이었다. 문제는 그것을 '부조리한 것의 힘을 빌어서' 준다는 것이다.307)

이와 같은 키르케고르의 실존적 3단계는 인간이 자기 존재와 통일성을 어떻게 확보하는가를 말해준다. 모든 시대, 모든 사람이 생각하는 주제는 결국 인간이 누구냐, 인간이 어떤 존재냐이다. 그 질문이 키르케고르에게 만들어진 것이 실존이다. 실존이란 헤겔 철학의 반감과 비판으로 나왔다. 키르케고르가 보기에 헤겔은 추상만 강조하고 현실(reality)을 소홀히 했다. 키르케고르의 책 중에서, 『두려움과 떨림』(1843), 『불안의 개념』(1844), 『철학적 단편』(1844) 등의 책들은 헤겔 철학에 대한 비판서였다. 헤겔의 사유 세계에서는 보편성만 존재하고 개체성은 존재하지 않았다.

절대정신이 역사를 만들어 간다는 것이 못마땅했던 키르케고르는 개별적 존재만이 참된 존재라고 보았다. 키르케고르는 인간이 참된

---

306) Sören Aabye Kierkegaard, 공포(恐怖)와 전율(戰慄), 212.
307) Ibid.

존재라고 말했다.308) 그 말은 눈에 안 보이는 관념이 아니라 여기 이 현실을 살아가는 인간 개개인이 중요하다는 뜻이다. 그것이 실존이다. 그런 실존을 키르케고르는 단독자라고 말했다.309) 이 단독자의 도약이 키르케고르 사상의 핵심이다. 키르케고르의 단독자는 신의 질서에 저항함으로써 신의 존재를 체험하는 자이다.310) 키르케고르는 사람들에게 '인간이 단독자다', '인간은 하나님 앞에 홀로 서는 단독자다'라는 것을 일깨워주는 것이 목적이라고 생각했다. 키르케고르의 단독자는 바르트에게 고스란히 옮겨졌다.311) 그런 단독자로서 바르트에게 믿음은 모험이었다.312)

쉐퍼의 체계에서 키르케고르의 단독자와 신앙의 도약이 문제가 되는 것은 비역사성이다. 키르케고르에게는 이 천 년 전에 성육신하시고 고난을 받으시고 십자가에 못 박혀 죽으신 예수 그리스도, 그 역사적인 그리스도, 역사적인 진리는 별로 의미가 없다.313) 이 천 년 전에 우리를 구원하기 위해 오신 그 예수께서 실제로 계셨느냐, 안 계셨느냐는 것이 중요한 것이 아니라 인간이 자기 정열로 그리스도를 믿어버리면 된다.314) 키르케고르에게 있어서는 주체성이 진리이기 때문에 자기 정열로 믿을 때 인간이 행복하다.315)

인간이 신앙한다는 것이 중요한 것이 아니라 우리의 신앙의 대상

---

308) 목창균, **현대신학논쟁** (서울: 도서출판 두란노, 1999), 91.
309) 표재명, 90-91.
310) 정항균, "종교적 예외의 반복에서 미학적 창조의 반복으로: 키에르케고르와 니체의 반복 개념 연구," **카프카연구** 19 (2008): 260.
311) Karl Barth, **로마서 강해**, 조남홍 역 (서울: 한들, 1997), 144; 손성현은 '그 개인의 권리, 개인의 무한한 가치'로 번역했으나, 조남홍은 '개인의 권리, 즉 단독자'라고 번역했다.
312) Ibid., 116.
313) Sören Aabye Kierkegaard, **주체적으로 되는 것**, 임규정, 송은재 역 (서울: 지식을 만드는 지식, 2012), 126-128.
314) 이명곤, "키르케고르의 실존적 철학함의 방법론으로서의 '믿음의 역설'," **인간연구** 27 (2014): 62.
315) 한국키에르케고어 학회, **다시 읽는 키에르케고어** (서울: 철학과현실사, 2003), 62-63.

이 되는 하나님이 계신다는 믿음이 성경적인 믿음이다.316) 쉐퍼는 아브라함이 신앙의 도약을 한 것이 아니라 하나님과 언약을 맺었으며, 하나님을 믿고 그 믿음으로 의롭다 함을 받았다고 말했다.317)

반면에, 토니 킴(Tony Kim)은 키르케고르의 『철학의 부스러기』에 나타나는 신앙과 이성의 문제를 말하면서, 역사적 실존으로부터 도약을 감행해야 한다고 말했다. 킴은 그런 도약은 신 존재 증명에서 손을 뗌(letting go)이라고 말하면서 다음과 같이 말했다.

> 신의 실존을 증명하는 합리적 가능성에서 손을 뗀다는 개념은 신에 대한 결정적인 증거인 참된 신앙의 적절성과 비교해 볼 때 모든 신 존재에 대한 이성적 증명들이 부적절하다는 것을 의미한다. 이 책에서 전반에 걸쳐 말했듯이, 클리마쿠스는 세계에 대한 보편적 진리를 획득하는 데 인간 이성이 적절하다고 보는 철학적 생각을 강하게 거부했다. 그는 이성 자체로 참된 진리에 도달할 수 있다는 철학적 낙관주의의 주장에 반대한다. 이성의 적합성을 주장하는 대신에 클리마쿠스가 강력하게 옹호하는 것은 인간을 역사성에서 영원성으로 이행시킬 수 있는 신앙적 선택이다.318)

킴에 의하면, 참된 진리에 이르기 위해서는 신의 존재를 증명하는 합리적 가능성에서 손을 떼야 한다. 손을 떼기 위해서는 역사성을 배제해야 한다. 그런데 만일 역사성이 결여되면 그 신이 예수 그리스도라고 확신할 근거가 없다. 킴도 그것을 다음과 같이 인정했다.

> 우리는 타자를 경험하는 후설의 주체개념은 순수한 지향성 개념이고, 그것은 막연한 추상성임을 지적하였다. 결과적으로 객체(타자)는 추상적 현상이 되며, 인간이 경험하는 순수 타자는 어떤 구체성이나 특수성을 가지고 있지 않다.319)

---

316) Francis A. Schaeffer, 복음의 진수, 129.
317) Ibid., 129-130.
318) Tony Kim, 152-153.

킴에 의하면, 에드문트 후설(Edmund Husserl)의 철학적 개념에서 말하는 그 신이란 구체성과 특수성이 없다. 킴은 키르케고르가 자아와 영원한 주체인 타자와의 관계를 아는 길은 도약이라고 다시 말했다.[320] 킴이 후설의 추상성이나 키르케고르의 도약이나 역사성을 배제한 신은 그 신이 도대체 어떤 신인지 알 수 없는 신이다.

반면에, 쉐퍼는 구원을 말할 때 분명히 예수 그리스도라고 말했다. 쉐퍼가 말하는 신은 구체적이고 확실하다. 쉐퍼는 논의를 통해 행위로 얻는 구원과 은혜로 얻는 구원은 인간이 도덕적인 세계에 사는가 아닌가의 문제를 포함한다고 말했다.[321] 이것은 구원이 우리의 삶에 얼마나 실제적인가를 말해주려는 것이다. 하나님께서는 그리스도의 십자가 대속으로 죄인을 받아 주시면서도 거룩하게 하셨다.[322] 하나님께서는 도덕적인 기준을 낮추지 않으셨다. 과거에서나 지금이나 앞으로도 하나님의 도덕적 기준이 변치 않으신다는 사실로 인해 우리는 계속해서 도덕적인 삶을 살아갈 수 있다. 쉐퍼는 그 사실을 다음과 같이 말했다.

> 이러한 사실 때문에 우리는 모든 죄의 사함을 받고서도 여전히 도덕적인 세계, 즉 도덕적인 절대 가치가 손상되지 않은 세계에서 살아갈 수 있다. 이것이 기독교가 도덕적인 세계라는 문제에 대해 다른 종교가 줄 수 없는 가장 명쾌한 답변을 줄 수 있는 이유다.[323]

쉐퍼에 의하면, 하나님께서 그리스도의 속죄로 우리를 용서하셨으

---

319) Ibid., 154.
320) Ibid.
321) Francis A. Schaeffer, 복음의 진수, 131.
322) *CWFS1*, 218.
323) Francis A. Schaeffer, 복음의 진수, 155.

나 하나님의 공의가 없어진 것이 아니다. 우리가 그리스도의 피로 죄 사함을 받았을지라도 하나님의 완전한 도덕적 성품은 그대로이다. 누구도 행위로 의롭다 함을 받을 수 없다. 오직 믿음으로만 의롭다 함을 받는다. 아담은 죄를 지은 후에 자신을 의롭게 하기 위해 선한 일을 할 수 없었다. 하나님께서 도덕적 기준을 낮추지 않으셨기 때문이다.324)

그러므로 쉐퍼에게 있어서 성경이 말하는 구원은 종교적 도약의 결과가 아니다.325) 우리가 그리스도를 믿을 때 우리는 즉각 하나님의 양자가 되며 그리스도와 연합된다. 뿐만 아니라 성령이 우리 안에 내주하시며 우리의 믿음을 절대로 잃어버리지 않도록 견인해 가신다.326)

---

324) Ibid., 131-132.
325) Ibid., 135.
326) *CWFS2*, 358.

2.3. 기독교 예술에서의 도약 반대

성경에도 예술이 있다. 시편에는 시가 있고 찬송이 있다. 쉐퍼는 기독교가 종교적인 일로만 초점을 맞출 것이 아니라 예술과 문화에 대해서 어떠해야 하는지를 말해주려고 했다. 기독교인들이 예술을 지엽적인 경우로 무시하는 경향이 있기 때문이다. 쉐퍼는 그와 같은 일이 일어나는 이유가 그리스도의 주권에 관한 개념이 오해되었기 때문이며, 그로 인해 성경이 제공하는 우리 자신과 문화에 대한 '부요한 지식'을 가지지 못하게 되었다고 말했다.327) 그 결과 그리스도의 주되심이 사적인 영역에만 머무르고 있고 정치, 경제, 사회, 문화, 예술의 영역에서는 멀어지고 있다.

쉐퍼는 기독교인들이 예술의 영역에 관심을 가져야 하는 이유를 그리스도의 주되심이 모든 영역에 미치기 때문이라고 보았다. 쉐퍼는 기독교인들이 그리스도의 주되심을 말하면서도, "그 영역을 현실의 아주 작은 부분으로 좁혀 놓았다."328)고 말했다. 따라서 쉐퍼는 그리스도의 주권을 강조하면서 기독교인들도 하나님의 영광을 위해 예술에 대한 관심을 가져야 한다고 말했다.329)

그리스도의 주권은 예술의 영역도 포함하고 있다. 쉐퍼의 진술에서 아쉬운 점이 발견된다. 그리스도의 주권이 예술의 영역에도 미친다고 말할 것만이 아니라 예술이 어떤 의미가 있는지에 대해서도 말해주었어야 했다. 쉐퍼의 체계에서 보자면, 인간은 자율적인 존재가 아니라 하나님으로부터 의미와 통일성을 누리는 존재이다. 그런 관점에서 쉐퍼는 예술에 대하여 좀 더 분명한 진술을 했더라면 좋았을 것이다. 쉐퍼의 이런 진술은 예술이 의미와 통일성을 구하기 위해 상층

---

327) Francis A. Schaeffer, **예술과 성경**, 김진홍 역 (서울: 생명의말씀사. 2001), 7-8.
328) Ibid.
329) Francis A. Schaeffer, **기독교 성경관**, 문석호 역 (고양: 크리스챤다이제스트, 1994), 407-408.

부로 도약하는 수단이 되는 것이 아니라 예술을 통해 의미와 통일성을 공급받고 누리는 수단이 될 수 있다는 것을 의미하기 때문이다. 그리스도의 주권이 미친다는 원론적인 주장도 중요하지만, 실제적인 의미에서 예술이 도약의 수단만이 아니라 누림의 수단이라는 명확한 선언이 필요한 것이다.

    쉐퍼가 기독교인의 삶에 그리스도의 주권을 말하는 이유는 기독교 안에는 플라톤적으로 육체와 영혼 사이의 이분법이 없기 때문이다. 기독교 안에 이분법이 없다는 것은 플라톤적 사상의 중심인 이원론은 성경적이 아니라는 뜻이다. 현재의 삶이 그리스도의 주권 하에 있기 때문에 삶 속에서 예술의 위치를 이해하는 것이 그리스도의 주권을 인정하는 실제적인 내용이다. 기독교는 "존재하는 것에 대한 진리이고, 모든 삶을 살아가는 전인의 전영역에 대해서 진리이기 때문이다."[330] 그리스도의 구원을 받고 성령의 인도하심 속에 성경의 규범대로 살아간다면 기독교인들은 예술에 대해 관심을 가져야 한다. 쉐퍼는 예술 작품 자체가 하나님의 영광을 위한 영광송이 될 수 있다고 보았다. 쉐퍼의 체계로 보면 예술 작품은 하층부와 상층부가 분리 없이 통일성을 이룰 수 있다.

    그리스도의 주권과 예술의 영역에 대한 관심은 성경이 인간의 존재에 대하여 어떤 관점으로 말하는가로 시작한다. 성경은 인간을 전인(全人)으로 말하며, 플라톤적 이분법으로 세상과 인간을 바라보지 않는다. 쉐퍼는 "영혼뿐만 아니라 육체도 하나님께서 만드셨으며, 구원은 영혼과 육체를 지닌 전인(全人)을 위한 것이다."라고 말했다.[331]

---

[330] Ibid., 407.
[331] Schaeffer A. Francis, *The Complete Works of Francis A Schaeffer A Christian Worldview Vol. II, 2d ed. A Christians view of The Bible as Truth* (Wheaton, Illinois: Crossway Books, 1991), 375-376; 이하 *CWFS2*로 표기한다.

따라서 기독교 진리는 '전인을 위한 것'이기 때문에 영육간의 분리가 없다.332) 하나님께서 하나님의 형상대로 사람을 창조하셨으며, 창세기 2장 7절이 강조하는 것은 몸과 영이 상반된다는 것이 아니라 "의식 있는 생명을 지닌 생명체로 창조하셨다."는 것이다.333) 하나님께서는 영혼만 아니라 몸도 만드셨다. 그러므로 구원은 몸과 영혼을 다 포함하는 전인(全人)을 위한 것이다.334)

반면에, 플라톤은 『파이돈』에서 육체를 감옥으로 묘사했으며, 몸의 감각들은 부정확하여 순수한 상태를 추구하는 일에 방해가 된다고 말했다.335) 따라서 철학자의 삶이란 육체로부터 할 수 있는 한 "멀리 떨어져 영혼으로 향하는 것이다."336) 플라톤은 실재를 감각의 세계와 정신의 세계로 나누었으며, 동굴의 비유를 통해 두 세계를 설명했다. 플라톤의 두 세계에 대한 주장은 참된 지식이란 불가능하다는 소피스트(sophist)의 회의주의에 대한 반론이었다.337)

플라톤에게 있어서 실재적 대상에 비하면 그림자는 매우 열등한 것이다. 플라톤의 이분법은 플라톤 당대의 철학자의 삶의 형식을 보여준다.338) 플라톤은 "인간이 경험하는 우주는 본질상 불완전한 것이며, 그 속에는 악이 들어 있다."고 보았다.339) 플라톤의 이분법은 육은 악하고 영은 거룩하다고 보며 육체를 영혼의 감옥으로 여긴다. 플라톤은 이데아의 세계는 완전하나 이 현실의 세계를 불완전하다고 생

---

332) Francis A. Schaeffer, 41.
333) Ibid.
334) Francis A. Schaeffer, **기독교 성경관**, 406.
335) 윤미정, 황경숙, "『파이돈』, 『파이드로스』와 『국가』를 통해 본 플라톤의 신체와 영혼의 가치 이원적 관계," **움직임의 철학** 19:1 (2011): 179.
336) Ibid., 180.
337) Samuel Enoch Stumpf, James Fieser, **소크라테스에서 포스트모더니즘까지**, 이광래 역 (서울: 열린책들, 2017), 93.
338) Julian Marias, **철학으로서의 철학사**, 강유원, 박수민 역 (파주: 도서출판유유, 2016), 97.
339) Richard Lewis Nettleship, **플라톤의 국가론 강의**, 김안중, 홍은경 역 (파주: 교육과학사, 2013), 96.

각했다.340) 그런 까닭에, 플라톤은 『파이돈』에서 신이 육체를 가지는 것은 인간이 지어낸 허구에 불과하다고 보았다.341)

반면에, 성경은 전인(全人)으로서의 인간을 말하기 때문에 어느 한쪽이 열등하거나 악하다고 말하지 않는다. 그리스도의 주권은 몸에도 영혼에도 동일하게 미치므로 예술이 가능하다. 쉐퍼는 다음과 같은 네 가지 점을 말하면서 기독교인의 삶에서 예술에 대한 관심을 가져야 한다고 촉구했다.

1. 하나님은 전인을 만드셨다.
2. 그리스도 안에서 전인(全人)이 구속함을 받는다.
3. 그리스도는 지금 전인의 주님이시며 그리스도인의 생활 전반에 대하여 주님이 되신다.
4. 장차 그리스도께서 다시 오실 때 육체는 죽은 자들 가운데서 일어날 것이며 전인이 온전한 구원을 얻을 것이다.342)

쉐퍼는 하나님께서 전인을 만드셨고, 그리스도 안에서 전인이 구속함을 받는다고 말했다. 이처럼 쉐퍼가 전인으로서의 인간을 말하는 이유는 그리스도의 주권이 인간의 전영역에 미치고 있다고 주장하기 위함이다.

전인의 기초는 인간이 하나님의 형상으로 창조되었다는 사실에 있다. 인간이 그리스도의 공로로 구원받을 때 영혼만 구원 얻는 것이 아니라 육체도 함께 구원받는다(고전 15:53-54). 그런 까닭에, 그리스도의 주권은 인간의 전인에 영향을 미친다.343)

쉐퍼는 그리스도의 주되심은 문화 전체를 포함한다는 것을 말하기

---

340) 남경태, **누구나 한번쯤 철학을 생각한다** (서울: Humanist, 2012), 81.
341) Richard Lewis Nettleship, 98.
342) Francis A. Schaeffer, **예술과 성경**, 8.
343) Francis A. Schaeffer, **기독교 성경관**, 406.

위해 프란시스 베이컨(Francis Bacon)을 예로 말했다.344) 권혁봉은 "전인사상과 그리스도의 주되심에 대한 이해 부족으로 복음주의자들이 예술을 편협 되게 적용했다."는 쉐퍼의 핵심을 잘 말했다.345) 베이컨은 이성적인 하나님에 의해서 세계가 창조되었다면 인간의 이성으로 우주의 진리를 추구할 수 있다고 생각했다.346)

쉐퍼의 문화에 대한 관점은 기독교 예술에 대한 가능성을 더욱 확실하게 한다. 로마노프스키(W. D. Romanowski)는 문화를 긍정적으로 여기고 대화로 사람들을 이끌어갈 수 있다고 보았다. 특히, 로마노프스키가 대중예술과 고급예술로 구분하는 것은 편견이라고 지적한 것은 옳은 일이다.347) 쉐퍼는 문화의 가능성이 종교개혁에 있음을 천명했다. 종교개혁은 인간을 프로그램화된 인간이 아니라 역사 속의 의미 있는 존엄한 인간으로 세웠기 때문이다. 20세기의 인간은 결정론적 입장을 취하지만 종교개혁은 하나님의 형상대로 창조된 인간을 말했다. 아담은 프로그램화된 인간이 아니라 하나님과 인간 사이의 교제가 있는 인격적인 존재이다.348) 심지어 인간이 타락했을지라도 인간은 기계가 된 것이 아니다.349) 이로써 쉐퍼는 기독교 예술의 근거를 확실하게 마련했다.

쉐퍼는 성경에서 예술이 어떻게 나타나 있는지를 보여주려고 했다. 쉐퍼는 십계명으로 인해 예술이 금지된 것이 아니라고 말했다.350) 쉐퍼는 하나님께서 시내산에서 십계명을 주시고, 그 당시 조형예술의

---

344) Ibid., 407.
345) 권혁봉, "프란시스 쉐퍼(Francis A. Schaeffer)의 藝術理解에 對한 考察," 침신논문집 3 (1980): 121.
346) Francis A. Schaeffer, 예술과 성경, 10.
347) 신웅철, "기독교적 예술비평의 제문제: F. A. 쉐퍼와 W. D. 로마노프스키의 견해를 중심으로," 대동철학 34 (2006): 210.
348) Francis A. Schaeffer, 50.
349) Francis A. Schaeffer, 복음의 진수, 47.
350) Francis A. Schaeffer, 기독교 성경관, 408.

양식을 포함한 성막을 짓도록 명하신 사실에 근거해서 말했다.351) 하나님께서는 성막 공사에 필요한 양식을 세부적으로 가르쳐 주셨다. 중요한 사실은 십계명을 주신 바로 그 하나님께서 성막의 양식을 주셨다는 것이다. 성막은 브살렐과 오홀리압의 정교한 예술적 능력이 발휘된 예술 작품(a work of art)이었다.352) 그 두 사람의 지혜는 하나님으로부터 온 것이었다(출 36:2).

우리가 성경을 거룩한 책으로 읽을 때 잘못 생각하는 것은 하나님의 말씀을 우리의 삶과 관련 없는 상층부의 상황인 것처럼 여기는 것이다. 하나님께서 십계명과 함께 예술 작품을 만들도록 명령하셨을 때 천사가 나타나서 만들어 주지 않았다는 것을 기억해야 한다. 하나님으로부터 모세가 명령을 받았을 때 그런 예술 작품을 만들 수 있는 예술가가 만들었다. 그 예술가도 기도했을 때 하늘에서 예술 작품이 내려온 것이 아니었다. 예술가는 재료를 구하고 기술적인 문제로 씨름하면서 하나님의 명령을 완수했다.

성전 역시 인간이 고안한 것이 아니라 하나님으로부터 받은 양식대로 지은 것이었다(대상 28:11-12, 19). 하나님으로부터 성전의 양식을 받았을 때 다윗은 종교적 도약으로 경험한 것이 아니었다. 다윗은 사무엘로부터 기름부음을 받고 골리앗을 물리치고 사울을 피해 다녔다. 지금의 왕위에까지 이르는 동안 하나님을 알고 하나님의 말씀을 순종할 때 일어나는 결과들을 경험했다. 그것은 상층부의 종교적 경험이 아니라 살아계신 하나님과의 인격적인 관계 속에서 주어지는 경험이었다. 그 경험 속에는 성전공사 양식에 대한 명세적인 계시가 포함되어 있었다.353)

---

351) Ibid., 409.
352) *CWFS2*, 379.

이것은 세상 예술에서 도약이 일어나는 것과는 다르다. 성경의 예술가들은 자기의 작품 속에서 보편자를 그려내기 위해 씨름할 필요가 없었다. 성경의 예술가들은 자신의 존재와 의미에 대하여 하나님으로부터 부여받고 있었다. 그들은 보편자를 찾기 위해 신비적인 방법에 의존하거나 종교적 도약을 행하지 않아도 되었다. 브살렐과 오홀리압은 하나님으로부터 지혜를 얻었다(출 36:2). 그 두 사람은 쉐퍼가 말하는 절망의 선 아래에서 상층부로 도약하려고 애쓰지 않았기 때문에 예술 작업을 하면서도 여호와께서 명하신 대로 다행할 수 있었다.354)

쉐퍼는 예술의 타당성과 성경에서 예술이 어떻게 표현되어 있는지 말한 후에 세속예술에 대해 말했다. 쉐퍼는 "예술은 모두 하나님이 명하신 것이었기 때문에 종교적 주제들이 예술에 필수적이지 않다."고 말했다.355) 기독교 예술이라도 그 내용상으로 반드시 종교적 주제일 필요가 없다. 세속 예술품으로 종교적 주제를 예술로 표현할 수 있다는 뜻이다. 쉐퍼는 그 증거로 열왕기상 10장에 나오는 솔로몬의 보좌를 말했다. 솔로몬의 보좌 양편에는 두 사자가 하나씩 있었으며, 층계 좌우편에는 열두 사자가 있었다. 그 사자 형상들은 솔로몬의 보좌를 웅장하고 멋지게 만들었다. 세속 예술품으로 만들어진 솔로몬의 보좌는 전체가 하나의 예술 작품이었다.356)

한편, 쉐퍼는 기독교 예술을 더 확정하기 위하여 예수님께서 어떻게 예술을 사용하셨는지를 말했다.357) 예수님께서는 민수기에 나오는 광야의 불뱀 사건(민 21장)을 인용하셨다. 예수님께서는 그 사건을 통

---

353) Francis A. Schaeffer, **기독교 성경관**, 411.
354) 42 여호와께서 모세에게 명하신 대로 이스라엘 자손이 모든 역사를 필하매 43 모세가 그 필한 모든 것을 본즉 여호와께서 명하신 대로 되었으므로 그들에게 축복하였더라(출 39:42-43)
355) Francis A. Schaeffer, **기독교 성경관**, 413.
356) Francis A. Schaeffer, **예술과 성경**, 19.
357) *CWFS2*, 384.

해 구리뱀이라는 예술 작품으로 예수님의 십자가 사건에 대한 예표로 사용하셨다. 쉐퍼는 히스기야가 놋뱀을 깨뜨린 것에 대한 오해를 말했다. 히스기야가 놋뱀을 부순 것은(왕하 18:4) 놋뱀이 예술 작품이라서가 아니라 우상으로 숭배했기 때문이다. 쉐퍼는 이런 사실에 근거하여 조형예술 자체가 기독교 예술에 문제가 되는 것이 아니라 잘못 사용하는 것이 문제라고 보았던 것이다.[358]

쉐퍼는 조형예술만이 아니라 다른 형태의 예술인 시(詩)에 대해서도 말했다. 쉐퍼는 다윗의 시를 말하면서 다윗이 성령의 감동을 받아 시를 썼으며 하나님께서 시를 멸시하지 않으신다고 했다.[359] 성경의 시(詩)는 일종의 종교적 도약이 아니다. 쉐퍼가 말하는 시는 그리스 신화에 나오는 예술의 신인 뮤즈에게 사로잡혀서 인간다움이 사라지는 시가 아니다. 그가 말하는 시는 하이데거가 신의 번개로 성스러움을 노래한 시인의 시도 아니다.[360] 다윗이 성령의 감동을 받아서 시를 썼을지라도 다윗의 인간다움(mannishness)이 사라지는 것이 아니다. 다윗은 시를 쓰고 작곡도 하며 자신만의 악기를 연주했다. 쉐퍼의 견해대로 보자면, 다윗의 시는 접신(接神)으로 자기를 상실한 상태로 기록한 것이 아니다. 뿐만 아니라, 인간은 뮤즈의 지시를 그대로 받아 적은 기계가 아니다. 성경의 시는 한 사람이 인격체로서 하나님과 교제하며 통일성이 유지되고 있었다는 것을 말해준다.

쉐퍼는 수백만 달러가 드는 미술관을 건립하는 이유가 다만 아름다운 것을 보관하려는 것만이 아니라 '인간 자신의 인간 됨을 표현하

---

[358] Ibid.
[359] Francis A. Schaeffer, **기독교 성경관**, 415; 김진홍은 '예술의 신'(예술과 성경, 22)이라고 번역했다. 그러나 본 연구자는 문석호의 번역과 김진홍의 번역을 절충하여 '예술의 신 뮤즈'라고 번역하는 것이 쉐퍼의 의도에 적합하다고 생각한다.
[360] 김동규, **철학의 모비딕**, 129.

는 것'이라고 했다.361) 반면에 쉐퍼는 현대 예술가들이 예술 자체의 가치를 잊어버린 것은 현대인의 상실한 모습의 일부라고 말했다.362) 예술 작품은 인간 됨을 표현하는 것이며, 작품 그 자체로서 가치가 있다. 쉐퍼는 예술의 창조성을 말하기 위해 이러한 말을 했다. 그가 말하는 창조성은 무에서 유를 만들어 내는 것이 아니라 이미 주어진 무엇으로 새로운 것을 만드는 것이다. 인간의 손으로 만들어 낸 것이기 때문에 거기에는 인간 됨이 고스란히 반영되어 있다.

여기에는 예술 작품에 대한 쉐퍼의 세 가지 견해에 대한 고려에서 나온 것이다. 그 세 가지 견해 중에서, 쉐퍼는 예술가가 예술 작품을 만들면 예술가의 작품들이 자신의 세계관을 보여준다고 말했다.363) 쉐퍼가 플로렌스의 신플라톤주의 화가 레오나르도 다 빈치를 말했던 것을 생각하면 그 의미가 드러난다. 다 빈치는 단순히 예술을 위한 예술로 그림을 그리지 않았다. 다 빈치는 보편자(the universal)를 그리려고 했으나 결코 성공하지 못했다.364) 쉐퍼는 피카소(Pablo Picasso)도 예술을 위한 예술 활동을 한 것이 아니라 자신만의 철학으로 그림을 그렸다고 말했다.

결론적으로, 쉐퍼는 "그리스도인의 삶은 예술 작품이 되어야 한다."고 말했다.365) 쉐퍼의 이 말은 성전의 성물이 예술 작품이라고 말한 것과 연관해서 살펴볼 필요가 있다.366) 쉐퍼는 더 나아가 성전에 사용된 모든 예술이 '함께 하나의 통일체'를 이루었으며,367) 성전은

---

361) Francis A. Schaeffer, **예술과 성경**, 35.
362) Ibid.
363) *CWFS2*, 396.
364) *CWFS1*, 214-216; 김영재는 "그가 이에 성공하지 못한 것은 말할 필요도 없다."고 번역했지만, 영어 원문에는 "He never succeeded."라고 되어 있어서 쉐퍼는 레오나르도 다빈치가 보편자를 그려내는데 완전히 실패했다는 것을 강조했다.
365) Francis A. Schaeffer, **기독교 성경관**, 445.
366) *CWFS2*, 379.

'하나님을 찬양하는 완전히 통일된 예술 작품'이라고 극찬했다.[368]

성전의 성물과 성도의 삶에는 일종의 유비가 있다. 성도는 종교적인 일에도 관심을 가져야 하지만 살아가는 현실의 삶도 하나의 예술 작품이 되어야 한다. 쉐퍼는 "기독교 예술은 한 기독교인 개인의 삶 전체의 표현이다."라고 말했다.[369] 그런 삶을 위해 쉐퍼는 예술과 문화에 대해 무시해서는 안 된다고 주장했다.[370] 대개 기독교인들은 예술을 인생에 있어서 지엽적인 영역으로 무시하는 경향성이 있다. 그리스도의 주권을 강조하면서도 자신의 삶과 예술과 문화에 대해서는 부요하지 못한 것이다.

그러나 쉐퍼는 우리가 그리스도의 주권과 성경의 규범으로 살아간다면 진리만 추구할 것이 아니라 미(美)도 낳아야 한다고 주장했다.[371] 삶 자체가 예술 작품이 되면 삶 자체가 가치 있게 된다. 기독교인은 종교적 주제와 비종교적 주제로 예술 활동을 하면서 전인(全人)을 가치 있게 여기는 기독교 세계관을 나타낼 수 있다. 예술 작품은 세계관이 반영되기 때문에 합리성을 중시하면서도 하나님과 인격적인 관계 속에서 안정된 삶을 살아간다는 것을 예술로 나타내어야 한다.

RPTMINISTRIES
http://www.esesang91.com

---

367) Francis A. Schaeffer, **예술과 성경**, 27.
368) Ibid.
369) Ibid., 60.
370) Francis A. Schaeffer, **기독교 성경관**, 407-408.
371) Ibid., 422.

3. 영성관과 도약 반대
3.1. 하나님의 백성으로서의 도약 반대

쉐퍼의 영성관은 합리성을 배제하고 상층부의 경험을 추구하는 것이 아니라 삶의 현실을 기독교인답게 살아가는 것이다. 그런 까닭에, 쉐퍼는 자신의 영성관을 "작은 자는 없다."는 제목으로 시작했다.372) 하나님 앞에서는 작은 자도 없으며 작은 자리도 없다는 것이다. 쉐퍼는 다음과 같이 말했다.

"그리스도인이 된다는 것은 놀라운 일이다. 그러나 나는 너무나 보잘 것 없는 사람이고 자질—또는 힘 또는 정신력 또는 지식—이 한계가 되기 때문에 내가 하는 것은 정말 중요하지가 않아."라고 생각한다. 그러나 성경은 이와는 전혀 다르게 말한다. 하나님에게는 작은 자란 없다.373)

위의 글에서 볼 수 있듯이 하나님에게는 작은 자는 없다. 따라서 쉐퍼 자신이 기독교인의 삶의 문제를 고민할 때 위로가 된 것은 모세의 지팡이였다. 그 위로의 비밀은 "모세의 지팡이는 하나님의 지팡이가 되었다."는 데 있었다.374) 모세의 지팡이는 죽은 막대기였으나 하나님께서 그 막대기를 사용하셨다. 나는 하나님의 나가 될 때 하나님의 손안에서 유용하게 사용될 수 있다. 참된 영적인 의미에서 중요한 것은 하나님께 참으로 성별 된 자이다. 영적인 차원에서는 성별 된 사람이냐 성별되지 않은 사람이냐의 구별만 있다.375) 이것은 쉐퍼의 체계에서 이의를 제기해 왔던 개별자의 자율성과 매우 대조되는 삶의

---
372) Ibid., 19.
373) Ibid.
374) Ibid., 20.
375) *CWFS3*, 8. "The Scripture emphasizes that much can come from little if the little is truly consecrated to God. There are no little people and no big people in the true spiritual sense, but only consecrated and unconsecrated people. The problem for each of us is applying this truth to ourselves: is Francis Schaeffer the Francis Schaeffer of God?"

방식이다. 보편자를 상실한 개별자는 기계가 되어버리고 만다. 기계가 된 인간은 결정론에서 벗어나지 못한다. 인간의 삶에는 자유가 없고 상층부는 아무것도 없다.376) 상층부가 제거된 인간은 삶의 의미와 통일성을 받지 못하기 때문에 그 허무함과 비참함을 이겨낼 수 없다. 결국, 어떤 형태로든지 도약이 일어나게 된다.

쉐퍼는 기독교인에게는 작은 자도 없으며 작은 자리도 없다고 말했다. 인간은 욕망하며 군림하려고 하나 기독교인이 되었다면 겸손히 섬기는 자가 되어야 한다. 교회에서 섬김이 가능한 것은 교회는 직분의 관계가 우선이 아니라 형제자매의 관계이기 때문이다. 교회는 직분이 권위로 작동하는 조직이 아니라 모든 사람이 형제자매의 권위로 주님 앞에서 동등하다. 이 대목에서 쉐퍼가 예수 그리스도를 선생(Master)으로 말한 부분은 주목할 만하다.377) 그가 주(Lord)가 아니라 선생(Master)이라고 말한 것은 문맥상으로 볼 때 기독교인들은 평등한 관계라는 것을 말하기 위함이다.378)

쉐퍼가 보기에 20세기의 미국인 기독교인은 내가 성별 된다면 수많은 사람과 돈이 필연적으로 따라온다는 잘못된 병(syndrome)에 걸려 있었다. 하나님께서는 성공의 크기와 영적 권능이 비례한다고 말하지 않으신다. 큰일과 큰 자리를 강조하는 것은 육(肉)에 속한 것이다. 육에 속한다는 것은 "중생하지 못한 이기적이고 자아 중심적인 예전의 나의 소리에 귀를 기울이는 것"이다.379) 영에 속한 생각은 예수님께서 서 계신 자리로 부름을 받는다는 것이다. 세상은 군림하는

---

376) Francis A. Schaeffer, **이성에서의 도피**, 46.
377) *CWFS3*, 10.
378) Francis A. Schaeffer, **기독교 영성관**, 24-25; 박문재는 성경번역에서는 '선생'으로 번역하고, 쉐퍼의 책에서는 '주님'(Master)로 번역했다.
379) Ibid., 23.

자리를 원하지만, 기독교인은 섬김의 자리로 부름을 받는다. 그러므로 쉐퍼의 영성관에는 섬김과 겸손이 먼저 자리를 잡고 있다.

성도가 겸손과 섬김으로 살아갈 수 있는 근거는 하나님의 일하심에 있다. 쉐퍼는 하나님의 일하심을 '하나님의 손'으로 비유했다.380) 하나님께서는 초월적이면서도 내재하신다. 하나님께서는 외부세계를 창조하셨기 때문에 외부에 갇혀 있지 않으시며, 우리와 아무 상관 없는 철학적 타자(philosophic other)이거나 인격이 없는 그 무엇(impersonal everything)이 아니다. 쉐퍼는 하나님께서 만물을 창조하셨으며 우주의 모든 부분에 임재하고 역사하신다고 말했다.381) 하나님께서는 우주를 인과관계의 원리 속에 운행되도록 지으셨으나 그 우주는 전적으로 폐쇄된 체계가 아니다. 자연은 획일적으로 통제되는 것이 아니라 인과관계에 얽매이지 않는 하나님의 손길에 의해 움직여진다. 우주는 하나의 기계장치로 만들어졌으나 그 기계장치는 하나님의 손길로 만들어졌기 때문에 하나님께서 원하실 때는 기계장치에 개입하실 수 있다.

그런 까닭에, 하나님의 백성들에게는 도약이 일어나지 않는다. 기독교인들에게 하나님은 철학적 절대 타자가 아니며 무인격의 썸씽(something)이 아니라 우주를 창조하시고 그 우주에 역사하시는 하나님이시기 때문이다. 성경의 하나님은 "창조하시고 보존하시고 징계하시고 백성들을 돌보시며 보호하시는 하나님"이시다.382) 그 하나님께서는 명제적인 의사전달을 통해서 자기 백성을 초청하신다. 역사 속에 행하시는 하나님께서 계속해서 하나님의 손으로 역사하시는 이유

---

380) Ibid., 31.
381) Ibid., 33.
382) Ibid., 42.

는 패역한 자리에서 하나님께 돌아오도록 초청하기 위함이다.

기독교는 인간이 종교적 도약과 실존적 도약으로 상정된 썸씽(something)을 찾아가는 것이 아니라. 기독교는 하나님께서 시공간의 역사에 일하심으로 자기 백성을 부르신다는 것을 믿고 고백한다. 하나님께서는 광야에서 모세를 부르셨고 다메섹 도상에서 사울을 부르셨다. 하나님께서 자기 백성을 부르실 때 하늘나라의 언어가 아니라 일상적인 언어를 사용하셨다. 쉐퍼는 하나님께서 원하시면 언제든지 인간의 삶에 역사하실 수 있는 확증으로 보았다.383)

쉐퍼는 성경이 우리에게 얼마나 현실적인지를 말했다. 쉐퍼는 많은 현대인이 도약으로 진리에 이르려고 하거나 도약으로 종교적 체험을 얻으려고 하는 것과 다르다는 것을 보여주고 싶었다. 그것은 세상의 딜레마를 말하며, 성경은 막연한 기대를 가지고 살아가는 현대의 낭만주의처럼 허공에 걸린 소망이 아니다. 성경이 현실적이라는 의미는 인간에 대한 존재적 관점의 솔직함을 말한다. 인간은 언제나 '나는 누구인가?'라는 자기 존재의 해명을 구하는 질문을 해 왔다. 성경은 그 질문에 대하여 인간은 죄인이며 구원자를 필요로 한다고 말한다. 성경은 존재적으로도 죄인이며 삶으로도 죄가 있다는 것을 말한다. 인간은 현실에서 죄를 짓는 존재라는 것을 결코 부정할 수 없다. 기독교는 성경에 근거하여 인간이 죄인이라고 해서 인간을 다만 물질과 우연의 산물이라고 냉소적으로 보지 않으며 낭만적으로 과대평가하지도 않는다. 심지어 예수 그리스도를 믿은 이후에라도 인간은 완전한 존재가 아니다.

쉐퍼는 인간이 그런 존재와 삶을 직시한다면 기독교인들이 걷는

---

383) Ibid., 35.

길은 '진창길'이라고 말했다.384) 그가 말하는 진창길이라는 의미는 인간이 하나님께 반기를 들었으며 세상의 영이 인간을 지배하고 있다는 것이다. 인간은 반율법으로 하나님께 반기를 들었다. 쉐퍼는 그 반기를 두 가지로 말했다. 첫 번째 반기는 인본주의(Humanism)이며, 인간을 모든 중심에 놓고 인간을 가치 판단의 기준으로 삼는 것이다. 두 번째 반기는 합리주의(rationalism)이며, 자기 자신으로부터 만들어지는 지식만을 수용하는 것이다. 인간이 모든 것의 중심이 되며, 한 개인이 모든 것의 중심에 나(Me)를 놓고 살아간다.

쉐퍼는 오늘날 세상의 영을 철학적으로 두 가지를 말했다. 첫 번째로, 사람들은 절대와 보편에 대한 소망을 포기하고 종합에 기대를 걸었으며, 두 번째로, 현대인들이 이성을 가치와 의미와 목적에서 분리해 버린 이분법으로 사는 것이다. 지금은 르네상스 시대와는 비교할 수 없이 다른 시대를 살아가고 있다. 쉐퍼는 어느 영역에도 예외 없이 심각한 양상을 보이고 있다는 것을 말했다. 그런 까닭에, 쉐퍼는 "진정한 싸움은 사상계에 있다."고 말했다.385)

현시대의 사상계를 가장 잘 반영하는 것은 현대 예술이다. 현대 예술은 진리를 포함하여 모든 것이 유동적(flux)이라고 말한다. 쉐퍼는 그 대표적인 예로, 옵 아트(Op art)와 팝 아트(pop art)를 말하고 있다. 옵 아트는 우리 눈으로 보는 것을 신뢰할 수 없다고 말하며, 팝 아트는 순간의 경험이 중요한 것이라고 말한다. 음악에서는 존 케이지(John Cage)를 말할 수 있다. 케이지는 모든 것은 우연의 산물이기에 음악 역시 우연에 의해(by chance) 작곡되어야 한다고 본다. 현대 무용도 모든 것이 우연히 존재한다고 여기기 때문에 무용을 하는 개

---

384) *CWFS3*, 53.
385) Francis A. Schaeffer, **쉐퍼의 명설교**, 전호진 역 (서울: 생명의말씀사, 1995), 81.

개인이 분쇄되어 버린다(crushed out).386) 현대신학은 규범적인 성경이란 존재하지 않으며, 절대는 없다고 말한다. 남은 것은 절대는 없다고 말하는 절대만 절대이다.

쉐퍼는 "절대라는 것이 없는 현대인들은 모든 측면의 도덕을 부패시켜서 향락주의와 상대주의를 규범으로 삼고 있다."고 말했다.387) 상대주의의 영향으로 현대에는 도덕 규범이 없고 상황 윤리가 지배하고 있다. 절대라는 것이 없기 때문에 오늘날에는 옳고 그름을 말할 수 있는 규범이 없다. 젊은 세대들이 이전 세대의 도덕적 위선을 감지하고 이상주의(idealism)로 나갔으나 그 안에 규범이 없기 때문에 실패했다. 반 고흐(Vincent Van Gogh)는 남부 프랑스에서 공동체를 만들고 이상주의를 이루어 보려고 했으나 실패했다.

조셉 플레처(Joseph Fletcher)는 "상황 윤리학자는 '사랑'이 필요할 때는 도덕의 법칙을 따르거나 또는 무시하게도 된다."고 말했다.388) 플레처는 정언명법에 따르는 것이 아니라 상황에 적합한가 아닌가를 문제 삼았다. 플레처는 상황 윤리학은 자유를 보편화시키는 것을 목적으로 삼았다.389) 그러나 가톨릭 신약학자인 프란츠 배클러(Franz Böckle)는 개체를 위한 윤리성에 가능성을 넓게 열어주면서도 "상황을 빙자하여 보편적 규범에서 벗어나려는 시도"가 되어서는 안 된다고 말했다.390) 또 다른 가톨릭 신학자인 버나드 헤링(Bernhard Häring)은 상황 윤리의 문제점을 논하는 열쇠 질문을 "그리스도교 윤리에 절대 정언(Absolutes)이라는 것들이 있느냐? 있다면 그것이 무

---

386) *CWFS3*, 54.
387) Francis A. Schaeffer, **기독교 영성관**, 73-74.
388) Joseph Fletcher, **새로운 도덕 상황윤리**, 이희숙 역 (서울: 종로서적출판주식회사, 1989), 12.
389) Ibid., 68.
390) Franz Böckle, "상황윤리," 박정일 역, **신학전망** 18 (1972): 61.

엇이냐?"라고 질문했다.391) 그 질문에 대해 첫째는, 하나님의 계명이며, 둘째는 성서의 죄목이라고 답했다.392) 놀랍게도 플레처는 상황 윤리를 말하면서 도약과 함께 다음과 같이 말했다.

> '신앙의 비약'이란 사상의 비약이라기보다는 행동의 결단이다. 왜냐하면 신앙은 인간이 어떻게 살 것인가를 스스로 결정하게 되는 가설(假設)이기 때문이다.393)

플레처에 의하면, 상황 윤리는 신앙의 도약 현재화라고 볼 수 있다. 상황 윤리자들에게 인간으로 하여금 결정을 내리게 하는 규범은 오직 사랑이며, 사랑은 수단을 정당화한다. 그러면서도 플레처가 기독교 상황 윤리는 "우상 숭배적이고 악마적 허식이다."라고 말한 것은 매우 파괴적이다.394) 플레처는 "하나님은 '인격적' 신이시며 신의 형상대로 인간을 창조하였기 때문"에 윤리학에서 인격성을 말해야 한다고 보았다.395) 또한, 플레처는 "가치는 인격에 대해서만 가치가 성립될 수 있지 절대적인 독립된 존재에게 있어서는 하등의 관련이 없다."는 마틴 부버(Martin Buber)의 말을 인용했다.396) 그런데 플레처가 말하는 인격성의 논리는 그 자체로 모순이 있다. 하나님을 말하면서 인격성을 말하고 그 인격성이 절대적인 독립된 존재에게는 전혀 관련 없다고 말하는 것은 성립될 수 없는 논리이다.

이상근은 상황 윤리가 행동의 규범을 무시하며, 경험에 의한 귀납적 방법을 취하는 것으로 "성경을 하나님의 말씀으로 믿지 않는 태

---

391) Bernhard Häring, "상황윤리," **신학전망** 22 (1973): 35.
392) Ibid.
393) Joseph Fletcher, **새로운 도덕 상황윤리**, 14-15.
394) Ibid., 16.
395) Joseph Fletcher, **상황윤리**, 김동수 역 (서울: 규문각, 1968), 54.
396) Joseph Fletcher, **새로운 도덕 상황윤리**, 42.

도"에서 나온 것이라고 말했다.397) 그런 태도는 상대성과 자율성의 개념으로 보는 현대적 사유의 결과이다.398) 반면에, 성경은 절대적인 도덕적 규범을 말한다. 예수께서는 마태복음 22장 36-39절을 통해 하나님의 규범이 절대적이라는 것을 말했다. 하나님의 계명은 상황에 따라 유동적이지 않다. 하나님의 절대적 규범은 한 치의 상대주의도 허용하지 않는다.399)

중요한 것은 이것이 삶에서 어떻게 효력을 미치는가이다. 존재를 지배하는 것은 규범이다. 삶은 규범에 의하여 움직인다. 참된 기독교인들은 성경의 권위를 긍정하며 성경의 규범대로 적용하는 사람들이다. 세상의 영에 오염되지 않는다고 큰소리를 칠지라도 도덕의 영역에서 오염되는 이유는 절대 규범을 상실했기 때문이다. 그래서 도덕이 무너지는 것이다. 그런데 회심한 성도는 하나님의 절대적인 규범을 따라 살아가기 위해 매 순간 도덕적 선택에 직면한다(롬 6:12-16). 하나님의 말씀이 죄와 의를 명확하게 규정하고 있기 때문이다. 하나님의 규범은 모호함이 없으며 주저함이 없다. 성경은 우리에게 하나님의 절대적 규범을 실천하고 살아야 한다고 명령한다. 하나님의 규범은 하나님 성품의 표현이다. 하나님의 절대 규범은 단지 법으로써만 존재하는 것이 아니다. 하나님의 규범에 순복할 때 하나님의 성품을 닮아가게 한다. 도덕적 원칙이 도덕적 실천으로 이어지지 않는다면 허장성세에 불과하다.

쉐퍼는 현대사회의 도피(escape)는 "단지 자신의 실존(實存)을 정면으로 바라보는 것을 회피"하는 것이라고 말했다.400) 현대인들은 자

---

397) 이상근, "상황윤리 비판," **신학지남** 143 (1968): 28.
398) 이상하, **상황윤리** (서울: 철학과현실사, 2007), 618.
399) *CWFS3*, 58.
400) Francis A. Schaeffer, **기독교 영성관**, 79.

기 실존을 직면하지 않고 회피하고 있다. 쉐퍼는 술과 마약에 빠지는 것만이 도피가 아니라 미디어에 빠지는 것도 도피라고 보았다. 자기 실존을 정면으로 바라보려면 조용한 시간에 홀로 있어야 하는데, 자기 자신과 현실을 직면하기 두려워서 오락에 빠진다.

쉐퍼의 이런 주장은 한편으로는 맞는 말이지만 또 다른 한편으로는 오류가 있다. 오늘날 많은 사람은 자기를 직면하기 위하여 조용하게 홀로 있는 시간을 만들고 있기 때문이다. 윤종모는 명상을 통한 자기실현을 말하면서 다음과 같이 말했다.

> 치유를 위한 명상에서는 먼저 순수한 영혼의 존재인 나의 본래 모습을 바라봅니다. 다음에 왜곡된 나의 모습을 바라봅니다. 그리고 왜곡된 나의 모습에서 한 발짝 뒤로 물러나 나의 본래 모습으로 돌아와서 객관적으로 왜곡된 나의 모습을 바라봅니다.401)

윤종모는 현대인들은 치유 명상을 통해 자기의 본래 모습을 찾으려고 한다고 했다. 그런가 하면, 장현갑은 현대인들이 자기 변혁을 위해 명상에 열광하고 있다고 말했다.402) 오늘날 서구사회에서 명상 열풍이 일어난 배경은 현대 산업사회의 부정적인 영향이 매우 크게 작용했다. 박성현은 명상의 대중화가 "20세기 이후 서구사회에 불어 닥친 뉴에이지(New Age) 운동이라고 할 수 있다."고 말했다.403) 산업화와 자본주의는 인간을 소외시켰으며 물신주의를 낳았다. 그로 인해 젊은 지식인층들은 기존의 종교와 가치를 저버리고 뉴에이지 명상으로 가게 되었으며, 제도를 벗어나서 개인적 영성 체험에 관심을 가지게 되었다.

---

401) 윤종모, **치유명상** (서울: 정신세계사, 2010), 76.
402) 장현갑, "왜 현대인은 명상에 열광하고 있는가?," **한국명상학회지** 7:1 (2017): 11.
403) 박성현, "현대사회의 문제와 명상치유," **한국명상학회지** 2:1 (2011): 64.

쉐퍼는 현대인들이 실존을 대면하기 두려워 미디어와 술과 마약으로 도피하고 있는 비참함을 말했다. 쉐퍼의 이러한 분석은 현대인들의 한쪽 면만을 말한 것이다. 쉐퍼는 현대인들이 자기를 직시하기 위해 홀로, 조용한 곳을 찾아서 명상하고 있다는 것을 말해야 했다. 쉐퍼가 그렇게 말할 때, 자신이 지금까지 논지를 펼쳐왔던 도약의 현실을 말해 줄 수 있다. 현대인들이 자신의 본래의 모습을 찾기 위해 명상하는 사람 중에는 "초월의 신비한 체험"을 구한다.404) 쉐퍼가 이런 두 가지 양상을 다 말해주면서 현대인들의 도피와 도약을 말했더라면 더욱 좋았을 것이다.

현대인들의 이런 도피와 도약에 대한 쉐퍼의 해결책은 현실에 부딪치라는 것이다. 쉐퍼는 기독교인들에게 세상의 압력(the pressures of the world)이 가해질지라도 현실과 직면할 수 있다고 말했다.405) 쉐퍼는 우리가 현실에 직면해야 한다면서 다음과 같이 말했다.

> 하나님이 창조하신 세상의 영광, 인간이 되었다는 경이로움-거기에다 무서운 타락의 현실, 손상된 인간의 비극, 우리 자신의 결함 있는 성품에 직면해야 한다. 우리는 도피하는 사람들이 돼서는 안 된다. 그리스도인은 현실주의자가 되어야 한다. 거듭나서 성령이 내주하는 자로서 현실에 부딪치는 것이 그리스도인의 소명(召命)이다.406)

쉐퍼에 의하면, 회심한 기독교인은 세상과 인간의 영광과 비참함을 동시에 직면해야 한다. 기독교인이 거듭났다고 해서 현실을 도외시하고 도피할 것이 아니라 현실에 부딪치면서 살아가는 것이 기독교인의 소명이다. 현실을 직면하며 산다는 것은 세상이 진창길이라는

---

404) 윤종모, 139.
405) *CWFS3*, 61.
406) Francis A. Schaeffer, 기독교 영성관, 81.

것을 인정하는 것이다. 쉐퍼 역시 교회에도 적절한 오락과 활동은 필요하다고 보았으나, 그것이 지나쳐서 요란해지면 교회가 빈곤(poverty)하다는 증거라고 말한 것은 매우 적절하다.407)

쉐퍼는 현실을 직면한 본보기로서 다윗과 요셉을 예로 들면서 요셉을 집중해서 조명했다. 요셉은 형들의 미움과 시기로 애굽 보디발의 집에 노예로 팔려갔다. 그리고 보디발의 아내가 유혹했을 때 요셉이 거부하자 누명을 쓰고 감옥에 갇혔다. 요셉의 인생은 계속해서 하향곡선을 그리면서 곤두박질치고 있었다. 그런데 하나님께서는 감옥에 갇힌 요셉에게 역사하셨다. 술 맡은 관원장과 떡 맡은 관원장의 꿈을 해석해 주었으며, 술 맡은 관원장이 요셉을 기억하여 바로에게 데려가 꿈을 해석하게 했고, 그로 인하여 요셉은 단숨에 바로(pharaoh) 다음의 지도자가 되었다.

쉐퍼는 요셉이 시련 속에서 인내할 수 있었던 것은 하나님께서 참으로 존재하신다는 것과 악과 불의가 둘러싼다고 할지라도 그분은 하나님이시다는 것을 이해했기 때문이라고 말했다.408) 이것을 쉐퍼의 체계로 해석하자면, 요셉이라는 개별자가 하나님이라는 보편자로부터 의미와 통일성을 확보하고 있었기 때문에 현실을 직면하고 시련을 이겨낼 수 있었다는 것을 의미한다. 쉐퍼의 논지를 살펴보면, 결국 하나님의 백성 됨은 하나님의 실재하심을 의식하며 사는 것이다. 하나님의 실재를 신뢰하고 살아가는 하나님의 백성들은 도약이 일어나지 않는다.409)

---

407) *CWFS3*, 62.
408) Ibid., 72.
409) Ibid., 73.

3.2. 참된 영성에서의 도약 반대

쉐퍼는 『참된 영성』(*True Spirituality*)이 다른 책들보다 제일 먼저 나왔어야 했다고 말했다.410) 쉐퍼는 예배당 안에 갇혀 버린 추한 영성이 아니라 기독교인으로서 문화 변혁적 사명을 감당해가는 아름다운 영성을 추구했다.411) 쉐퍼는 추한 영성을 신앙 훈련 수준의 영성, 율법주의적 영성, 반지성주의, 탈세상주의적 영성 등으로 말했다.412)

쉐퍼는 1951년과 1952년에 자신의 삶 속에서 영적인 위기를 맞이했다. 불가지론에서 기독교인이 되었으나 실재(實在)의 문제가 그에게 다가왔다. 쉐퍼는 그 문제를 다음과 같이 두 가지로 말했다.

> 첫째, 정통 신앙을 지닌 사람들 가운데 성경이 기독교의 결과여야 한다고 아주 분명하게 말하고 있는 것들의 실재를 본 사람이 거의 없는 것으로 내게는 느껴졌다. 둘째, 내 자신의 실재는 내가 그리스도인이 된 후 초기보다 더 줄어들었다는 생각이 내게 점차로 커졌다. 나는 정직하게 내가 다시 거슬러 올라가서 나의 입장 전체를 재고해야 한다는 것을 깨달았다.413)

쉐퍼의 말에서 '정직하게'라는 말은 매우 의미가 깊다. 쉐퍼는 자신의 주관적인 판단으로 막연하게 해답을 제공하려 하지 않았다. 쉐퍼는 정직하게 질문을 하고 정직하게 대답했다. 그런 질문과 대답을 하는 가장 근본적인 시작은 무한하시고 인격적인 하나님께서 존재하

---

410) Francis A. Schaeffer, 기독교 영성관, 217.
411) 주도홍, "쉐퍼의 아름다운 영성 이해," 한국개혁신학 9 (2001): 107-108; 쉐퍼에게 있어서 '아름다움'은 사랑의 동의어일 수 있다. 그럼에도 무언가가 다른 뉘앙스를 주는데, 기독교인의 문화 변혁적 사명을 우주적 영역에서 기꺼이 선포하는 쉐퍼의 기독교 문화관을 통해서 볼 때 더욱 그러하다.
412) Ibid., 120; 게다가 쉐퍼는 이원론적 영성을 경계한다. 곧 영혼은 중시 여기나, 물질적인 삶은 전혀 관계가 없는 듯한 영성에 대한 오해를 지적한다.
413) Francis A. Schaeffer, 기독교 영성관, 217.

신다는 것이었다. 그 기초 위에서 쉐퍼는 기독교인들의 문제는 "참된 영성이란 참으로 무엇이며 20세기 상황에서 어떻게 그런 삶을 살 수 있느냐?"라고 말했다.414) 참된 영성은 20세기 상황에서 삶으로 살아내는 것이다. 쉐퍼는 사회와 문화 전반에 걸쳐서 기독교적 대안을 제시하려고 했다.415) 쉐퍼는 기독교인의 삶을 참된 영성과 동일한 것으로 보았다. 쉐퍼는 기독교인의 삶을 살아가려면 먼저 기독교인이 되어야 한다고 말했다.416)

쉐퍼에게 있어서 기독교인이 된다는 것은 종교적 도약이 아니라는 것을 전제로 한다.417) 믿음은 하나님의 약속을 믿고 십자가의 구속을 빈손으로 받아들이는 것이다. 죄 사함은 십자가의 사역에 내가 무엇을 더함으로 이루어지는 것이 아니라 그리스도의 사역을 그대로 받는 것이다. 그렇게 믿을 때 하나님의 자녀가 되고 기독교인의 삶을 시작할 수 있다.418) 쉐퍼는 "진정한 영성은 우리가 의롭게 된 후에 다르게 하는 삶이다."라고 말했다.419)

쉐퍼에게 있어서 이 믿음은 키르케고르의 어둠 속의 도약도 아니며 20세기의 소위 믿음을 위한 믿음이 아니다. 믿음은 하나님의 약속을 믿고 십자가로 이루신 그리스도의 속죄를 받아들이는 것이다. 우리는 믿음으로 하나님의 자녀가 된다. 누구도 영적인 출생 없이는 기독교인으로서의 삶을 시작할 수 없다. 중생한 성도에게 있어서 중요한 것은 성화의 영역이다. 성화는 믿은 성도가 성도답게 살아야 할

---

414) Ibid., 221.
415) 이상원, "세속화 시대와 기독교영성: 기독교 영성의 길: 이원론적인 영혼의 정화에서 성령에의 전인적 순종으로," **성경과 신학** 49 (2009): 211-212.
416) Francis A. Schaeffer, **기독교 영성관**, 221.
417) *CWFS3*, 200; "… This is not faith in the Kierkegaardian or twentieth-century sense of a jump in the dark-not a solution on the basis of faith in faith."
418) Ibid.
419) Louis Gifford Rarkhurst, 198.

과제에 속한다. 그런 까닭에 "성화의 과정은 죽을 때까지 계속된다."[420] 쉐퍼가 말하는 성도다움이란 그리스도의 인격을 닮아 모든 영역에서 변화가 일어나는 것이다. 기독교 신앙이 사적인 영역에만 머무르는 것이 아니라, 삶과 문화의 전영역에서 일어나는 것이다.[421]

쉐퍼에게 있어서 성화는 금지목록대로 무엇을 부정하며 행하지 않는 것이 아니다. 또 어떤 사람들처럼 금지목록에 반발해서 금지조항들을 철폐하라고 외치는 것도 아니다. 참된 영성은 금지목록을 지키는 것도 아니며 금지목록을 거부하고 안일한 삶을 사는 것도 아니다. 그 두 가지가 아니라면 성도에게는 보다 더 깊은 삶의 목적이 있어야만 한다. 그것을 쉐퍼는 내적인 것으로 말했다.[422] 거듭난 성도는 하나님의 절대적인 규범인 십계명과 함께 사랑이 포함된 삶을 살아가는 자이다. 어떤 사회적 압력이 있어서 계명을 지키는 것이 아니라 계명을 지키는 것이 이웃을 유익하게 하기 때문이다.

그러므로 참된 영성은 내적인 것에 있다. 쉐퍼는 십계명을 외적인 것이 아니라 내적인 것으로 보고 열 번째 계명이 십계명의 절정이라고 말했다.[423] 쉐퍼는 열 번째 계명에서 탐심을 알아보는 시금석을 두 가지로 말했다. 첫째는, 만족할 만큼 하나님을 사랑해야 한다는 것이며, 둘째는, 질투하지 않을 만큼 사람들을 사랑해야 한다는 것이다.[424] 만족할 만큼 하나님을 사랑하는 것은 평안과 감사가 있다. 감사와 평안은 하나님께서 모든 것을 합력하여 유익이 되게 하신다(롬 8:28)는 약속을 신뢰할 때 주어진다. 기독교인들은 진창길을 걸으면

---

420) Francis A. Schaeffer, **기초 성경 공부**, 문대규 역 (서울: 생명의말씀사, 2004), 66.
421) Francis A. Schaeffer, **쉐퍼의 편지**, 양혜원 역 (서울: 홍성사, 2005), 7-8.
422) Francis A. Schaeffer, **기독교 영성관**, 225.
423) Ibid.
424) *CWFS3*, 205.

서도 하나님께 반역하지 않으며 만족이 있기 때문에 참된 영성이 된다. 쉐퍼가 말하는 참된 영성은 인간의 존재와 상황에 대한 성경적 이해에 기초한다. 그것은 쉐퍼의 다음과 같은 말에 나타난다.

> 인간의 타락과 함께 '모든 것'이 비정상이 되었다. 개개인이 자신의 진정한 도덕적 죄책으로 인하여 하나님으로부터 분리되어 있을 뿐만 아니라 우리 각자는 하나님께서 애초 우리를 지으신 모습이 아니다.425)

쉐퍼에 의하면, 우리 각자는 하나님으로부터 분리되어 있으며 하나님께서 애초에 지으신 그 모습이 아니다. 그러므로 성경은 인간이 타락했으며 세상은 비정상적이며 죄책으로 인해 하나님과 분리되어 있다고 증언한다. 이런 상황 자체로만 보면 중생한 인간이라도 만족을 누릴 수 없다. 만족이 가능한 것은 로마서 8장 28절의 말씀을 마술적으로 생각하는 것이 아니다. 인간과 세상이 비참한 상태에 있으나 하나님께서 자기 백성을 유익하게 하시는 무한하고 인격적인 하나님이라는 사실을 우리가 믿기 때문에 우리에게 만족이 있는 것이다.

이런 만족은 쉐퍼의 체계 속에서 이해되어야 한다. 쉐퍼의 틀(framework)은 성경적으로 인간의 존재와 상황을 이해하며 하나님과 통일성을 이루는 것이다. 그가 도약 반대론을 펼치면서 말하는 첫 번째는 "인격적인 하나님에 의해 인격적인 우주가 창조되었기 때문에 인간은 인격적인 우주 안에 살고 있다."는 것이다.426) 그리고 두 번째는, 우리는 초자연적인 우주에 사는 까닭에 인간이 타락한 이후로 "눈에 보이는 세계와 눈에 보이지 않는 세계와 싸움이 계속되고 있다."는 것이다.427) 쉐퍼는 그 싸움을 『페스트』에 나오는 까뮈의 딜

---
425) Francis A. Schaeffer, 기독교 영성관, 228.
426) Ibid., 231.

레마로 말하면서 다음과 같이 까뮈의 말을 인용했다.

> 만일 하나님이 존재하신다면 우리는 사회악에 맞서 싸울 수 없는데, 그 이유는 만일 그렇게 하면, 우리는 세상을 현재 모습대로 지으신 하나님과 맞서 싸우는 것이기 때문이다.[428]

까뮈는 인간이 존재하는 세계는 부조리하다고 보았으며, 『페스트』에서 그 부조리한 세계를 부정하면서 희망의 의지를 말했다. 까뮈는 페스트로 인한 공포와 죽음, 이별의 아픔이라는 거부할 수 없는 재앙을 견뎌야 하는 극한의 고통과 절망을 묘사했다.

까뮈는 페스트에서 다음과 같이 말했다.

> 나는 이번 페스트에서 그리 새삼스럽게 배울 것이 없으며, 굳이 말한다면 선생들의 곁에서 함께 투쟁해 나가지 않으면 안 된다는 것을 배웠을 뿐입니다.[429]

위와 같은 까뮈의 말은 혼돈과 비합리성에 대한 실존적 답변이다. 인간은 세상을 살면서 세상은 혼돈하고 비합리적이라고 말한다. 그런 혼돈과 비합리성을 아는 것만으로는 의미가 없다. 인간은 오늘 죽을 존재가 아니라 계속 살아가야 할 존재이기 때문이다. 계속 살아가려면 혼돈과 비합리성 속에 해결책이 있어야 한다. 바르트를 비롯한 서구의 자유주의 신학은 "우리는 이에 대한 답변이 없지만, 모든 이성과 모든 합리성에 반하는 신앙의 단계를 취하고, 하나님은 선하다고 말하자."라고 말했다.[430] 이런 답변은 매우 비합리적이다. 지금까지

---

427) Ibid.
428) Francis A. Schaeffer, 기독교 문화관, 330.
429) Albert Camus, 이방인/페스트/전락/표리, 김용훈 역 (서울: 삼성당, 2000), 322.
430) Francis A. Schaeffer, 기독교 문화관, 330.

이성을 강조했던 사람들이 하나님의 선하심과 세상의 혼돈과 비합리성에 대해 비합리적으로 답변해 버렸기 때문이다.

여기에 대한 해결책은 첫 번째로, 이성으로 되돌아가는 것이다. 그런데 이성으로 되돌아가게 되면, 존재하는 하나님은 악한 하나님이 되어버린다. 두 번째 해결책은 인간의 현재 존재하는 상태가 본래적 인간이라고 인정하게 되면 인간의 야만성에 대한 질적 향상이 있을 수 없다는 것이다.431) 까뮈의 말처럼 세상이 부조리하고 투쟁해 가야 한다고 하더라도 투쟁의 의미가 없게 된다. 인간이 더 야만적이거나 덜 야만적인 차이밖에 없다면 투쟁할 이유가 없다. 그저 나는 열심히 싸웠다는 말만 남겼을 뿐 자신의 도덕적 상태로나 본성적 상태가 아무런 진전이 없다면 비참한 것이다.

현재를 긍정하자니 하나님이 악마가 되어버리고, 현재를 부정하자니 인간이라는 존재가 무너져버린다. 쉐퍼는 그런 딜레마에 대해 유대-기독교적 해결책으로 말하고자 했다. 쉐퍼는 인격적이고 선하신 하나님께서 인격적인 인간을 창조했으나 스스로 범죄하여 타락했다고 말했다. 인간이 보기에 부조리한 모습은 인간의 본래 모습이 아니다.432) 인간은 시공간에서 역사적 변화가 있었다. 쉐퍼의 이런 분석은 기독교인들이 악에 대항하여 싸울 수 있는 합당한 근거를 확보해 준다. 반면에, 현대인들은 인간을 정상적인 존재로 보기 때문에 악에 대항할 수 없다. 범신론에 기초하든지 물질과 시간과 우연에 기초하는 진화론에 기초하든지 간에 인간이 악을 대항한다는 것은 인간이 자기 자신을 죽이는 것이 되어버린다. 결국, 범신론은 인간을 낮은 위치로 떨어뜨린다.433) 반면에, 기독교인들은 까뮈가 가진 도덕적 딜레

---

431) Ibid., 331.
432) Ibid., 332.

마에 대한 해결책이 있다. 하나님께서는 세상을 부조리하게 창조하지 않으셨으며 인간이 야만성을 가진 것은 인간이 본래의 모습에서 변질되었기 때문이다. 그런 까닭에, 기독교인들은 "하나님과 싸우지 않고도 악과 싸울 수 있다."434)

이러한 사실을 믿으면 두 가지가 분명해진다. 첫째로, 기독교인들은 현재의 삶을 만족하며 악과 싸워갈 수 있다. 그런 만족과 싸움은 쉐퍼의 체계로 볼 때, 하나님의 선하심과 인간의 범죄만이 아니라 하나님께서 인간에게 말씀하신다는 사실과 지식의 통일성도 포함한다.435) 인간은 자율적인 기계가 아니라 하나님으로부터 의미와 통일성을 받는 인격체이기 때문에 만족과 싸움이 가능하다.

두 번째, 하나님께서 최선의 장소에 우리를 두시며 그것은 하나님의 권리이다. 모든 것이 합력하여 선을 이루시는 하나님께서는 죄악들과 싸움을 해가도록 가장 적합한 장소에 우리를 두셨다. 이것이 기독교인의 만족이며 하나님에 대한 신뢰이다.436) 그러므로 기독교인들은 하나님과 이 현실에 대한 만족과 감사가 있으며, 죄악과 싸워가는 자리에 있다는 것을 기뻐해야 한다. 그것은 그리스도의 주(主) 되심에 대한 인정이다. 쉐퍼는 전인으로서의 인간을 말하면서 그리스도의 주권은 인간의 전인에 영향을 미치기 때문에, "참된 영성은 인간의 모든 면(total man)에 대한 그리스도의 주되심을 포함하고 있다."고 말했다.437)

적절한 욕구인지 탐심인지 알 수 있는 두 번째 시금석은 사람들을

---
433) Francis A. Schaeffer, 환경오염과 인간의 죽음, 김진홍 역 (서울: 생명의말씀사, 1995), 29.
434) Francis A. Schaeffer, 기독교 문화관, 333.
435) Francis A. Schaeffer, 이성에서의 도피, 32.
436) Francis A. Schaeffer, 기독교 영성관, 231-232.
437) Francis A. Schaeffer, 기독교 성경관, 406.

질투하지 않을 만큼 사랑하는 것이다.438) 이웃을 질투하지 않고 사랑하고 있는지 아는 방법은 이웃이 불행할 때 은밀하게 만족하지 않는 것이다. 이웃이 어려움을 당했을 때 기뻐하면서 은밀한 만족감을 가지는 것은 탐심에 속한다. 쉐퍼는 두 번째 시금석에 대해 간단하게 마무리했기 때문에 독자들에게 아쉬움을 주게 된다. 쉐퍼는 부정을 말하고 난 뒤에 긍정이 있다고 말했으나 긍정에 대한 측면은 충분히 말하지 않았다. 쉐퍼는 로마서 6장 4절과 갈라디아서 2장 20절, 로마서 6장 6절, 갈라디아서 5장 15절을 통해서 부정에 대해 피력했으나 긍정에 대한 부분은 적게 말했다.

한편, 쉐퍼는 참된 영성으로 가기 위해서 "두 가지 정통, 곧 교리의 정통과 공동체의 정통이 있어야 한다"고 말했다.439) 따라서 기독교인들은 성경적 부정에 대한 강조도 있어야 하며 성경적 긍정에 대한 강조는 더욱 필요하다. 쉐퍼는 로마서 6장 4절 후반에서 다시 긍정을 말했다.440)

쉐퍼는 "그러므로 우리가 그의 죽으심과 합하여 세례를 받음으로 그와 함께 장사되었나니"를 부정으로 말했다. 이어서 쉐퍼는 "이는 아버지의 영광으로 말미암아 그리스도를 죽은 자 가운데서 살리심과 같이 우리로 또한 새 생명 가운데서 행하게 하려 함이라"는 긍정을 말했다. 그리스도께서는 하나님의 능력으로 다시 살아나셨다. 그리스도의 부활하심과 같이 성도들도 새 생명 가운데 행한다. 매튜 풀(Matthew Pool)은 새 생명 가운데 행하는 것을 "새로운 원리에 의해

---

438) *CWFS3*, 209.
439) Francis A. Schaeffer, **시대의 요구에 부응하는 기독교**, 이상미 역 (서울: 생명의말씀사, 1995), 30.
440) 그러므로 우리가 그의 죽으심과 합하여 세례를 받음으로 그와 함께 장사되었나니 이는 아버지의 영광으로 말미암아 그리스도를 죽은 자 가운데서 살리심과 같이 우리로 또한 새 생명 가운데서 행하게 하려 함이니라(롬 6:4).

자극되고 새로운 목표를 추구하며 거룩의 새로운 열매를 맺는 새 생명을 살게 하는 것"이라고 주석했다.441)

새 생명으로 사는 것에 대해 웨스트민스터 소교리문답 제31문은 다음과 같이 고백한다.

제31문: 실제적인 부르심이란 무엇입니까? 답: 실제적인 부르심이란, 하나님의 성령께서 하시는 일입니다. 성령께서는 우리에게 우리의 죄와 비참함에 대하여 확신시켜 주시고, 그리스도에 대한 앎으로써 우리의 생각을 밝혀주시고, 우리의 의지를 새롭게 하심으로써, 우리로 하여금 복음을 통하여 우리에게 대가 없이 주어지는 예수 그리스도를 받아들이도록 설득해 주시고, 그를 받아들일 수 있게 해 주시는 것입니다.442)

위와 같이 웨스트민스터 소교리문답에 의하면, 새 생명으로 사는 것은 우리의 의지를 새롭게 하는 것이다. 성령께서는 의지를 변화시켜 그 의지가 하나님의 선을 향하도록 만드셨다.443) 의지가 새롭게 되었을지라도 하나님의 말씀에 불순종하려는 심정은 여전히 살아 있다. 성경은 이것을 "육체의 소욕"이라고 한다(갈 5:17). 중생했다고 할지라도 성도 안에 "죄가 단번에 완전히 파괴되거나 죄의 권능 자체가 소진된 것은 아니다."444) 성도 안에는 죄의 잔재들이 여전히 남아 있어서 성화의 삶을 방해한다. 그런 까닭에, 성도는 중생했을지라도 죄의 잔재들과 싸움은 계속된다. 회개의 첫 번째 측면은 죄 죽임이며,445) 다른 말로 자기부인이라고 말한다. 두 번째 측면은 영 살리기

---

441) Matthew Poole, **청교도성경주석17 사도행전 로마서**, 박문재 역 (서울: 크리스챤다이제스트, 2015), 405.
442) 황재범, **개혁교회 3대 요리문답** (서울: 한들출판사, 2013), 115-116.
443) 라은성, **이것이 개혁신앙이다** (서울: PTL, 2017), 312-313.
444) John Owen, **죄와 은혜의 지배**, 이한상 역 (서울: 부흥과개혁사, 2015), 142.
445) John Owen, **죄 죽임**, 김귀탁 역 (서울: 부흥과개혁사, 2018), 80-89; 존 오웬은 죄 죽임의 의미(적극적 관점)를 세 가지로 말했다. 1) 죄 죽임은 죄를 경향적으로 약화시키는 것이다. 2) 죄를 죽이는 것은 죄에 맞서 부단히 싸우고 투쟁하는 것이다. 3) 죄를 죽이는 것은 지속적으로 죄 죽임에 성공하는 것이다.

이다. 영 살리기는 "거룩하고 경건하게 살고자 하는 열망"이다.446)

우리가 성령의 역사하심으로 중생하였을지라도 "우리 자신의 사역 (our own work)과 우리의 의무(duty)"가 있어야 한다.447) 하나님께서 우리에게 은혜를 주신 것은 주님의 명령에 순종하고 영적인 의무를 수행하기 위함이다. 그런 일을 통하여 성도는 계속해서 성화되어 간다. 존 오웬(John Owen)은 성도의 성화와 거룩에 대하여 다음과 같이 세 가지로 말했다.

(1) 우리의 인격의 성화를 위하여 거룩한 일에 참여해야 한다.
(2) 하나님의 은혜로 인한 특별한 영향 아래 자신이 있도록 해야 한다.
(3) 성화의 사역은 성령께서 우리에게 오셔서 거하시는 것이다.448)

오웬에 의하면, 거듭난 성도라고 할지라도 거룩한 일에 참여해야 한다. 그리고 성도는 그리스도의 영향 아래 있기 위해 노력해야 한다. 성도는 성령께서 오심으로 성화가 시작되었고 거룩하게 된 사람이면서도 거룩함에 이르기 위해 자신을 의(義)에게 종으로 드려야 한다.449) 성도들에게 성화의 의무는 계속되어야 한다. 참된 영성은 우리가 다만 거듭났다는 것만이 아니라 감사와 만족과 기쁨으로 하나님을 사랑하며, 이웃을 질투하지 않을 만큼 사랑하는 것이다.

---

446) 라은성, **이것이 개혁신앙이다**. 377.
447) John Owen, *The Works Of John Owen Vol. Ⅲ* (albany or USA: Books For The Ages, 2000), 492; "Although our sanctification and growth in holiness be a work of the Holy Spirit, as the efficient cause thereof, yet is it our own work also in a way of duty. He hath prescribed unto us what shall be our part, what he expects from us and requireth of us, that the work may be regularly carried on unto perfection, as was before declared. And there are two sorts of things which if we attend not unto in a due manner, the orderly progress of it will be obstructed and retarded:"
448) John Owen, **개혁주의 성령론**, 375-376.
449) 너희 육신이 연약하므로 내가 사람의 예대로 말하노니 전에 너희가 너희 지체를 부정과 불법에 드려 불법에 이른 것 같이 이제는 너희 지체를 의에게 종으로 드려 거룩함에 이르라(롬 6:19)

3.3. 초영성에서의 도약 반대

쉐퍼의 영성은 영육을 함께 강조하는 영성이다. 쉐퍼는 교회가 플라톤적 영성에 상당히 오염되어 있다고 보았다.450) 쉐퍼는 플라톤적 영성에 오염된 초영성을 반대하는 이유를 두 가지로 말했다.451) 첫 번째는 인간의 전인적 통일성에 대한 것이며, 두 번째는 시대적 상황이다. 첫 번째로, 쉐퍼가 초영성으로 도약하는 것을 반대하는 근본적인 이유는 인간의 전인적 통일성에 대한 해답이 아니기 때문이다.452) 그것은 쉐퍼 개인의 생각이 아니라 성경이 인간은 부분(parts)이 아니라 하나의 통일체(unit)라고 말하고 있기 때문이다.453) 반면에 플라톤(Platon)의 체계에서는 영혼은 귀하고 육체는 열등한 존재로 규정하고 있다. 플라톤은 『티마이오스』에서 우주에는 네 가지 종류의 생명체, 곧 신들과 새들, 동물과 물고기들이 있다고 말했다.454) 플라톤은 영혼이 별들과 인간에게 스며들었다고 말하면서 인간의 영혼을 삼분법으로 설명했다.455) 플라톤은 인간의 육체는 신을 모방하여 부여한 것이라고 말했다.456) 플라톤은 악을 내재하고 있는 인간의 육체는 욕망과 쾌락이 지배하고 영혼을 압도하고 있기 때문에 몸 전체를 돌려서 빛을 향하도록 하는 것을 교육이라고 보았다.457) 플라톤에 의하

---

450) Francis A. Schaeffer, **기독교 영성관**, 박문재 역 (파주: 크리스챤다이제스트, 2002), 416-418.
451) Ibid., 422.
452) Ibid.
453) *CWFS1*, 223-224.
454) Anthony Kenny, **고대철학**, 김성호 역 (서울: 서광사, 2013), 123.
455) Ibid.
456) Plato, *The Timaeus*, Archer-Hind, Richard Dacre ed., (London: Macmillans and co., 1888), 254-257; "but first he ordered all these, and then out of them wrought this universe, a single living creature containing within itself all living creatures, mortal and immortal, that exist. And of the divine he himself was the creator; but the creation of mortals he delivered over to his own children to work out. And they, in imitation of him, having received from him the immortal principle of soul, fashioned round about her a mortal body and gave her all the body to ride in;"
457) Plato, *The Republic Of Plato, Francis Macdonald Cornford* tr. (New York: Oxford University Press, 1976), 229-233.

면 신이 초월성을 가지나 부정의 신학, 곧 이것도 아니고 저것도 아닌 신이다.458) 그러나 성경은 인간의 육체와 영혼이 다 소중하다고 말한다. 이 사실에 있어서 후크마는 다음과 같이 말했다.

> 기독교적 인간관의 가장 중요한 측면 가운데 하나는 인간을 통일체로, 전인격으로 봐야 한다는 점이다.459) … 인간은 통일된 존재로 이해해야 한다. 인간에게는 육체적 측면과 정신적 측면 내지 영적 측면이 있지만 우리는 이 둘을 분리해서는 안 된다. 인간은 몸으로 나타난 영혼 또는 '영혼 있는' 몸으로 이해해야 한다. 인간은 여러 '부분들'의 합성물이 아닌 총체적 인격으로 간주해야 한다. 이는 구약과 신약 모두의 분명한 가르침이다.460)

후크마에 의하면, 인간은 육체와 영혼이 분리된 존재가 아니라 총체적 인간이다. 쉐퍼는 통일체로 존재하는 인간을 '심신 상관적 통일체'라고 불렀다.461) 인간이 전인적 존재라는 것이 중요한 이유는 진리는 추상적 진리가 아니라 '내가 누구인가?'를 규명하는 진리이기 때문이다. 인간이 존재한다는 사실을 부정할 수 없다. 인간이 존재한다면 인간이 자기 밖에 존재하는 동물과 식물, 기계와 무엇이 다른지를 말해 줄 수 있어야 한다. 그런데 성경의 하나님이 없이는 합리적인 답이 존재하지 않는다.462) 인간의 인격성에 대해 어느 것도 답해 줄 수 없기 때문이다.463)

---

458) Plato, *The Republic of Plato* (New York: Oxford University Press, 1958), 220.
459) Anthony A. Hoekema, **개혁주의 인간론**, 281.
460) Ibid., 298.
461) Ibid., 299.
462) Francis A. Schaeffer, *The Complete Works of Francis A Schaeffer A Christian Worldview Vol. Ⅲ, 2d ed. A Christian View Of Spirituality* (Wheaton, Illinois: Crossway Books, 1982), 315. 이하 *CWFS3*으로 표기한다.
463) John M. Frame, **기독교윤리학**, 이경직 외 4명 역 (서울: 개혁주의신학사, 2015), 132-144; "윤리의 절대적 기준이 존재한다면 이는 반드시 절대적인 인격체여야 한다. 그리고 절대적 인격을 가진 분으로서 사람들에게 알려지신 분은 오직 성경의 하나님뿐이다. 그리고 최고의 도덕적 권위가 절대적 인격체에게 있

인간의 인격성에 대한 해결책이 없으면 나는 존재한다는 그 존재성 때문에 저주를 받는다.464) 성경의 해결책은 인간이 인격적인 창조주 앞에 머리를 숙이고 그리스도를 영접하는 것이라고 말한다(요 1:12). 인간에게는 무한한 준거점이 필요하고 그 무한한 준거점은 반드시 인격성이 있어야 한다. 그것은 "성경에서 말하는 하나님의 모습이다."465) 만일 인간이 합리성만 외치면 "인간은 어둠 속으로 뛰어드는 것으로 끝장을 보게 된다."466) 쉐퍼의 표현으로 하자면, 그것은 어둠 속으로의 도약이다. 그런 도약 속에서도 통일성에 대한 해답을 찾기 때문에 인간의 내면은 계속해서 당황하고 계속해서 찢어진다.

존 프레임(John Frame)은 "하나님을 부정하는 것은 반드시 비합리주의(또는 합리주의)로 귀결된다."고 말했다.467) 프레임은 쉐퍼에 대해 말하면서, 키르케고르를 비롯한 후반기 철학자들의 "진리는 표현할 수 없고, 묘사할 수 없는 어떤 것, 즉 최종경험"이라고 말했다.468) 쉐퍼의 체계에서 보면, 보편성을 상실한 인간이 존재와 도덕

다고 가르치는 것도 오직 성경뿐이다. 다른 종교나 철학에서도 절대적 존재를 말하지만 거기서 언급되는 존재는 인격자로서의 존재가 아니다. 물론 다신론(polytheism) 등의 기독교와 다른 세계관들에서도 초자연적인 인격체들의 존재를 가르치긴 하지만 그들은 절대적인 존재가 아니다. 만일 윤리가 인격적이면서도 절대적인 존재에게 근거를 두어야 한다면, 이 두 가지 조건을 모두 만족시킬 수 있는 대상은 성경의 하나님뿐이다.
464) Francis A. Schaeffer, **기독교 영성관**, 347; "따라서 그는 즉시 자신의 지성 속에서 '너는 죄인이다'라고 말씀하시는 하나님에 의해서가 아니라 **자기 자신이 존재하고 있다는 바로 그 존재성**에 의해 저주를 받는다."
465) Francis A. Schaeffer, **진정한 영적생활**, 권혁봉 역 (서울: 생명의말씀사, 2003), 190; "또 한편으로 필요한 사실이 있다. 한 사람의 그리스도인으로서 거기 계시는 하나님 앞에 머리를 숙여야 하는 일이다. 이렇게 할 때 비그리스도인이 주장하고 있는 유일한 논리적 입장에서 떠날 수가 있다. 비그리스도인은 자기 존재의 고치, 누에가 집을 지은 고치 속에서 의식적으로 그리고 조용히 거하면서 자기 이외의 사물에 대해서는 전연 백지상태에 있다. 이것이야말로 다양한 녹단주의의 최종적인 딜레마이다. 참으로 소망 없는 상태는 이것이니, 곧 '사람이 진정으로 합리적 및 지적으로 시종일관하려고 든다면,' 그는 단지 조용한 누에고치 속에서 살아갈 수는 있어서 자기가 지금 그 누에고치 속에 들어 있다는 사실을 알지는 모르나, 거기에서 탈출해 나오지는 못한다는 점이다."
466) Francis A. Schaeffer, **기독교 영성관**, 349.
467) John M. Frame, **성경론**, 83.
468) John M. Frame, **기독교윤리학**, 1137; 그들에게 궁극성은 거짓에 반대되는 진리, 즉 명확한 언어로

의 영역에서 통일성을 확보하지 못하게 되자 자기가 자기를 부수고 저주했다. 그렇다고 통일성을 포기할 수 없기 때문에 도약은 계속해서 일어난다. 올더스 헉슬리가 그 대표적인 예이다. 쉐퍼는 상층부 경험을 말하면서 헉슬리의 '제일의 체험'(a first-order experience)을 말했다. 쉐퍼는 1960년대에 사람들이 제일의 체험을 얻기 위해 약물을 사용했으며, 그것이 범신론과 관계가 있다고 말했다. 동양의 신비 종교에서는 종교적 체험을 얻으려고 대마초를 사용했다.469)

두 번째로, 쉐퍼는 시대적 상황을 말했다. 초영성의 문제를 말하기 전에 먼저 캠퍼스나 카페에서 대학생들이 던진 다음과 같은 질문으로 시작했다.

> 종교적인 것들은 합리적인가? 우리는 그리스도인이 되기 위하여 지적인 자살을 감행해야 하는가? 기독교는 사회에 기여하여 왔는가? 기독교는 나의 지적인 질문들과 관련하여 무슨 의미가 있는가? 기독교적 입장을 문화 전체에서 수행하기 위하여 우리는 무엇을 할 수 있는가? 나의 종교적 삶은 사회와 어떻게 관련될 수 있는가?470)

이런 질문들은 기독교가 현실과 대면하게 될 때 기독교인으로서 우리 자신의 대응에 어떤 변화를 가져오는가 하는 의미이다. 여기에 답하기 위해 쉐퍼는 두 가지를 살펴보았다. 첫 번째는, 현대문화의 세속적 측면이다. 1960년대 미국의 대학생들은 탈기독교의 세계에 살고 있다는 것을 분명하게 감지했다. 문제는 학생들이 집으로 돌아와서 부모들에게 질문을 던졌을 때, 부모들이 피상적인 답변만 해주었다는

진술할 수 있는 진리가 아니다. 오히려 진리는 표현될 수 없고, 묘사할 수 없는 어떤 것, 즉 최종 경험이다. 궁극적인 것에 도달하기 위해 우리는 이성에서 도피해야 하고, 이성을 초월해야 하고, 그 위에 있어야 한다.
469) Francis A. Schaeffer, 이성에서의 도피, 70-71.
470) Francis A. Schaeffer, 기독교 영성관, 411.

것이다. 학생들은 부모들이 개인의 평안과 부요를 바라고 진리 문제에 대해서는 적극적이지 않은 모습을 보았다. 그 시대의 교회들은 자유주의에 물들어 있었다. 1960년대는 탈기독교의 세계였다. 학생들은 진리에 대한 열망이 사라지고 유동적인 문화 속에 살아가는 현실을 보게 되었다.

두 번째는, 1970년대의 침묵하는 다수이다. 침묵하는 다수는 탈기독교 세계에서 살았다. 교회를 다닐 수도 안 다닐 수도 있었고, 진정으로 절대적인 것을 마음에 두지 않고 오직 개인의 평안과 부요만을 가치 있게 여겼다. 침묵하는 다수가 말하는 그 평안은 평화주의가 아니라 세상 문제를 자기에게 말하지 말고 끌어들이지도 말고 오로지 실제적인 물질의 풍요 속에 살아가는 것이었다.[471]

1960년대의 젊은이들은 그런 문화의 유동성을 보면서 마약과 신좌익(the New Left)으로 향하였다. 그 두 가지 가운데 하나로 혹은 둘을 합치면 사회를 더 낫게 변화시킬 수 있을 것이라는 그들의 희망은 실패로 끝났다. 쉐퍼는 그 실패를 "부요한 사회의 개인적 평안 속에서 진정한 해답과 진정한 변화를 위한 낙관적인 희망은 사멸되었다."고 표현했다.[472]

마약 복용은 단순한 중독이 아니라 이데올로기적인 마약 복용이었다. 그런 이데올로기적인 마약 복용과 신좌익이라는 1960년 사회운동의 실패는 신부르조아가 생겨났다. 이전의 구부르조아와 마찬가지로 신부르조아 역시 개인의 평안과 부요를 핵심 가치로 삼았다. 그렇게 살기 위해서는 충분한 돈이 필요했다. 신부르조아는 자신들의 부와 평안을 위하여 체제에 영합했다. 이전 세대인 구부르조아를 비난했던

---

471) Ibid., 412.
472) Ibid., 413.

사람들이 이제는 자신들이 그대로 재현하고 있었고 더 강화되고 있었다. 두 세대 간의 긴장은 있으나 본질적인 면에서는 동일하다.473)

그러나 1960년대에 마약에 의한 낙관주의와 신좌익의 실패는 초월적 신비주의로 빠져들게 했다. 그런 방향전환은 마약과 신좌익에서 실패한 것을 초월적 신비주의로 성공해 보려는 시도였다.

쉐퍼는 그런 초월적 신비주의에 빠진 세대를 이전 세대와 비교하면서 다음과 같이 말했다.

> 합리적인 범주들도 없이 이성을 거부하는 가운데 '그리스도'라는 말은 '크리슈나'(Krishna)라는 말과 하등의 다를 바가 없다. 신 부르주아와 초월적 명상에 사로잡힌 자들은 둘 다 이제 '컨트리 클럽'이 되어버린 자유주의적 교회들에 다니는 부모들만큼이나 유동적이 되어 있다. 한 쪽이 다른 쪽보다 특별히 더 잘못된 것은 아니다. 둘 다 잘못되었고 둘 다 추악하다.474)

신부르주아가 합리성을 벗어나서 초월적 명상에 사로잡혀 버렸기 때문이다. 끝까지 무엇인가 해답이 나올 것으로 생각했지만 초월적 신비주의는 신부르주아에게 아무런 대답을 해주지 않았다. 신부르주아는 초월적 신비주의가 하얗고 빛나는 새로운 것이라고 생각하는 착각에 사로잡혀 있었다.

쉐퍼는 문화의 세속적 측면의 실패에서 눈을 돌려 교회 안에 어떤 일이 일어났는지를 말했다. 놀랍게도 세상에서 일어난 일이 교회 안에서도 동일한 현상으로 나타났다. 쉐퍼는 그런 현상이 나타난 이유로 세상에서 일어난 일이 기독교 진영 안으로 침투했기 때문이라고 보았다. 쉐퍼는 그 이유를 세 가지로 말했다.475)

---

473) *CWFS3*, 386.
474) Ibid., 415.

첫 번째는, 젊은이들은 믿으라는 말은 들었으나 자신들이 묻는 물음에 대한 어떤 지성적인 대답을 듣지 못했다. 젊은이들이 질문했을 때 부모와 목회자들은 "애야, 그런 질문을 집어치우고 그저 믿기만 해라."라고 말했다.476) 부모와 목회자들에게는 "질문을 하는 것보다 질문 없이 믿는 것이 더욱 영적인 것"이었다.477)

두 번째는, 교회에서 어떤 아름다운 것도 볼 수 없었다. 그 시대 젊은이들의 가족은 찢어졌으며, 어떤 성경적 근거도 없는 이혼이 받아들여졌다. 더구나 구세대들은 교회가 설교하는 대로 정통 신앙을 따라 살지 않았다. 교회와 가정에서 기독교인답게 한 인격체로 살아가는데 필요한 사랑, 관심, 공동체를 거의 찾아볼 수 없었다.

쉐퍼는 그 이유를 다음과 같이 말했다.

> 나는 부분적으로 그 이유가 그 교회들이 플라톤적인 사상의 상당한 분량의 약에 중독되어 있었기 때문이라고 생각한다. 이 플라톤 사상은 여러 가지로 나타났다. 마치 오로지 중요한 것이라고는 한 사람의 영혼이 구원받아서 하늘나라에 갈 수 있는 것이라고 생각하는 경향이 있었다. 개개 인격은 사라져버리고 오직 영혼만이 가치 있으며 그 가치는 하늘에 있고 현재의 삶에 있는 것들-몸, 지성, 문화-과는 거의 상관이 없다. 오랫동안 정통 교회들과 단체들 속에는 지성적인 것들이나 문화와 관련된 그리스도의 주되심에 대한 관심이 거의 없었다.478)

쉐퍼의 견해에 의하면, 플라톤적이라는 의미가 저세상만이 그런 것이 아니라 교회 안에서도 일어났다는 것이다. 그것이 복음주의든지 정통주의든지 간에 예술과 문화 전반에 대한 부정적인 태도를 가지고

---

475) Ibid., 416-417.
476) Ibid., 416.
477) *CWFS3*, 388.
478) 프란시스 쉐퍼, **기독교 영성관**, 박문재 역 (경기: 크리스챤다이제스트, 2002), 416.

있었다. 물론 두 진영이 다 그리스도의 주권을 분명히 외쳤다. 그 사실은 누구도 부인할 수 없다. 그러나 지성과 문화에 대한 거부를 가지고 있었고 그렇게 열심히 외쳤던 그리스도의 주권이란 영적인 일에 국한되고 말았다. 그것이 바로 플라톤적이라는 의미이다. 그러므로 쉐퍼의 사역은 참된 기독교인이라면 영적인 일에서만이 아니라 지성과 문화의 영역에서도 그리스도의 주권이 나타나야 한다는 것을 일깨워 주는 것이었다.

세 번째는, 강력한 율법주의 때문이었다. 교회로부터 발걸음을 돌린 젊은이들은 성경과는 아무런 연관성도 없는 일련의 금기사항들에 대해 반감을 가졌다.

쉐퍼는 다음과 같이 말했다.

> 성경과는 아무런 상관도 없는 일단의 금기사항들이 발전되어 왔다. 그 단체가 탄생한 역사적 배경들과 일련의 중산층 규범들이 신성시되었고 성경의 절대적인 것들과 동일하게 취급되었다. 그 결과 성경의 절대적인 것들은 성경에 절대적인 것들이 없다고 말한 자유주의자들 가운데에서와 마찬가지로 복음주의자들 가운데서도 파괴되었다.[479]

젊은이들은 성경적 근거가 없는 규범들이 신성시되는 것에 놀랐으며 그런 것들로부터 등을 돌렸다. 만일 젊은이들이 기독교 진리가 참되며 기독교 진리가 아름다운 것을 낳는다는 것을 알았더라면 초영성으로 가지 않았을 것이다. 젊은이들은 그리스도의 주권을 외치지만 실제로는 신플라톤적 영성의 색채를 지니고 있는 기성 교회에 대해 아무런 매력을 느끼지 못했다.

중요한 것은 이런 초영성에 대한 기독교의 대응이다. 쉐퍼는 "초

---

479) Ibid., 417.

영성에 대해 기독교인이 어떻게 대응할 것인가?"를 네 가지 원칙으로 말했다.480) 첫 번째로, 기독교인들은 기독교인의 표지를 잊지 말아야 한다. 쉐퍼는 다음과 같이 말했다.

> 우리는 생각으로나 마음으로나 진정한 그리스도인들은 진정 그리스도 안에서 한 형제들이라는 사실을 반드시 깨달아야 한다. 세상은 우리가 모든 진정한 그리스도인들에게 나타내 보이는 사랑을 보고 우리가 그리스도인인지 아닌지 판단할 권리가 있다. 따라서 우리가 진정한 그리스도인으로서 서로를 위하는 사랑은 세상 사람들에게 명백히 드러나야 한다.481)

쉐퍼에 의하면, 기독교인들은 한 형제들이라는 것을 알아야 하며, 기독교인들이 서로 사랑하는 것을 볼 때 그들이 참된 기독교인이라는 것을 세상이 알게 될 것이다. 예수님께서는 요한복음 17장에서 세상이 기독교인들이 사랑하는 모습을 보고 하나님께서 그리스도를 보내셨다는 것을 판단할 것이라고 말했다. 쉐퍼가 기독교인들이 사랑해야 한다고 말하는 이유는 각자가 옳다고 주장하면서 형제들끼리 찢어져서는 안 되기 때문이다. 쉐퍼는 자신의 경험과 지나간 역사를 통해서 뼈저리게 느낀 것을 토대로 사랑을 강조했다.482) 젊은 세대들은 부모 세대들이 각자의 교리 차이로 싸우는 것을 보고 진저리를 내었다. 교리의 차이점이 있을 때 그 차이를 극복한다는 것은 쉽지 않은 일이다. 그럼에도 불구하고 유념해야 할 것은 우리의 자녀 세대와 세상이 우

---

480) Ibid., 425-430.
481) 프란시스 쉐퍼, 초영성주의에 맞서는 그리스도인의 자세, 김원주 역 (서울: 생명의말씀사, 1995), 27-28; "그러기에 우리는 보기 흉한 조가리들로 찢어져서는 안 된다. 이러한 점에서 우리는 자신이 옳다고 여기는 것을 주장하고 행하기는 하되, 진정한 그리스도인들 사이에서 분열의 불씨가 되어서는 안 되며 오히려 치료의 손길이 되어 주어야 한다."
482) Ibid., 26; "예전의 복음주의 단체 내에서는 자기가 선포하는 교리와 조금 다르다는 이유로 갑자기 다른 사람을 호되게 비난하곤 하였다."

리의 모습을 보고 있다는 사실이다. 나와 내 편의 옳음을 위해서 복음의 진보를 막는다면 그것은 바람직한 일이 아니다.

두 번째로, 플라톤적 영성을 보면서 기독교인들은 기독교 신앙의 내용을 계속해서 강조해야 한다.483) 이 점에 있어서 쉐퍼는 다음과 같이 말했다.

> 그 내용이란 성경에서 제시하는 명제적 계시에 근거를 두어야 하며, 성령께서 이끄시는 가운데 얻게 되는 우리의 자유도 모두 성경이 말하는 틀 안에 있어야 한다. 우리 믿음의 기초는 종교적 체험이나 감정의 경험이 아니라, 하나님께서 주시는 진리라는 것을 분명히 해두어야 한다. 이 진리는 성경을 통해 언어로 표현된 명제적 형태로 주셨으므로 무엇보다도 먼저 이성으로 이 사실을 깨닫되 물론 우리의 전인격이 그 진리에 따라 행동해야 한다.484)

쉐퍼의 말은 세 가지로 분류할 수 있다. 첫째, 우리가 강조해야 할 내용은 "성경에서 제시하는 명제적 계시에 근거를 두어야 한다." 둘째, 우리의 자유도 "모두 성경이 말하는 틀 안에 있어야 한다." 셋째, 우리의 이성으로 깨달아야 하며 "우리의 전인격이 그 진리에 따라 행동해야 한다."485) 이 세 가지는 쉐퍼의 체계에서 도약을 반대하는 가장 근원적인 핵심에 속한다. 쉐퍼가 키르케고르의 도약을 말할 때 먼저 말하는 것이 명제적 계시이다. 쉐퍼는 아브라함이 하나님으로부터 명제적 계시들을 가지고 있었기 때문에 도약이 일어나지 않았다고 말했다.486) 아브라함은 하나님을 개념적으로 안 것이 아니다. 아브라함

---

483) *CWFS3*, 397. "we must emphasize content, content, and then content again."
484) Francis A. Schaeffer, **초영성주의에 맞서는 그리스도인의 자세**, 28; 김원주는 "We must stress that the basis for our faith is neither experience nor emotion"을 약간 의역을 했으나 박문재의 번역보다는 쉐퍼의 의도를 더 잘 반영하고 있다.
485) Ibid.
486) Francis A. Schaeffer, **기독교 문화관**, 35; "아브라함은 이삭이라는 희생제물(물론 하나님이 칼을 대도

은 하나님을 만났고 그 하나님을 신뢰했다. 그 사실을 아브라함의 합리적 이성으로 알고 있었기 때문에 도약이 일어나지 않았다. 아브라함의 이삭 번제 사건을 통해서 키르케고르는 "믿음은 인간 속에 있는 최고의 정열이다."라고 보았다.487) 성경이 말하는 아브라함의 믿음은 하나님의 계시에 근거한 믿음이었다. 쉐퍼는 키르케고르가 신앙의 도약을 말하는 이유로 키르케고르가 성경을 주의 깊게 읽지 않았기 때문이라고 말했다.488)

세 번째로, 기독교인들은 새로운 초영성주의의 흐름에 맞서 버티어야 한다. 비기독교인 신부르조아와 구부르조아는 평안과 부요를 위해 자유를 포기해 버렸다. 또한, 플라톤적인 복음주의는 우리의 사고와 문화에 있어서 그리스도의 주권이 전혀 영향을 미치지 않았다. 이제는 기독교가 초영성주의에 맞서야 한다. 쉐퍼는 초영성에 사로잡힌 사람들과 분리가 아니라 밤새워 기도하며 사랑으로 대해야 한다고 말했다. 이것은 얼마나 전인적 사랑으로 감당해 가는 싸움인지를 보여주는 것이다.489) 참으로 중요한 것은 사랑이기 때문이다.490)

네 번째로, 기독교인들이 새로운 초영성의 도전을 대할 때 과잉반응을 하지 말아야 한다. 너무 지나치게 반응하여 지성이나 문화를 기독교가 하나의 체계로만 여겨서는 안 된다. 기독교가 하나의 체계일

록 허락하시지 않으신)을 바치라고 요구받기 전에, 하나님으로부터 온 많은 명제적 계시를 가지고 있었고, 하나님을 친히 만난 적이 있으며, 하나님은 그에게 하신 약속을 성취하셨다. 요약하면 하나님이 하신 말씀들을 하나님이 존재하시고, 완전히 신뢰할 만한 분이라는 사실을 알고 있는 아브라함의 이성의 맥락 속에 있었다는 것이다."
487) Sören Aabye Kierkegaard, 공포(恐怖)와 전율(戰慄), 226-228.
488) CWFS1, 15; 문석호는 "Kierkegaard had not read the Bible carefully enough."를 "키에르케고르는 성경을 충분히 유의해서 읽지 못했다."라고 번역함으로 쉐퍼의 의도를 더 강조했다.
489) Francis A. Schaeffer, 초영성주의에 맞서는 그리스도인의 자세, 28-31.
490) Francis A. Schaeffer, 위기에 처한 복음주의, 윤두혁 역 (서울: 생명의말씀사, 1995), 39; "참으로 중요한 것은 여기 있으니 주 우리 하나님을 사랑하고 그의 아들을 사랑하며, 또 개인적으로 그가 우리의 구주되심을 아는 것이다. … 참으로 중요한 것의 다른 절반은 우리 이웃을 우리 자신처럼 사랑하는 일이다."

지라도 체계에 불과한 것은 아니다. 기독교는 하나님께서 존재하시고 우리가 하나님과 관계하며 존재한다고 믿기 때문이다. 그러므로 새로운 초영성의 대응에 대한 결론으로 쉐퍼는 다음과 같이 말했다.

> 실제로 우리는 새로운 플라톤적인 초(超)영성에 대하여 과잉반응을 보여서는 안 되지만 그리스도가 영혼의 주가 아니라 전인(全人)의 주이시라는 것을 강조하여야 한다. 그리스도는 지성의 주이시며 몸의 주이시다. 그리스도는 우리가 삶을 부정하지 말고 긍정하기를 바라신다. 그러한 것이 이상적인 것이다.491)

쉐퍼의 견해에 의하면, 기독교는 인간이 삶을 살아가야 하는 실제적인 근거가 무엇인지를 말해주어야 한다. 기독교가 플라톤적인 혹은 신플라톤적인 영성으로 빠지지 않기 위해서는 인간이라는 존재의 근거와 기독교인으로서 삶을 살아가는 이유를 성경적인 근거로 제시해야 한다. 그렇게 하나님으로부터 의미와 통일성을 받을 때 기독교인들은 합리성을 중시하면서도 초영성으로 도약하지 않는다.

---

491) Francis A. Schaeffer, **기독교 영성관**, 430.

4. 교회관과 도약 반대
4.1. 탈기독교에서의 도약 반대

쉐퍼는 교회가 처한 사회적 환경을 말하고 인간의 인격성이 고수되어야 한다고 보았다. 현대사회는 "문화적인 문제, 사회적인 문제, 오늘날 우리의 나라들을 지배하고 있는 문제, 생태학과 인식론의 문제"와 관련이 있으며, 이와 같은 문제들에 대해 기본적인 해결책을 제시할 수 없다고 했다.[492]

쉐퍼는 20세기 말에 "과연 교회에 장래가 있는가?"라고 사람들이 묻고 있다면서 기독교의 현주소와 장래의 기대를 깊이 생각할 것을 주문했다.[493] 그가 말하는 현대인들에 대한 규정이 다른데, 그것은 첫 번째로, 현대인은 우주와 인간이 비인격적인 것으로부터 시작되었고 시간과 우연에 의해 우주와 인간의 존재를 설명할 수 있다고 생각하는 사람들이다.[494] 존재의 기원을 비인격적인 것에 상정하자, 현대인들의 실제 삶에는 소외가 발생했다. 어느 한 부분에서만이 아니라 모든 측면에서 소외가 발생했다. 현대인들은 인간의 인격성을 설명할 수도 없고 인격성을 부인당하자 존재의 위협을 설명할 길이 없었기 때문이다.

쉐퍼가 말하는 현대인은, 두 번째로, 인간을 기계라고 여기는 것이다. 세 번째로, 자기 존재가 궁극적으로 단순한 물질이거나 기계라는 것을 참을 수 없어서 신비주의자가 된 것이다. 그것은 맹목적 도약이다. 상층부로 도약하지 않고서는 자기 존재의 의미를 규정할 수 없기

---

[492] Francis A. Schaeffer, 기독교 교회관, 박문재 역 (파주: 크리스챤다이제스트, 2002), 19.
[493] Ibid., 21.
[494] Francis A. Schaeffer, *The Complete Works of Francis A Schaeffer A Christian Worldview Vol. IV, 2d ed. A Christian View Of The Church* (Wheaton, Illinois: Crossway Books, 1982), 12. 이하 *CWFS4*로 표기한다.

때문이다. 쉐퍼는 도약의 실제적인 출발자를 키르케고르로 보았다. 그 영향 아래서 인간이 어떻게 되었는지 쉐퍼는 다음과 같이 말했다.

> 키에르케고르나 키에르케고르 학파가 그것을 탄생시켰든 아니든, 우리는 지금 인류가 과거의 역사 속에서 직면하지 않았던 그 무엇, 즉 분열된 우주를 갖고 있다. 이에 직면하여 철학자들과 사상가들은 언제나 통일된 개념, 삶 전체와 지식 전체를 포괄할 수 있는 개념을 추구하여 왔다. 그러나 현대인은 전적인 이분법을 받아들였다. 합리주의로부터 시작하게 되면 합리적으로 여러분은 오직 염세주의에 도달하게 된다. 인간은 기계와 동일하다. 인간은 죽었다. 따라서 키에르케고르를 따른 사람들은 비합리의 영역에서 낙관주의의 개념을 펼쳤다. 신앙과 낙관주의는 언제나 비약이라고 그들은 말했다. 이 둘 중의 어느 것도 이성과는 아무런 상관이 없다.495)

쉐퍼에 의하면, 키르케고르나 키르케고르 학파는 비합리적 영역에서는 낙관적 개념을 펼쳤고, 거기에는 도약이 일어났다고 보았다. 존 바틀리 스튜어트(Jon Bartley Stewart)는 쉐퍼의 이런 분석에 대해 키르케고르의 도약은 비이성적 운동이 아니라고 말했다.496) 그러나 키르케고르는 실존적 세 단계를 통해 과감한 결단으로 도약한다고 말했다. 한스 슈테리히(Hans J. Störig)는 키르케고르의 신앙을 "이성을 초월하는 영역"이며,497) 지성에 대해서는 영원히 역설이고 부조리한

---

495) Francis A. Schaeffer, 기독교 교회관, 31.
496) Jon Bartley Stewart, *Kierkegaard's Influence on Theology: Anglophone and Scandinavian Protestant Theology (Kierkegaard Research: Sources, Reception and Resources)* (England: Ashgate Publishing Limited, 2018), 184; "Schaeffer had interpreted the leap as exclusively a leap of faith *inito* despair. That is since human beings cannot access the world of meaning and value thorugh rational deliberation. they must take an irrational leap into the void. For Climacu-and for Kierkegaard-however, the leap is not an irrational movement meant to bypass the 'rigors' of rationality and verification. Rather, the idea is grounded in a fundamental assumption that human beings cannot *truly* access and therefore appropriate the essence of Christianity (which, in fact, is a person-Christ) apart from 'a qualitative transformation, a total character transformation in time."
497) Störig J. Hans, 세계철학사, 795; "신이 예수 그리스도를 통해 인간이 되어 세상에 나타났다는 이 신앙, 지성에 대해서는 영원히 역설이고 부조리일 수밖에 없는 이 신앙, 우리에게는 오직 은총에 의해 천상에

것이라고 말했다.498) 만일, 키르케고르의 도약이 이성적이라면 역설과 부조리, 과감한 결단이라는 비이성적 이해와 방법이 동원될 필요가 없다.

21세기를 살아가는 기독교인들은 쉐퍼의 이런 분석에서 도약이 가지는 함의성을 깊이 고려해야 한다. 현대인들이 신비주의자가 된 것은 자기 존재의 의미를 찾기 위해 이성을 뛰어넘어 도약하지 않으면 안 되기 때문이다. 현대인들이 도약을 하게 되는 이유는 "합리주의(rationalism)499)를 고수하기 위해 자신의 합리성(rationality)을 포기했기 때문"이다.500)

쉐퍼는 현대인들이 도약하는 근본적인 이유로 인간이 본래 하나님의 형상으로 창조되었기 때문이라고 말했다. 인간이 타락했을지라도 비인간이 되거나 짐승이나 기계가 된 것이 아니다. 범죄함으로 하나님과 분리되었으나 인간은 여전히 하나님의 형상이라 불렸다(창 9:6; 약 3:9). 현대인들은 자기 존재를 동물과 기계와의 관계에서 찾지만, 그러나 성경은 인격적인 면에서 하나님과 관계가 있다고 말한다.501) 쉐퍼가 이 대목에서 인간이 하나님의 형상으로 창조되었기 때문에 하나님으로부터 의미와 통일성을 누리는 존재라고 좀 더 분명하게 말했더라면 더 좋았을 것이다.

한편, 쉐퍼는 현대인들의 도약에 대해 다음과 같이 말했다.

서 하사된 것이지만 동시에 이성을 초월하는 영역으로의 '도약'을 뜻하는 이 신앙이 무미건조할뿐더러 외양에만 치우친 시민적 교회 세계, 착실한 시민들이 조금치의 내적 감동도 없이 세례나 견진성사를 받고 혼인을 올리는 그런 교회세계와 무슨 상관이 있단 말인가?"
498) Ibid.
499) Francis A. Schaeffer, **기독교 교회관**, 32; 쉐퍼는 합리주의를 "인간은 전적으로 자기 자신으로부터 출발하여 세계를 이해해야 한다는 것"이라고 규정했다.
500) *CWFS4*, 14.
501) Francis A. Schaeffer, **이성에서의 도피**, 35-36.

현대인은 왜 자기가 비약해야 하는지를 모르지만 어쨌든 불합리한 것으로 비약하지 않으면 안 된다는 것을 발견한다. 닫힌 체계 안에서의 자연적인 원인들의 획일성을 고수하게 되면 인간에게 남는 것은 오직 비인격적인 것과 시간과 우연뿐이다. 이것은 인간의 갈망들을 설명해주지 못한다. 따라서 실제로 저주를 받아 지옥 같은 상황에 사로잡혀 있다고 느낀 인간은 위층으로 비약한다.502)

쉐퍼에 의하면, 현대인들은 자신이 왜 도약해야 하는지를 모른다. 그럼에도 불구하고 도약을 감행하고 있다. 인과율에 갇힌 인간은 기계로 전락해 버리기 때문에, 그런 저주받은 지옥 같은 상황에서 살아갈 수 없어서 현대인들은 상층부로의 도약을 감행한다. 닫힌 체계 안에서는 물질과 에너지가 영원하다고 말하기 때문에 하나님과 인간이 설 자리가 없어져 버린다.503)

쉐퍼는 기독교적 대응을 말하기 전에 인간이 가지게 되는 세 가지 대안을 말했다.504) 그 대안들이란 하나님께서 인간에게 분명하게 말씀하신 절대와 보편으로 되돌아가는 것을 포기함으로써 나오는 것들이다. 하나님의 절대와 보편에 대한 포기의 결과는 첫 번째, 향락주의이다. 향락주의는 모든 사람이 각자가 자기 마음대로 하고 싶은 대로 하고 사는 것이다. 두 번째는, 다수파의 독재이다. 세 번째는, 엘리트 또는 독재자, 즉 소수, 엘리트, 일인이 사회에 대하여 무엇을 하라고 명령하는 전체주의이다.505) 여기에서 쉐퍼가 말하려는 것은 이런 세

---

502) Francis A. Schaeffer, 기독교 교회관, 32.
503) Francis A. Schaeffer, 그러면 우리는 어떻게 살 것인가?, 김기찬 역 (서울: 생명의말씀사, 2006), 181; "… 닫힌 인과율의 체계의 일부가 되었을 때, 하나님만 죽은 것이 아니었다. 인간도 역시 죽어버렸다. 그리고 이러한 틀 속에서는 사랑도 죽었다. 전적으로 닫힌 인과율 체계 속에서는 사랑이 들어설 여지가 없다. 전적으로 닫힌 인과율 체계 속에서는 도덕도 들어설 여지가 없다. 전적으로 닫힌 인과율 체계 속에서는 인간들의 자유도 들어설 여지가 없다. 인간은 무(zero)로 된다. 사람들과 사람들이 하는 모든 일이 그 기계의 부품이 되어간다."
504) Francis A. Schaeffer, 기독교 교회관, 45-47.
505) Ibid., 46; "1970년대에 대법은 이러한 입장에 서서 그들이 옳다고 보는 견해들을 사회에 강요하였다.

가지 사회학적인 가능성이 나온 이유가 사람들이 기독교적 입장을 차단해 버린 결과이며, 그 사실을 모르는 집단인 소위 침묵하는 다수가 문제라고 보았다. 그 침묵하는 다수의 가치관이 문제이다. 그들은 "어떠한 대가를 치르더라도 부요(그들은 실제적인 물질주의자들이다)와 개인의 평안을 얻어야 한다는 것이다."506)

침묵하는 다수는 자신들에게 어떤 토대도, 절대도 없는 사람들이다. '부요와 개인의 평안이냐?', 아니면 '자유의 일부를 포기할 것인가?'라는 두 개 중의 양자택일을 해야 하는 상황에 직면하게 되면, 자유를 내어주고 부요와 개인의 평안을 챙기는 흥정을 한다. 왜냐하면, 침묵하는 다수는 자유를 위해 생명을 거는 사람들이 아니라 자신들의 부요와 평안을 획득하는 것이 인생의 주된 목표이기 때문이다. 그런 까닭에, 쉐퍼는 이런 현실 앞에서 변혁적 자세를 취해야 한다고 말하면서 진정한 변혁이 가지는 세 가지 함의를 말했다.507)

첫째, 기독교인들은 협력자와 동맹자가 서로 다르다는 것을 알아야 한다. 사회의 불의에 대해서 비기독교 진영의 사람들과 함께 말할 수 있으나 그것은 전적으로 협력자이지 동맹자는 아니다. 세상의 어떤 특정한 일들에 대해서 말한다고 해서 교회가 자기 정체성을 상실해서는 안 된다.

둘째, 우리와 우리의 교회들은 진리를 진지하게 취급하여야 한다. 쉐퍼는 복음주의라는 이름으로 복음주의를 파괴하고 정통주의라는 이름으로 정통주의를 파괴하는 현실을 말하면서, 그 원인은 성경을 불신하기 때문이라고 했다.508) 암스테르담의 자유대학이나 미국의 신학

낙태법이 그 분명한 예였다. 인간의 생명과 관련된 이 중요한 변화는 그것에 대하여 투표할 기회도 주지 않은 채 사람들에게 강제로 부과되었다."
506) Ibid., 47.
507) Ibid., 49-53.

교나 영국의 신학교 중에는 창세기 전반부의 역사적 내용이 성령의 영감으로 기록되었다는 것을 믿지 않는다. 자유주의자들은 아브라함 이전의 역사와 신앙을 분리하면서도 신앙이 승리할 것이라고 말하고 있다. 여기에 대한 쉐퍼의 대안은 반정립이다.509)

셋째, 우리 교회들은 참된 공동체이어야 한다. 쉐퍼는 조직의 중요성을 보았다. 교리의 정통이 유지되려면 교회의 정통도 유지되어야 한다. 예수 그리스도의 속죄와 칭의를 말하고 성경의 역사성을 믿고 진리를 설교해야 하며, 교회 안에서 관계의 아름다움을 보여줄 수 있는 실천이 있어야 한다. 교회는 분란을 멈추고 사랑의 관계가 되어야 한다. 쉐퍼는 다음과 같이 말했다.

> 나는 우리가 서로를 인간으로 대하는 모습을 보기를 원한다. - 이것은 인본주의적 학생 혁명가들이 원했지만 이룰 수 없었던 것이다. 모든 기독교회, 모든 기독교 학교, 모든 선교단체는 세상이 시범공장으로 여길 수 있는 공동체이어야 한다.510)

쉐퍼에 의하면, 모든 기독교 공동체가 이상적인 구호만 외치는 세상의 단체와 달라야 한다는 것이다. 즉, 세상이 꿈꾸지만, 세상이 이루지 못한 것을 교회가 이루어내어야 교회가 참된 공동체가 된다. 진리는 설교되어져야 할 뿐 아니라 실천되어져야 진리이다. 쉐퍼가 하고 싶은 말은 사랑이 실천되는 것을 볼 때 세상은 진리에 항복하게 된다는 것이다. 따라서 교회는 세상이 이상으로만 여기는 것들을 사랑으로 만들어 내야 하는 실천의 장이다. 사랑이 실패하면 진리가 실

---

508) *CWFS4*, 31.
509) Francis A. Schaeffer, **기독교 교회관**, 208; "여기서 열쇠는 반정립(反定立)이다. … 사도행전 4:19, 20에서 그들은 이렇게 말했다: 그 어떤 권세가 우리에게 침묵할 것을 명한다고 하더라도 우리는 하나님께 순종하여 우리가 본 것을 말해야 하고 우리가 들은 것을 말해야 한다. 그들은 반정립을 실천하였다."
510) Ibid., 53.

패되는 위기에 직면하게 된다.

그런 차원에서 쉐퍼는 세 번째 사항인 개별 기독교인과 기독교인의 공동체를 더 강조했다. 자유주의 신학자들이 공동체를 강조하지만, 수평적 관계이기 때문에 세상의 인간 공동체와 마찬가지로 궁극적인 가치(final value)를 지니지 못한다.511) 에디스 쉐퍼(Edith Seville Schaeffer)는 인간이 하나님의 형상으로 창조되었기 때문에 다른 피조물과 수평적인 반응을 보일 수 있다고 보았다.512) 기독교가 궁극적인 가치를 제공하는 것은 우주의 존재와 형식을 설명해주기 때문이다. 쉐퍼는 그 무엇보다도 우리의 궁극적인 환경이 인격적이라는 사실을 강조했다. 또한, 쉐퍼는 기독교가 진실한 이유는 "존재하는 것에 대해 진실하기 때문에 기독교가 진실한 것이다."라고 말했다.513)

쉐퍼의 체계에서 보았을 때, 하나님의 명제적 진리를 사랑으로 실천하며 도약이 일어나지 않는 것은 하나님께서 무한하시고 인격적인 존재이기 때문이다. 실존주의나 신신학은 거기에 대한 답이 없기 때문에 도약을 감행할 수밖에 없다.

쉐퍼는 다음과 같이 말했다.

> 개인의 삶과 공동체의 삶은 모두 하나님과의 인격적인 관계의 존재 여부에 좌우된다. 모든 것은 이 점에 달려 있다. 존재하시는 하나님과의

---

511) *CWFS4*, 38.
512) Edith Seville Schaeffer, **가정이란 무엇인가?**, 양은순 역 (서울: 생명의말씀사, 2006), 58; "하나님께서는 사람을 하나님의 형상대로, 창조할 수 있는 능력과 피조물을 즐기고 피조물-하나님의 피조물-에게 반응을 보일 수 있는 능력, 그리고 나는 피조물인 인간에게 수평적인 반응을 보일 수 있는 능력을 가진 인간으로 만드셨다."
513) Francis A. Schaeffer, **20세기 말의 교회**, 김재권 역 (서울: 생명의말씀사, 1995), 57; "나는 가끔 비실재(unreality)의 풍조가 교회와 사람들에게 상당히 있는 이유는 우리가 기독교는 진실하다 할 때 그것이 정말 무엇을 의미하는지 이해하지 못한 까닭이라고 생각한다. … 분명히 우리 기독교는 성경의 완전영감에 진실해야 하겠지만 기독교가 진실하다는 것은 성경에 대해 진실하기 때문만도 아니다. 오히려 기독교는 정말로 존재하는 것에 진실하기 때문에 기독교가 진실한 것이다."

인격적인 관계라는 토대가 없다면 개인이나 공동체의 기독교적 삶에는 어떠한 실재도 있을 수 없다.514)

쉐퍼에 의하면, 인간의 존재와 삶은 '하나님이 누구신가?', '나는 누구인가?'에 모든 것이 달려 있다. 무엇보다 기독교인의 삶과 교회는 하나님과의 인격적인 관계가 있기 때문에 가능하다. 하나님께서 존재하시고 그 하나님께서 인격적이기 때문에 하나님의 계명이 사랑이다. 인간은 우주의 기계적인 부분과 달리 하나님의 형상으로 창조되었기 때문에 하나님과 교제하며 하나님의 인격을 닮아갈 수 있다.515) 그것을 벗어나는 경우는 두 가지로 생각해 볼 수 있는데, 첫째는 신신학이고 둘째는 인본주의자들이다.

첫째로, 신신학이 사랑의 하나님을 말하면서도 하나님의 존재를 성경대로 인정하지 않는 것은 성경과 어긋난다. 로빈슨 주교는 『하나님께 솔직히』(*Honest to God*)라는 자신의 책에서 하나님과의 참된 수직적 관계는 존재하지 않는다고 말했다. 하나님과의 관계를 부정한 로빈슨 주교는 윤리에서 허물어졌다. 로빈슨 주교는 "기독교적인 것이라고 주장할 수 있는 윤리적 체계는 존재할 수 없다."고 말했다.516) 그러나 쉐퍼의 체계로 보았을 때, 이것은 하나님으로부터 의미와 통일성을 제공받는 것이 없다는 뜻이다. 만일 하나님으로부터 의미와 통일성을 받지 않으면 인간은 기계로 전락하게 된다. 하나님과 수직적인 관계가 없는 인간이 말하는 하나님은 명목상의 하나님이

---

514) 프란시스 쉐퍼, **기독교 교회관**, 박문재 역 (경기: 크리스찬다이제스트, 2002), 57.
515) Francis A. Schaeffer, **창세기의 시공간성**, 50; "나는 교제와 인격의 가능성을 이해한다. 나는 내가 하나님의 형상으로 피조 되었고 또 하나님은 인격이시기 때문에, 하나님과의 인격적인 관계와 진정한 의미에 있어서 교제의 개념 양자가 다 타당성을 지닌 것으로 이해하고 있다. 기본적인 요소는 나의 관계는 상향적이라는 것이다. 물론, 나는 하향적인 관계도 있다. 그러나 나는 내 아래 있는 모든 것과는 구별되어 있으며, 따라서 나는 더이상 혼탁 되지는 않는다."
516) John A. T. Robinson, *Christian Morals Today* (London: The Westminster Press, 1964), 18.

요 상층부로 도약하여 만나는 모호한 하나님에 불과하다.

둘째로, 인본주의자들은 인간은 기계에 지나지 않는다고 말한다. 결정론적 기계라면 사랑의 하나님이라는 말은 아무런 의미가 없다. 하나님이 다만 철학적 타자가 되어버리거나 비인격적인 어떤 것이 되면 하나님을 사랑한다거나 이웃을 사랑하는 것은 환상이거나 속임수에 불과하다. 세상과 인간으로부터 질적으로 무한히 떨어져 있는 철학적 절대 타자는 은폐된 신이기 때문에 인격성과는 아무런 상관이 없다. 야스퍼스는 "초월자의 존재는 우리와 전혀 상관없는 절대 타자이다"라고 말했다.[517]

하나님의 인격에서 벗어난 탈기독교 문화 속에서 쉐퍼가 말하는 기독교적 해결책은 인간에게 절대적 기준이 필요하다는 것과 인간의 인격을 성경적으로 말하는 것이다. 역으로 말하면, 하나님 없는 체계에서 일어나는 두 가지는 '절대는 없다'와 '인간은 기계다'라고 말하는 것이다. 절대가 없다면 인간은 허공에 뜨게 되고, 인간이 기계라면 인간의 의미가 상실된다. 인간은 자기 삶의 의미를 찾을 뿐만 아니라 자기 행동에 책임져야 하는 도덕적인 존재이다. 하나님의 심판으로부터 면제를 받을 인간은 아무도 없다. 하나님의 심판에서 벗어나는 유일한 해결책은 복음이다. 복음은 자기 죄를 회개하고 예수 그리스도를 구주로 믿는 자에게 영생을 주신다.[518] 구원은 그리스도의 구원이기에 인간적 주석(humanistic note)이 추가되지 않는다.[519] 인간의

---

517) Karl Jaspers, **철학적 신앙**, 신옥희 역 (서울: 이화여자대학교출판부, 1979), 23.
518) 가라사대 때가 찼고 하나님 나라가 가까웠으니 회개하고 복음을 믿으라 하시더라(막 1:15) 하나님이 세상을 이처럼 사랑하사 독생자를 주셨으니 이는 저를 믿는 자마다 멸망치 않고 영생을 얻게 하려 하심이니라(요 3:16) 그러므로 너희가 회개하고 돌이켜 너희 죄 없이 함을 받으라 이같이 하면 유쾌하게 되는 날이 주 앞으로부터 이를 것이요(행 3:19) 먼저 다메섹에와 또 예루살렘에 있는 사람과 유대 온 땅과 이방인에게까지 회개하고 하나님께로 돌아가서 회개에 합당한 일을 행하라 선전하므로(행 26:20)
519) *CWFS4*, 42.

어떤 노력과 행위도 공로가 되지 않고 전적으로 예수 그리스도의 구속으로520) 절대와 인격이 회복된다는 것은 인본주의 시대에 던져지는 원자폭탄이다.521) 그러므로 쉐퍼는 그리스도 안에서 회복된 결과에 대해서 다음과 같이 말했다.

> 우주는 이제 더 이상 침묵하지 않으며 비인격적이지 않다. 나를 사랑하는 분이 계시고, 나는 말하고 그분은 들으신다. 우리가 함께 말할 때 인격적인 하나님이신 그분은 들으시며, 그분은 기계의 일부가 아니기 때문에 우리의 기도를 토대로 시공간의 역사 속에서 일하실 수 있다.522)

쉐퍼에 의하면, 예수 그리스도를 구주로 믿은 성도들은 비인격적인 세계 속에 살지 않으며 인격적인 하나님과 함께 살아간다. 그리스도께서는 우리의 이름을 알고 부르시며, 우리는 하나님을 향하여 아바 아버지라고 부르는 존재가 되었다.523) 그 두 가지는 하나님께서 인격적이고 우리도 인격적이라는 사실을 말한다. 인격 대 인격이며, 수직적인 인격관계 속에서 의미와 통일성이 주어졌기 때문에 도약이 일어나지 않는다. 이것은 실존주의나 신신학이 결코 제공해 줄 수 없는 엄청난 것이다. 그런 까닭에, 인격적인 하나님을 경외하며 예배할 수 있다.

기독교 신앙은 사르트르(Sartre)가 "실존은 본질에 앞선다."고 말하는 실존주의 개념과는 판이하게 다르다.524) 실존주의는 지극히 수

---

520) 24 그리스도 예수 안에 있는 구속으로 말미암아 하나님의 은혜로 값없이 의롭다 하심을 얻은 자 되었느니라 25 이 예수를 하나님이 그의 피로 인하여 믿음으로 말미암는 화목제물로 세우셨으니 이는 하나님께서 길이 참으시는 중에 전에 지은 죄를 간과하심으로 자기의 의로우심을 나타내려 하심이니(롬 3:24-25)
521) *CWFS4*, 44.
522) Francis A. Schaeffer, **기독교 교회관**, 64.
523) 너희는 다시 무서워하는 종의 영을 받지 아니하였고 양자의 영을 받았으므로 아바 아버지라 부르짖느니라(롬 8:15) 너희가 아들인 고로 하나님이 그 아들의 영을 우리 마음 가운데 보내사 아바 아버지라 부르게 하셨느니라(갈 4:6)

평적이지만 기독교 공동체는 수직적이고 수평적이며, 인격적이다. 기독교인들은 매 순간 하나님과 인격적인 관계 속에서 세상을 대면한다. 인격적인 관계는 기계적이고 자동적으로 주어지는 것이 아니다. 기독교인들은 의식적으로 하나님께로 향해야 하며, 성령님의 도움을 구해야 한다.

쉐퍼가 기독교인 공동체를 말하는 이 국면에서 언약관계를 말했더라면 더 좋았을 것이다. 기독교인들이 의식적으로 하나님께 도움을 구한다는 것은 언약적 의무와 관련되어 있기 때문이다.[525] 언약은 하나님의 시점에서 보았을 때는 절대적으로 무조건적이지만 인간의 시각으로 보면 조건적이다.[526] 따라서 언약의 수혜자인 인간은 자기의 책임을 다해야 한다.[527] 언약의 율법은 언약 백성에게 주신 생명의 법칙이기 때문에 그 법칙에 순종할 때 하나님의 백성으로 살아갈 수 있다.[528]

쉐퍼는 "우리 세대에 교회에는 장래가 있는가?"라고 질문하면서,[529] 교회의 정체성과 공동체성을 보여주어야 한다고 말했다. 1970년대에 침묵하는 다수들은 물질적 부요에 눈이 멀어 지배층과 타협했

---

524) Peter Kunzmann, Franz-Peter Burkard, Franz Wiedman, **철학도해사전**, 여상훈 역 (파주: 들녘, 2016), 414; "샤르트르는 인간에게 본질을 미리 부여하는 신이란 존재하지 않으므로 인간은 자신의 실존 안에서 스스로를 규정한다고 생각한다. '여기서 실존이 본질에 앞선다는 말은 무슨 뜻인가? 그 말이 뜻하는 것은 인간이 먼저 실존하여 자신과 만나고 세계 안에서 나타난 뒤 자신을 정의한다는 것이다.'"
525) John Calvin, **기독교강요(중)**, 원광연 역 (고양: 크리스챤다이제스트, 2003), 360; "사실 하나님께서 긍휼로써 맺으신 모든 언약에 있어서 여호와께서는 그의 종들에게 의로움과 거룩한 삶을 요구하시는데, 이는 그의 선하심이 조롱을 받지 않도록 하기 위함이며, 사람들이 그 언약을 맺은 사실로 인하여 헛되이 우쭐해져서 자기 자신을 높이며 그 마음에 악한 것을 품고 행하는 일이 없도록 하기 위함이다(신 29:19). 결국, 이렇게 함으로써 하나님은 그 언약의 교제로 받아들여진 그 백성들에게 의무를 지우시고자 하신 것이다."
526) Peter A. Lillback, **칼빈의 언약사상**, 원종천 역 (서울: CLC, 2009), 255.
527) Ibid., 256; "하나님의 언약 안에 있는 계획과 약속은 인간에 의존되지 않고 결과적으로 무조건적이다. 그럼에도 인류 역사의 주어진 시점에서 언약 순종에 의하여 하나님의 축복에 대한 반응이 인간의 책임으로 나타나야 한다는 것이다. 그러한 순종 없이는 하나님의 축복은 하나님의 심판을 통해 제거될 것이다."
528) 황재범, **개혁교회 3대 요리문답**, 221.
529) Francis A. Schaeffer, **기독교 교회관**, 83.

다. 그런 타협하는 마음이 다음 세대들에게도 전달된다면 교회는 크게 훼방을 받을 것이다. 그런 점에서 쉐퍼가 교회됨을 우려하면서 말하는 것은 사회에 가해지는 압력들이다. 이것에 대해 쉐퍼는 7가지로 말했다.530) 첫 번째는, 세월이 갈수록 사람들은 종교개혁의 기억을 잊어간다. 사람들은 탈기독교적인 세대에 의해 양육 받고 영향을 입었기 때문에 도덕의 토대가 사라지고 자의적 판단과 향락만 남았다. 두 번째는, 현대인들은 더 이상 진리를 믿지 않는다. 현대인들은 변증법적 종합으로 사고하며 판단한다. 현대인들이 생각하는 진리는 종합된 진리이다. 고전적인 의미에서의 절대적 진리는 존재하지 않는다. 세 번째는, 우리 시대에는 문화에 방향을 제시해 줄 자연적인 지도력이 없다. 사람들이 자연스럽게 지도자로 존경할만한 지도력이 없다. 네 번째는, 사회가 실제적으로 파탄했다. 자기 일에 책임을 지지 않고 어려운 처지에 있는 사람들을 도와주지 않는 세상이 되었다.531) 다섯 번째는, 갈수록 늘어나는 인구와 생태계 파괴이다. 사람들이 자연을 훼손하며 생태계를 파괴하고 있다. 여섯 번째는, 원자폭탄 혹은 수소폭탄의 압력이다. 현대인은 우주에 존재하는 유일한 관찰자가 되었으나 원자폭탄으로 세계가 다 침묵으로 변할 것을 두려워하며 압박을 받고 있다. 일곱 번째는, 유전지식에 의한 생물탄(the biological bomb)이다. 기형아 방지만이 아니라 무소불위의 바이러스를 만들 수 있다. 기형아냐 아니냐의 문제보다 더 심각한 것은 기형적이지 않은 아기들을 만들 수 있어도 그 아기들이 의미와 통일성을 제공받지 못

---

530) Ibid., 91-96.
531) Ibid., 94; "요지는 이것이다. 사회는 사람들을 기회로 다룬다. 왜냐하면 현대인은 인간이 기계라는 결혼에 도달했기 때문이다. 우리의 대학들과 우리의 지성인들이 인간은 동물이라고 가르치고 있다고 생각하는 사람들은 한참 시대에 뒤떨어져 있는 것이다. 현대인에게 인간은 단지 철거덕 소리를 내는 기계에 지나지 않는다. 그리고 인간은 인간을 기계로 보기 때문에 인간을 인간 이하로 다룬다."

하기 때문에 바보가 되어버린다.532)

쉐퍼는 이런 압박 외에도 과학, 법, 역사, 종교, 연극, 미술, 텔레비전, 화학, 전기를 통한 조종(manipulation)을 말하며 시대의 위험성을 경고했다.533) 쉐퍼는 현시대와 교회의 문제점을 말하면서 진정한 기독교인이 되기 위해서는 다음과 같은 두 가지 원칙을 실천해야 한다고 말했다.

> 첫 번째 원칙은 가시적 교회의 순수성이라는 원칙이다. 성경은 우리가 가시적 교회의 순수성에 관하여 말만 하는 것이 아니라 비록 값비싼 대가를 치르는 한이 있더라도 실제로 그것을 실천해야 한다고 명령하고 있다. 두 번째 원칙은 모든 참다운 그리스도인들 가운데서 눈에 보이는 사랑이 있어야 한다는 원칙이다.534)

쉐퍼는 비록 값비싼 대가를 치르는 한이 있더라도 실제로 그것을 실천해야 한다고 했다. 쉐퍼가 말하는 그 실천이란 원리적으로는 반정립을 실천하며, 가정을 개방하고 교회의 구조를 공동체성에 맞게 조직하는 것이다. 무엇보다 쉐퍼의 놀라운 점은 자신이 실제로 그렇게 실천했다는 것이다. 쉐퍼는 자신의 가정을 개방하고 수많은 사람을 먹이고 삶을 나누었다.535) 또한, 그 실천을 위해 기독교 대학의 사회 공헌에 대해 심각하게 고려할 때이다.

현대인들은 절대적인 가치와 기준을 상실하고 개인과 사회의 행복에 좌우되고 있다. 현대인들은 의미와 통일성을 얻지 못해 도약한다.

---
532) Ibid., 96; 현대인에게는 그가 무엇을 '해야 한다'는 도덕적 정언명령이 없기 때문에 자기가 무엇을 '할 수 있느냐' 하는 것만이 남아 있다. 그리고 현대인은 비록 공포 속에 있다고 할지라도 자기가 할 수 있는 것을 하고 있다. 그리고 이 모든 것 가운데서 가장 큰 공포는 누가 인류를 형성할 것이냐는 것이다.
533) *CWFS4*, 79-86.
534) Francis A. Schaeffer, **기독교 교회관**, 117.
535) Ibid., 111.

이 시대의 기독교인들은 여전히 성경을 가지고 있다. 세상의 압력과 조종에 굴하지 않고 살려면 신학과 삶에서 오염을 거부하고 사랑을 실천하는 삶을 살아야 한다. 기독교인들이 사랑으로 살아가는 것을 볼 때 세상은 하나님의 진리가 실제적이라는 것을 보게 된다. 쉐퍼가 자신의 가정을 개방하고 사랑으로 대접하고 섬겼듯이 기독교인들이 사랑을 실천할 때 도약 없는 삶의 실제를 보여줄 수 있을 것이다.

4.2. 그리스도인의 표지에서의 도약 반대

기독교인들은 지나간 여러 세기에 걸쳐서 기독교인 된 표지를 보이기 위해 여러 상징을 사용해 왔다. 옷깃에 표지를 달거나 특별한 머리 모양으로 자신이 기독교인이라는 것을 보여주었다. 참된 교회를 정의하는 '교회의 표지'(標識)라는 말은 종교개혁 시대부터 결정적인 역할을 하게 되었다. 물론, 종교개혁 이전에도 교회의 표지라는 말이 사용되었다. 그러나 종교개혁자들은 부패한 로마 가톨릭교회로부터 참된 교회를 구분하기 위해 이 용어를 사용했다. 로마 가톨릭교회가 교회의 표지에서 벗어나 있었기 때문에 교회의 표지는 개신교의 표지가 되었다. 존 칼빈(John Calvin)은 기독교강요 제4권 1장에서 가시적 교회의 그 구성원과 표지를 말하면서 "말씀의 전파와 성례의 시행을 교회를 분간하는 표지로 제시하였다."536)

쉐퍼는 기독교인들이 어떤 상징을 사용하여 기독교인으로 나타내는 것을 잘못된 것이라고 보지는 않았다. 쉐퍼는 그보다 훨씬 더 나은 표지를 말했다. 그것은 예수 그리스도께서 다시 오실 때까지 모든 시대의 모든 교회가 지속해서 지녀야 하는 보편적인 표지(universal mark)이다.537)

쉐퍼는 그 표지를 요한복음 13장에 나오는 예수님의 말씀과 요한일서 3장에서 찾았다.

> 소자들아 내가 아직 잠시 너희와 함께 있겠노라 너희가 나를 찾을 터이나 그러나 일찍 내가 유대인들에게 너희는 나의 가는 곳에 올 수 없다고 말한 것과 같이 지금 너희에게도 이르노라 새 계명을 너희에게 주노니

---

536) John Calvin, **기독교강요(하)**, 원광연 역 (고양: 크리스챤다이제스트, 2003), 24; "어디서든지 하나님의 말씀이 순결하게 전해지고 또한 그 말씀을 들으며, 그리스도께서 정하신 규례를 따라서 성례가 시행되면, 거기에 하나님의 교회가 존재한다는 것을 의심해서는 안 될 것이다(참조, 엡 2:20)."(p. 23).
537) *CWFS4*, 183.

서로 사랑하라 내가 너희를 사랑한 것 같이 너희도 서로 사랑하라 너희가 서로 사랑하면 이로써 모든 사람이 너희가 내 제자인 줄 알리라(요 13:33-35)
우리가 서로 사랑할지니 이는 너희가 처음부터 들은 소식이라(요일 3:11)

예수님께서 주신 기독교인의 표지는 사랑이다. 예수님의 말씀은 하나의 진술이 아니라 명령이다. 그 명령에는 조건(if)이 포함되어 있으며, 사랑의 명령에 순종할 때에 진정한 기독교인이 된 표지를 갖게 된다.538) 그런데 그리스도의 이 사랑의 명령을 계명과 상관없이 말하는 사람들이 있다. 마크 맥컬리(Mark McCulley)는 존 화이트헤드(John W. Whitehead)가 상위법을 십계명으로 동일시하고, 쉐퍼와 화이트헤드가 유대-기독교적 윤리에 호소한 것은 예수를 모욕하는 것이라고 보았다.539) 쉐퍼는 사도 요한이 말한 의미는 사랑을 "하나의 명령"으로 지켜야 하는 기독교인의 표지가 되어야 한다는 것으로 해석했다.540)

쉐퍼는 요한복음 13장과 요한일서 3장의 명령이 동료 기독교인들,

---

538) Ibid., 184.
539) Mark McCulley, Review of "*Schaeffer, Francis A., 'A Christian Manifesto'; Whitehead, John W., 'The Second American Revolution*'," *Journal of Church and State* 25:2 (1983): 355; "Whitehead hastily identifies the 'higher law' as being 'the Ten Commandments.' He then bitterly denounces the Supreme Court's decision to prohibit the posting of those commandments in Kentucky public schools. Reminding his readers that 'the entire system depends on people following what the Court says,' Whitehead asks: 'Was the Court's decision nonbiblical? Does God want children to know the Ten Commandments? Jesus Christ himself said: 'If ye love me, keep my commandment.' " Whitehead thus misses the significance of redemptive history: the Ten Commandments are not identical with "my commandments." When Jesus said, 'My commandments', he was not orienting his remarks to the destruction of Pharoah and the exodus from Egypt. His reference point is the 'as I have loved you' of his cross. The appeal of Schaeffer and Whitehead to a 'Judeo-Christian' ethic dishonors Jesus because it makes the cross irrelevant to politics."
540) Francis A. Schaeffer, **기독교 교회관**, 208; "예수께서 여기서 말씀하고 있는 것은 하나의 진술이나 사실이 아니라는 것을 유념하라. 그것은 조건을 포함하는 하나의 명령이다."

곧 교회 안의 형제들을 사랑하라고 말하며, 기독교인들은 모든 사람을 이웃으로 사랑해야 한다고 말했다.541) 쉐퍼는 사랑을 기독교인의 '하나의 참된 표지'라고 했다.542) 따라서 기독교인들이 세상의 사람들까지도 다 사랑해야 하는 이유는 모든 사람이 하나님의 형상을 지니고 있기 때문이다. 그런데 사랑의 대상은 구속을 받은 사람이냐 아니냐로 판단해서는 안 된다. 사람을 사랑해야 하는 것은 사람 그 자체로 가치를 지니고 있기 때문이다. 사람의 가치는 구속 이전에 하나님의 형상대로 지음 받은 하나님의 피조물이라는 사실에 있다.543)

쉐퍼의 이런 해석은 세상의 가치관과 현실적 비참함을 폭로하는 것이다. 기독교인들은 인간이 하나님의 형상으로 창조되었다는 그 사실에서 인간의 가치를 발견하지만, 현대인들은 인간의 가치를 말할 근거가 없다. 바르트는 하나님의 형상을 다음과 같이 '마주섬'(Gegenüber)으로 말했다.

> 하나님의 고유하신 본질 및 영역 안에서 한 대상(Gegenüber)이 발생한다. 그것은 현실적인, 그러나 서로 일치하는 만남 및 발견(Sichfinden)이며, 자유로운 공동존재 및 공동작용이며, 공개된 대립관계 및 상호귀속 관계이다. 바로 이러한 신적 삶의 형식의 반복, 그것의 모형 및 모방이 인간이다. … 그와 같이 인간은 하나님의 모사 및 모방이다. 그와 같이 인간은 하나님께 대한 자신의 대상성(Gegenüber) 안에서, 또 동료에 대한 대상성 안에서, 하나님 자신 안에 있는 바로 그 대상성이다.544)

---

541) Ibid.
542) Francis A. Schaeffer, 그리스도인의 표지, 김재권 역 (서울: 생명의말씀사, 1996), 38-39; "사랑은 세상 사람들 앞에서 달고 다니라고 그리스도께서 그리스도인들에게 주신 표지이고, 연합은 사랑의 증거이다. 세상 사람들은 오직 이 표지로, 그리스도인들이 참으로 하나님의 자녀이며 예수님은 아버지의 보내심을 받았다는 것을 알 수 있는 것이다."
543) CWFS4, 184.
544) Karl Barth, 교회교의학 Ⅲ/Ⅰ, 245-247. "인간은 하나님의 대상이며, 그래서 하나님 안에서 발생하는 자기만남 및 자기발견이 인간에 대한 하나님의 관계 안에서 모사되고 모방된다."

바르트에 의하면, 하나님의 형상이란 하나님이 그 자체 안에서 운동을 하여 자기 대칭 곧 마주섬(Gegenüber)을 형성하며, 이 마주섬이 하나님의 형상이다. 앤서니 후크마(Anthony Andrew Hoekema)는 바르트가 하나님의 형상을 "인간의 지성이나 이성에서 찾아서는 안 된다"고 보았으며, '대면하는 관계'라고 말했다.545) 후크마는 바르트의 하나님 형상개념의 문제점은 인간의 역사적 타락을 인정하지 않는 것이라고 말했다.546) 바르트의 하나님의 형상에 대해 서철원은 다음과 같이 말했다.

> 하나님이 스스로 운동하여 자기 안에 상호대칭을 이룬다는 견해는 전혀 바르지 않다. 왜 하나님이 인간 창조를 위하여 자기 운동을 자신 안에 일으켜야 하는가? 하나님은 자기 경륜을 따라 창조하셨지 자기 안에 운동을 일으켜서 창조를 하신 것이 아니다.547)

서철원에 의하면, 바르트가 말하는 하나님의 형상은 하나님 안에 있는 자기대칭(Gegenüber)이다. 바르트는 하나님 안에 있는 자기 대칭이 남자와 여자가 마주섬으로써 하나님의 형상을 반영한다고 보았다. 바르트의 주장대로라면 하나님께서 전능하신 능력으로 창조하심이 훼손되어 버린다. 그런 까닭에 바르트의 형상에 대한 견해는 인간의 존재와 인격성에 대한 충분한 설명이 되지 못한다.548)

---

545) Anthony A. Hoekema, 76-77.
546) Ibid., 79.
547) 서철원, *서철원박사의 교의신학3 인간론* (서울: 쿰란출판사, 2018), 61.
548) Ibid., 51; "하나님이 자기 존재 안에서 어떻게 스스로 운동을 하여 자기 대칭을 이룰 수 있는가? 하나님이 자기 안에서 운동을 하여 대칭을 이루므로 창조를 할 수 있다면 창조를 이루기 위해서 하나님이 자기 존재방식의 변화를 일으켜야 한다고 할 것이 아닌가? 하나님이 전능하시기 때문에 창조를 이룬 것이 아니고 자기의 대칭을 야기하므로 창조를 할 수 있게 되었다면 그것은 하나님의 전능교리에 어긋난다. 또 이런 하나님의 형상 정의는 성경에 아무런 암시나 시사가 없다. 하나님의 형상은 하나님을 닮고 반사함을 말한다. 그러면 인간이 하나님을 닮고 그를 반영하는 것은 인격임에서이다."

한편, 쉐퍼는 인간의 가치에 대해 다음과 같이 말했다.

> 현대인은 이 점을 거부하고 있기 때문에 자기가 누구인가에 관하여 아무런 실마리도 갖고 있지 않으며, 바로 그러한 이유 때문에 현대인은 자기 자신이나 다른 사람들의 진정한 가치를 발견할 수 없다. 그런 까닭에 현대인은 다른 사람들의 가치를 하찮게 생각하여 오늘날 우리가 직면하고 있는 소름 끼치는 일을 저지른다. 사람들이 사람들을 인간 이하로, 기계로 취급하는 병든 문화, 그러나 우리 그리스도인들은 사람들의 가치를 안다.549)

쉐퍼에 의하면, 현대인들은 인간을 인간 자체로 가치를 말할 근거가 없다. 현대인들이 기독교적 관점을 버림으로써 '나는 누구인가?'를 설명할 길이 없어져 버렸기 때문이다. 자기 자신의 가치도 다른 사람들의 가치도 진정으로 발견할 수 없다. 그래서 현대인들은 인간에 대한 존재적 관점을 비인격체로부터 시작하기 때문에 자기 가치를 확보하기 위해 상층부로 도약을 감행했다. 그 결과 현대인들은 다른 사람들의 가치를 평가절하하게 되었고 사람을 인간 이하로 취급하였다. 그 취급은 인간이 기계로 여겨지는 병든 문화 속에 절망하고 살아가는 것이다. 결국, 현대인들이 도약한다는 것을 기독교인들은 보게 된다. 따라서 인간의 진정한 가치를 아는 사람들은 기독교인들이고 기독교인들만이 사람을 사랑할 수 있다. 기독교인들은 도약 없이 사람들의 가치를 알고 누리는 사람들이기 때문이다.550)

쉐퍼의 관점을 볼 때, 기독교인들은 구속의 관점으로 사람을 보기 이전에 창조의 관점으로 사람을 보아야 한다는 점을 비중 있게 보아야 한다. '인간의 가치가 무엇인가?'라는 존재적 관점을 물을 때, 기

---

549) Francis A. Schaeffer, **기독교 교회관**, 208.
550) Ibid.

독교인들은 인간은 하나님의 형상으로 창조되었기 때문(창 1:27)이라고 대답할 수 있다. 기독교인들은 먼저 창조의 관점에서 사람들을 사랑한다. 예수님께서는 그 사랑을 선한 사마리아인의 비유(눅 10:25-37)로 말씀하셨다.

그런 까닭에, 기독교인은 구속의 관점에서 믿음의 형제들을 사랑해야 하며, 창조의 관점에서 모든 사람을 사랑해야 하는 이중의 목표를 가지고 있다. 이런 이중의 목표가 현대를 살아가는 기독교인의 삶의 방식이다. 그리고 이중의 목표가 기독교인의 행위를 지배할 때에 비로소 기독교인의 표지가 된다. 이것은 칼빈이 말한 교회의 표지와 거리를 두는 것이 아니다. 오히려 칼빈이 말하는 교회의 표지가 이루어지는 방식의 실제가 무엇인지를 말해 준다.[551] 올바른 말씀의 선포와 성례의 정당한 시행이 사랑 안에서 이루어져야 한다는 것을 보여주는 것이다. 무엇보다 칼빈도 역시 교회의 표지를 말하면서 다음과 같이 긍휼을 말했다.

> 그러므로 나는 교회를 세우는 일이 우선되어야 한다고 말한다. 죄 사함이 없이도 교회가 존재할 수 있다는 뜻이 아니라, 주께서 오직 성도들의 교제 속에 그의 긍휼하심을 약속하셨기 때문이다.[552]

칼빈에 의하면, 교회가 존재할 수 있는 것은 주께서 성도들에게 긍휼을 약속하셨기 때문이다. 죄 사함은 교회와 하나님의 나라에 들어가는 첫걸음이다. 교회는 죄 사함의 은혜를 받았으며 그 화목의 메시지를 계속해서 전하도록 명령을 받았다.[553] 칼빈은 권징에 관해서

---

551) John Calvin, **기독교강요(하)**, 24; "우리는 말씀의 전파와 성례의 시행을 교회를 분간하는 표지로 제시하였다."
552) Ibid., 36.
553) Ibid., 37.

도 공적인 화목(public reconciliation)에 관해 언급했다.554) 이로 볼 때, 쉐퍼가 말하는 사랑이나 칼빈의 긍휼은 같은 내용을 말하고 있다고 볼 수 있다.

쉐퍼는 인간이 자기와 다른 사람들을 사랑할 수 있는 준거점을 매우 잘 말해주고 있다. 그 준거점은 모든 사람은 하나님의 형상을 지니고 있다는 것이다. 이것은 인간 존재의 배타성이 성경이 제공하는 통일성(unity)으로 서로 사랑하고 화목할 수 있는 틀을 제공해 준다. 세상은 인간을 인격적으로 하나로 묶을 끈이 없다. 쉐퍼는 '자연원인의 제일성'555)으로만 세계를 파악하려는 인간은 기계로 전락할 수밖에 없다는 사실을 자신의 책 전체에 걸쳐서 강조하고 있다. 인간이 실존주의를 부르짖으나 통일성을 확보하지 못하기 때문에 상층부로 도약을 감행하게 된다는 것이다. 그러나 상층부의 도약은 인간이 경험할지라도 전달할 수 없다.556) 쉐퍼의 이런 주장은 결국 그가 근본주의자요 분리주의자라는 비난을 받아야만 했다.557)

반면에, 기독교인들은 성경에서 인간 존재에 대한 인격적인 통일성을 확보하고 있기 때문에 인간을 그 자체로 가치 있게 여기고 서로 사랑할 수 있다. 기독교인들은 이 통일성에 근거하여 모든 사람을 사

---

554) Ibid., 38.
555) 자연원인의 제일성이란 자연계가 일정한 경우에 참인 것은 동일한 사정 아래에서 모든 경우에 동일하게 참되도록 형성되어 있다는 것을 말한다(인과율).
556) Francis A. Schaeffer, **이성에서의 도피**, 64; "이 '한계체험'이 내포하는 문제점은 바로 이 체험이 합리적인 것과 동떨어진 것이기 때문에 그 체험의 내용을 어느 누구에게나, 심지어 자기 자신에게도(to yourself) 전달할 길이 없다는 점이다."
557) Jacob H. Dorn, Review of "*Francis Schaeffer and the shaping of evangelical America*," 139; "Schaeffer was unwilling, however, to accept even broader historical criticism from Mark Noll and George Marsden. Instead, he attacked them personally, arguing that they were disloyal to the evangelical cause, and expressed doubts about Noll's belief in the Bible. This penultimate episode illustrates again the absolutist and dualistic character of Schaeffer's fundamentalism and his separatist tendency to attack even evangelicals. Hankins credits him, nevertheless, with important contributions to evangelicalism."

랑해야 한다. 교회 공동체 안에 있는 사람들을 사랑할 뿐만 아니라 참된 기독교인이 아니라고 할지라도 사랑해야 한다. 그것은 기독교인의 책임이면서도 기독교인의 표지이다. 이 부분에서 쉐퍼가 언약백성들을 제사장으로 부르셨다는 언약적 의무를 말했더라면 훨씬 더 좋았을 것이다(;).558)

한편, 쉐퍼는 기독교인들에게 다음과 같은 하나의 경고적인 말을 했다.

> 그럼에도 불구하고 예수께서 당시에 보여주셨고 또 지금 보여주고 계시는 사랑이 우리의 표준이어야 한다. 우리는 표준을 이것 아래로 낮출 수는 없다. 그것은 우리가 상상할 수 있는 가장 추한 모습이 될 수도 있고 우리가 상상할 수 있는 가장 심오한 것이 될 수도 있다.559)

쉐퍼에 의하면, 우리는 그리스도의 말씀과 본을 따라 사랑하게 될 때 세상이나 우리가 상상할 수 없는 놀라운 일을 경험하게 된다. 그렇게 되려면 예수님께서 행하셨던 것처럼 기독교인들이 사랑하는 것을 세상의 한복판에서 보여주어야 한다. 놀라운 사실은 예수님께서 우리가 참된 기독교인인지 아닌지를 판단할 권리를 세상에 주셨다는 것이다. 세상이 기독교인들을 판단하는 근거는 바로 사랑이다. 기독교인들이 사랑할 때에 세상은 참된 기독교인이라고 인정한다. 쉐퍼는 라브리(L'Abri, 피난처)에서 그 사랑을 보여주었다. 핸킨스(Hankins)는 쉐퍼가 라브리에서 그리스도를 증거 했고 모범을 보였다고 말했

---

558) 너희가 내게 대하여 제사장 나라가 되며 거룩한 백성이 되리라 너는 이 말을 이스라엘 자손에게 고할지니라(출 19:6) 오직 너희는 택하신 족속이요 왕같은 제사장들이요 거룩한 나라요 그의 소유된 백성이니 이는 너희를 어두운 데서 불러내어 그의 기이한 빛에 들어가게 하신 자의 아름다운 덕을 선전하게 하려 하심이라(벧전 2:9)
559) Francis A. Schaeffer, **기독교 교회관**, 212.

다.560) 폴리스(Follis)는 쉐퍼가 전도자의 삶을 살았으며, 자신의 변증법으로 어떻게 기독교인의 삶을 살았는지를 보여주었다고 말했다.561)

내가 사랑하지 않는다고 해서 내가 기독교인이 아니라는 증명은 아니다. 그러나 기독교인으로서 마땅히 해야 할 사랑을 실천하지 않는다면 세상은 내가 기독교인이 아니라고 판단할 권리가 있다. 그 사랑은 사람들을 섬김으로 나타나야 한다.562) 우리가 완벽한 사랑을 할 수는 없다. 그러나 예수님께서는 세상 사람들에게 리트머스 시험지를 주셨다. 리트머스 시험지가 어떤 화학적 반응을 일으켜서 그 물질의 진위를 확인시켜 주듯이, 기독교인의 진위를 확인시켜 주는 것은 사랑이다. 리트머스 시험지에 반응이 없다면 세상은 기독교인들을 향해 '기독교인이 아니다'라고 말하거나, 혹은 '위선자들'(hypocrites)이라고 반응하게 될 것이다.563)

한편, 쉐퍼는 기독교인의 사랑의 근거가 기독교인들의 하나 됨에 근거해야 한다고 말했다.564) 쉐퍼는 그것을 '궁극적 변증'(the final apologetic)이라고 말했다.565) 쉐퍼는 그 증거 구절로 요한복음 14장

---

560) Allan M. Harman, Review of "*Francis Schaeffer and the shaping of evangelical America*," by Barry Hnakins, *The Reformed Theological Review* 72:1 (2013): 67; "Hankins finishes his biography, sympathetic yet critical, with these words: The enduring lesson for evangelicals who count Schaeffer as an influence is not to duplicate his message in its details, but to fellow his example as a model ofhow to bear witness to Christ within a particular time and place. As he said that first day at LAbri, fee central task of the Christian life was to 'put your feet in Jordan, and let God take care of you.'"
561) Andrew Wood, 2006, Review of "*Truth with love: the apologetics of Francis Schaeffer*," by Bryan A. Follis, *Stone-Campbell Journal* 11:1 (2008): 105; "Follis's ultimate conclusion is that, while Schaeffer was influenced by the verificationalist approach, he was primarily an evangelist inspired by an eclectic mix of apologetic strands. One of the author's more significant observations is that an understanding of Schaeffer's apologetics involves looking beyond his writings to see how he lived out the Christian life as his primary apologetic."
562) 황재범, "서번트 리더십의 기독교적 및 시대적 적합성과 특징들," **신학논단** 60 (2010): 214.
563) *CWFS4*, 188.
564) Ibid., 189.
565) Francis A. Schaeffer, **기독교 교회관**, 214.

20-21절을 말했다.

> 그 날에는 내가 아버지 안에, 너희가 내 안에, 내가 너희 안에 있는 것을 너희가 알리라 나의 계명을 지키는 자라야 나를 사랑하는 자니 나를 사랑하는 자는 내 아버지께 사랑을 받을 것이요 나도 그를 사랑하여 그에게 나를 나타내리라(요 14:20-21)

쉐퍼가 이 성경 구절을 인용한 의도는 개별 기독교인들이 하나가 된 것을 사랑으로 나타내어야 한다는 것이다. 쉐퍼는 그 사랑의 내용으로써, 첫째로, 실수하거나 사랑을 나타내지 못했을 때, '미안하다'라고 말하는 것이며, 둘째로, 용서하는 것이며, 셋째로 차이를 극복하는 것이라고 말했다. 여기에서 첫째와 둘째는 소극적인 사랑이며, 넷째는, 적극적인 사랑이다.

쉐퍼는 그 실제적인 예를 두 가지로 말했다. 첫째는, 제2차 세계대전 직후에 독일의 형제단 단체들 가운데 생긴 일이며, 둘째는, 미국의 한 대도시에 있는 어느 교회에서 일어난 일이었다. 첫째 사례는, 히틀러가 교회를 통제하기 위해 모든 종교단체를 통합하라고 명령한 일로 발생한 것이다. 히틀러의 명령을 받아들인 쪽이 있었고 거부한 쪽이 있었다. 전쟁이 끝나고 양쪽이 서로 만나게 되었다. 두 단체의 장로들은 만나서 각자가 자신의 마음을 살필 기회를 갖도록 했다. 이미 감정의 골이 깊었으나 며칠이 지난 다음에 그들은 다시 모임을 가졌다. 그런 다음에 그들은 하나가 되었다.[566]

둘째 사례는, 한 교회에 사고방식이 다른 두 부류가 있었던 일이었다. 한 목회자가 두 부류를 대상으로 목회 하는 것이 불가능하다는 것을 알게 되었다. 양측은 함께 사역하려고 오랫동안 애를 쓴 이후에

---

[566] Ibid., 228.

두 교회를 만들기로 했다. 어느 한쪽이 다른 쪽을 일방적으로 잘라내거나 무시한 것이 아니라 사랑하는 마음으로 두 교회를 만들었다. 쉐퍼는 이 두 사례가 "세상 사람들이 눈으로 볼 수 있는 참된 사랑과 하나 됨"이라고 말했다.[567)]

쉐퍼가 개별 기독교인이 하나가 되어 사랑한다고 말하는 이 부분에서 쉐퍼는 먼저 기독교인이 하나님으로부터 수직적 통일성을 확보하고 있다고 말해야 했었다. 또한, 거기에 기초하여 개별 성도들이 수평적 통일성을 이루고 있기 때문에 사랑으로 자기 존재를 증명할 수 있다고 말해야 쉐퍼의 체계에 충실하다. 기독교인들이 사랑을 세상에 보여준다는 것은 기독교인들이 자기 존재를 인격적인 하나님으로부터 통일성을 확보하고 있기 때문이다. 기독교인들은 사랑함으로써 인간이 기계가 아니라는 것을 보여주는 참된 기독교인의 표지를 나타내는 것이다.

[567)] Ibid., 230; "나는 우리가 20세기의 한복판에서 복음을 적절하게 전하려고 애를 쓸 때 눈에 보이는 사랑의 중요성이 우리의 메시지에 부각되어야 한다는 것을 진심으로 말하고 싶다. … 사랑-그리고 그것이 증언하는 하나됨-은 그리스도가 그리스도인들에게 세상 앞에서 지니라고 주신 표지이다. 오직 이 표지를 통해서만 세상은 그리스도인들이 진정으로 그리스도인들이며, 예수께서는 아버지로부터 보내심을 받았다는 것을 알 수 있다."

4.3. 도시와 인간으로서의 도약 반대

패터슨(James A. Patterson)은 쉐퍼의 예레미야적 메시지는 하나님에 대한 인간의 반란으로 죽음의 냄새를 풍기는 부패한 문화를 초래했다고 보았다.568) 존 피셔(John Fischer)는 쉐퍼가 『도시 속의 죽음』에서 그 당시에 가장 훌륭했던 사상가들과 예술가들이 절망의 선에 갇혀 있는 것을 보여주었다고 말했다. 왜냐하면, 그 사상가들과 예술가들은 상층부의 계시에 대한 어떤 접근도 없이 소망 없는 하층부 스토리에 머물러 있었기 때문이다.569)

현대는 탈기독교 세계이다. 쉐퍼는 그런 세계를 살아가는 기독교인들에게 다음과 같은 질문을 던졌다.

> 개인으로서, 기관(institution)으로서, 정통 그리스도인으로서, 성경을 믿는다고 자처하는 자들로서 우리의 관점은 어떠해야 하는가? 우리는 이 탈기독교 세계를 어떤 식으로 바라보고 그 안에서 그리스도인으로서 어떻게 처신해야 하는가?570)

쉐퍼는 이런 질문에 대답하기 위해 『도시 속의 죽음』이라는 책을 썼다. 피셔가 말했듯이 쉐퍼는 하나님과 거리를 두는 현대의 전제

---

568) James A. Patterson, "Cultural pessimism in modern evangelical thought: Francis Schaeffer, Carl Henry, and Charles Colson," *Journal of the Evangelical Theological Society* 49:4 (2006): 811; "For Schaeffer, the reality of divine judgment on modern Western civilization was unmistakable; it necessarily followed from human rebellion against God and it resulted in a decaying culture that smelled of death. Like Jeremiah of old, Schaeffer soberly accepted the prophetic mantle to proclaim a message of doom to his own generation."
569) John Fischer, "Learning to cry for the culture: let's remember Francis Schaeffer's most crucial legacy—tears," *Christianity Today* 51:4 (2007): 41; "Schaeffer saw the most brilliant thinkers and artists of his day as trapped under what he called a line of despair—in a lowerstory hopelessness without any access to upper-story revelation. Schaeffer taught his followers not to sneer at or dismiss the dissonance in modern art. He showed how these artists were merely expressing the outcome of the presuppositions of the modern era that did away with God and put all conclusions on a strictly human, rational level."
570) 프란시스 쉐퍼, **기독교 교회관**, 박문재 역 (경기: 크리스챤다이제스트, 2002), 235.

들의 결과가 어떻게 표현되고 있는지를 보여주려고 했다.571)

쉐퍼는 탈기독교 세계에서 기독교인으로서 합당하게 살아가기 위한 명제를 다음과 같이 제시했다.

> 우리 세대의 교회는 개혁과 부흥과 건설적인 변혁을 필요로 한다. 때로 사람들은 '개혁'과 '부흥'이라는 두 단어를 서로 상반되는 것으로 생각하지만 그것은 잘못이다. 두 단어는 모두 '회복하다'라는 단어와 연관되어 있다. '개혁'은 순수한 교리를 회복하는 것을 가리킨다. '부흥'은 그리스도인의 삶의 회복을 가리킨다. '개혁'은 성경의 가르침에 돌아가는 것을 말하고, '부흥'은 성령과 올바른 관계를 정립한 삶을 말한다.
> 교회사의 위대한 순간들은 이 두 가지의 회복이 동시에 실현되어서 교회가 순수한 교리로 돌아오고 교회 안에 그리스도인의 삶들이 성령의 권능을 알게 되었을 때가 왔다. 개혁이 없는 곳에 참된 부흥은 있을 수 없다. 그리고 개혁은 부흥 없이는 완전할 수 없다.
> 개혁과 부흥이 이런 식으로 결합되면 그것은 우리 시대에 변혁을 가져올 것이다. 즉, 그리스도인으로서의 우리의 개인적인 삶에서 변혁을 가져오고, 자유주의 교회와 관련해서만이 아니라 복음주의적이고 정통적인 교회에서도 건설적으로 변혁이 일어날 것이다.
> 우리가 개혁과 부흥의 실재를 아는 자들이 되어서 이 가련하고 어두운 세상에 순수한 교리와 성령 충만한 삶으로 돌아온 교회가 자신의 분깃을 나타내 보일 수 있기를 기원한다.572)

쉐퍼는 이런 개혁과 부흥으로 가기 위해 로마서에 나타난 인간의 상태를 말했다. 사람들은 "그 생각이 허망하여지며 미련한 마음이 어두워졌나니 스스로 지혜 있다 하나 우준하게 되어" 버렸다.573) 쉐퍼는 이 말씀을 사람들이 종교적으로만 어리석게 되었다는 것이 아니라

---

571) John Fischer, "Learning to cry for the culture: let's remember Francis Schaeffer's most crucial legacy—tears," 41; "He showed how these artists were merely expressing the outcome of the presuppositions of the modern era that did away with God and put all conclusions on a strictly human.
572) Francis A. Schaeffer, 기독교 교회관, 235-236.
573) 롬 1:21-22.

우주의 존재와 인간의 인간다움과 관련된 것도 어리석게 되어버렸다는 것으로 해석했다.574) 사람들이 하나님과 하나님께서 주신 진리를 버리게 되자 인간과 우주가 어떤 존재인지 알 수 없게 되었다. 사람들이 견딜 수 없는 자리에서 행한 것은 도약이다. 그런데 쉐퍼는 여기에서 사람들이 우상을 섬기게 된 이유에 대해서 더 말했어야 했다. 로마서 1장 22-23절은 다음과 같이 말한다.

스스로 지혜 있다 하나 우준하게 되어 썩어지지 아니하는 하나님의 영광을 썩어질 사람과 금수와 버러지 형상의 우상으로 바꾸었느니라.

성경은 사람들이 "스스로 지혜 있다"고 생각한 것을 폭로했다. 사람들이 생각하는 지혜란 우상을 섬기는 결과로 나타났다. 사람들의 지혜가 우상으로 나타났다는 것은 도약이 마음속에서만 이루어지는 개념이 아니라 현실에서 구체화 되었다는 것을 의미한다. 우상은 인간의 주체적 정열을 쏟아 붓는 썸씽(something)의 현실화이다.

쉐퍼는 하나님께서 주신 지식으로부터 등을 돌렸기 때문에 기독교 문화 전체를 잃었다고 말했다. 그런데 문제는 그 상실의 시기는 급격히 짧아졌다는 것이다. 유럽은 기독교 문화를 잃어버리는데 많은 세월이 걸렸으나 미국은 불과 수십 년 동안에 무너졌다. 쉐퍼는 하나님을 저버린 탈기독교 세계를 "하나님의 진노 아래 있다."고 진단했다.575) 그 어디에도 예외가 없다. 쉐퍼는 관점(perspective)을 가지는 것이 참된 개혁과 부흥을 위해 반드시 필요하다고 보았다.

쉐퍼는 그런 세계를 보고 교회와 우리 자신에 대하여 가져야 할 자세를 두 가지로 말했다.576) 첫째는, 예레미야의 관점을 가져야 한

---

574) Francis A. Schaeffer, 기독교 교회관, 236.
575) Ibid., 238.

다. 예레미야와 예레미야 애가는 백성들이 하나님을 의도적으로 저버린 문화가 어떠한지를 말해 주고 있다. 그렇기 때문에 예레미야 선지자는 백성들을 향하여 눈물을 흘리면서 심판의 메시지를 전했다. 둘째는, 시공간 상의 역사 속에서 일어나는 모든 것이 자연적인 원인과 결과로만 설명할 수 없다는 것이다. 역사는 강대국들의 역학 속에서만 움직이는 것이 아니다. 성경은 하나님께서 존재하시며 하나님께서는 우리가 살아가는 이 시공간의 역사에 작용하고 계신다.

예레미야 시대에 하나님을 떠난 예루살렘 도성에는 죽음이 있었다. 쉐퍼는 "도성에는 죽음이 있다"라고 말했다.[577] 그래서 예레미야는 하나님을 떠난 유다의 백성들을 위해 기도했으며 또한 회개를 촉구했으며 회개하지 않으면 심판과 죽음이 있을 것이라고 말했다. 하나님을 떠난 예루살렘 도성에는 심판과 죽음이 있었다. 그 죽음은 심판의 결과였다. 예레미야는 하나님의 백성들에 대한 소망을 끝까지 가지고 말씀을 증거 했다. 그런 의미에서 오늘날 설교자들은 변화의 소망을 가지고 강단에 서야 한다.

쉐퍼는 "하나님의 심판은 하나님의 성품의 작용이다."는 것을 강조했다.[578] 하나님의 심판은 자기 백성들을 심판하여 멸망시키려는 것이 목적이 아니라 회개케 하고 새롭게 하여 언약 백성으로 살게 하는 것이 목적이다. 하나님을 떠난 현대인들의 도시에도 심판과 죽음이 기다리고 있다.

따라서 쉐퍼는 '인간이 하나님께로 왜 돌아와야 하는가?'라는 질문에 대해 다음과 같이 말했다.

---

576) *CWFS4*, 213.
577) Francis A. Schaeffer, **기독교 교회관**, 240.
578) *CWFS4*, 214.

인간은 단순히 무의미한 우연의 역사가 지나간 뒤에 우연히 생겨난 원자들의 집합체가 아니기 때문이다. 결코 아니다. 하나님의 형상대로 지음 받은 인간은 목적, 곧 존재하시는 하나님과 관계를 맺고 살아가야 할 목적을 지니고 있다. 그리고 예레미야 시대에서든 우리 세대에서든, 그 결과는 동일하다. 인간은 자신의 목적을 잊어버렸고, 따라서 자기가 누구이며 삶은 무엇을 의미하는지를 잊어버렸다.579)

쉐퍼는 현대인들이 참된 위로자이신 하나님을 저버리자 허기(虛飢)를 채우지 못하고 있다고 말했다. 그래서 사람들은 실존주의 철학, 언어분석, 그 밖의 비기독교적인 철학에 기웃거리지만 그런 것에는 궁극적인 대답이 없다. 따라서 쉐퍼는 죽음의 재가 덮고 있는 도시를 살아가는 현대인들에게 유일한 위로자는 성경의 하나님이라고 다음과 같이 말했다.

우리의 부르심은 하나님을 영화롭게 하는 동시에 하나님을 즐거워하는 것이다. 진정한 성취는 우리가 지음 받은 목적-하나님과 관련하여 존재하고 하나님과 인격적인 관계를 맺으며 하나님에 의해 충족되어 삶을 긍정하는 것-과 관련되어 있다. 우리는 기독교를 지켜보는 사람들에게 기독교는 부정적인 삶을 믿는다는 결론을 내릴 권리를 주지 않아야 한다. 기독교는 진정한 긍정을 할 수 있다. 왜냐하면 우리는 존재하시는 인격적인 하나님, 자신이 창조한 모든 것의 궁극적인 환경이 되시는 하나님과 인격적인 관계를 맺는 것이 가능하다고 단언하기 때문이다. 하나님 이외의 다른 모든 것은 의존적이다. …580)

쉐퍼에 의하면, 기독교인들은 인격적인 하나님과 인격적인 관계 속에서 우리 존재의 진정한 긍정을 발견한다. 반면에, 기계로 전락한 현대인들은 상층부로 도약하기 때문에 인격적이지 못하다. 현대인들

---

579) Francis A. Schaeffer, 기독교 교회관, 241.
580) Ibid., 244-245.

이 아무리 인간 존재의 근원을 물질이고 우연과 시간으로 답할 수 있다고 말할지라도 인간의 인격성을 설명할 길이 없다. 어떻게 이웃을 사랑해야 하는지 그 이유를 말할 수 없다. 기독교인들은 살아계시고 인격적인 하나님과의 관계 속에서 충분한 대답을 얻는다. 그런 까닭에, 맹목적 도약이 일어나지 않는다.

쉐퍼는 인격적인 하나님으로부터 떠난 탈기독교 세계를 대하는 반응(reaction)을 두 가지로 말했다.581) 첫째는, 개개인이 상실되어 가고 문화가 파멸되어가는 모습을 보고 부르짖어야 한다. 예레미야는 하나님의 백성들을 향해 너무나도 많이 울었기 때문에 눈물의 선지자로 알려져 있다. 이 시대의 기독교인들은 하나님을 떠난 교회를 보고 울어야 하며, 하나님을 떠난 문화를 놓고 울어야 한다.582)

둘째는, 성경적이고 종교 개혁적인 진리로 돌아가지 않는다면 도시는 반드시 죽음이 있을 것이라는 것을 반드시 알아야 한다. 하나님을 떠난 예루살렘 도성을 보고 예레미야가 유일하게 말한 것은 "도성에 죽음이 있다. 도성에 죽음이 있다."는 것이었다.583) 이것은 예레미야 시대에만이 아니라 오늘날의 시대에도 사실이다.

도시의 죽음은 화가들을 통해 알 수 있다. 조르조 데 키리코(Giorgio de Chirico)는 초현실주의 그림을 통해 도시와 현대 문화가 죽었다는 것을 말했다. 키리코의 그림에는 커다란 도시들, 높은 탑들, 그림자들, 도상들, 연기를 뿜으며 가는 기차들이 있다. 그러나 그 그림에는 인간이라는 존재는 한 사람도 없다.584) 결국, 도시에 사람이

---

581) *CWFS4*, 222.
582) Ibid., 225.
583) *CWFS4*, 222.
584) Francis A. Schaeffer, **기독교 교회관**, 244; 박문재는 "사람은 없다"라고 번역했으나, 영어원문에는 "but hardly a human being."라고 되어 있어서 쉐퍼의 의도를 충분히 살려내지 못했다.

없다는 것은 도시의 죽음을 폭로하는 것이다. 현실적으로 보면 도시에는 분명히 많은 사람들이 있다. 시인들, 작가들, 화가들이 있고 그 밖에 수많은 사람이 있다. 그러나 사람들의 인격이 사라지고 궁극적인 목적이 없기 때문에 인간은 죽었으며 도시도 죽었다. 이것이 현대인들의 진정한 딜레마이다.

쉐퍼가 말하는 죽음은 단순한 죽음이 아니라 인간의 죽음이며 인격의 죽음이다. 그것을 말해주는 것은 에드워드 호퍼(Edward Hopper)와 네빌 슛(Nevil Shute)의 그림이다. 그 그림에는 폭탄들이 떨어지고 불이 타오르고 발전기는 돌아가지만, 거기에는 사람이 아무도 없다. 쉐퍼는 핵폭발에 의한 파멸의 시대를 그린 그림들이 말하는 의미를 다음과 같이 말했다.

> 당신은 알지 못하는가? 폭탄이 떨어지든 안 떨어지든 이것이 오늘날 인간의 참모습이라는 것을, 왜냐하면 인간이 존재하는 궁극적인 목적이 없기 때문이다.[585]

쉐퍼에 의하면, "인간이 존재해야 하는 궁극적인 목적이 없기 때문"에 도시에 죽음이 있다. 키리코(Chirico)의 초현실주의 그림에는 도시의 모습은 있지만, 사람이 없다. 사람이 없는 도시는 죽은 도시다. 현실적으로 보면 도시에는 분명히 많은 사람이 있다. 시인들, 작가들, 화가들이 있고 그밖에 수많은 사람이 있다. 그러나 사람들의 인격이 사라지고 궁극적인 목적이 없기 때문에 인간은 죽었으며 도시도 죽었다. 이것이 현대인들의 진정한 딜레마이다. 기독교적 토대를 상실한 현대문화는 죽음이 있고 그 죽음은 엄청나게 강렬할 것이다.

---

[585] Ibid., 248.

이 부분에서 중요한 것은 쉐퍼의 부흥에 대한 관점이다. 기독교인들이 생각하는 일반적인 부흥은 사람들이 회개하고 예수 그리스도를 믿어 주님께로 돌아오는 것이다. 쉐퍼는 그 회개의 내용이 무엇인가를 말해주려고 했다. 단지 내가 예수님을 믿었다는 것만으로는 안 된다. 쉐퍼가 진정한 회개와 믿음에 대하여 좀 더 분명하게 말했다면 좋았을 것이라는 아쉬움이 남는다. 쉐퍼는 진정한 회개와 믿음은 예수 그리스도를 믿고 하나님 안에서 인간의 인격성과 궁극적 목적을 제공받으면서 사는 것이라고 말했어야 했다.586) 예수 그리스도를 믿는다고 하면서도 다른 것에 궁극적인 해답이 있다고 생각하면 그것은 부흥을 위한 준비가 되어 있지 않은 것이다. 하나님의 계시의 진리에 근거하지 않은 형식은 아무런 의미가 없다.

　쉐퍼는 현대 도시의 죽음의 원인은 상대주의와 종합(syntheis)에 물들고 반정립을 거부하는 경향 때문이라고 보았다. 그로 인한 결과는 도덕적 타락이다. 예레미야 시대도 그랬고 현대에도 일어나고 있다. 예레미야는 자기 시대의 사람들을 "그들은 살찌고 두루 다니는 수말같이"(렘 5:8)라고 비유했다. 말이 살찌니 성적인 일에만 관심을 가졌다는 것이다. 마찬가지로 유럽이나 미국이나 풍요로워지니 종교개혁의 신앙에서 떠나고 마약과 간음에 빠져 있다.587)

　쉐퍼는 말콤 머거리지(Malcom Muggeridge)가 「The New Statesman」에 기고한 '자유주의자의 자살충동'이라는 글을 통해 자

---

586) *CWFS4*, 224; "And this must be our perspective, for only as men turn back to the One who can really fullfill, return to His revelation, and reaffirm the possibility of having a relationship with Him as He has provided the way through Jesus Christ, can they have the sufficient comfort which every man longs for. There *is* no other way."
587) Francis A. Schaeffer, **기독교 교회관**, 254; "1906년대의 많은 젊은이들은 '나의 전 세대가 술과 간음에서 도피처를 구할 때 내가 마약을 해서 안 되는 이유라도 있는 겁니까?'라고 내게 말했다. 그들은 옳았다: 이쪽이나 저쪽 모두 나쁘다. 이제 1980년대에는 마약과 술이 결합되어 보다 큰 도피처 노릇을 하고 있다."

유주의의 비참함을 말했다. 머거리지는 자신의 자유주의적 배경과 그 과정을 말하면서 '절대를 제거한 황무지'가 되어버렸다.588) 안토니오니(Antonioni)의 영화 「확대」(Blow-up)에서 죄책 없는 살인, 의미 없는 사랑이라는 문구가 보여주듯이 자유주의는 사람들의 삶을 무너뜨렸다.

이런 현대사회의 딜레마에 대한 쉐퍼의 해결책은 인간의 의미가 무엇인가를 말해주는 것이다. 쉐퍼가 살았던 20세기는 그 무엇보다 결정론을 강조했다. 결정론이라는 말 앞에 어떤 수식어가 붙더라도 인간의 의미를 제대로 말해 줄 수는 없다. 인간은 자기 존재와 행위에 대한 책임도 없고, 다만 우주의 기제에 불과한 것으로 인간다움이 사라져 버렸다.589)

포르노 작가이자 철학자였던 마르키 드 사드(Marquis de Sade)는 "모든 것이 화학적으로 결정된 후에는 무엇이든지 다 옳다."고 말했다.590) 결정론은 사드의 사디즘이나 다른 형태로 나타나든지 간에 "잔인하고 비인간적인 방향으로 귀결된다."591) 문제는 사드 자신도 그렇게 살지 못했다는 사실이다. 사드는 자기의 생애 말기를 샤렌통(Charenton)에 있는 정신병원에서 지냈다. 사드는 간수들이 자신을 대하는 방식에 불평했으며, 아내가 보내준 편지들을 꼼꼼히 읽으며 편지의 줄마다 글자가 몇 글자인지 세면서 언젠가 자신이 정신병원에서 나갈 날짜를 계산하며 자신의 체계를 만들어 내었다. 사드 자신이 결정론을 말했으면서도 정작 자신은 그렇게 살지 않았다는 것을 스스

---

588) Ibid., 263.
589) *CWFS4*, 258; "… we are only a product of what he is or does. Man is no more than a part of a cosmic machine"
590) Francis A. Schaeffer, 기독교 교회관, 293.
591) Ibid., 294.

로가 증명했다.

쉐퍼는 성경의 인간관에 대해 로마서 1장 21-22절을 말하면서 다음과 같이 말했다.

> 인간은 놀라운 존재이다. 인간은 의미 있는 역사에 진정으로 영향을 미칠 수 있다는 것이다. 하나님이 인간을 자신의 형상대로 지으셨기 때문에, 인간은 결정론의 수레바퀴에 갇혀 있지 않다. 오히려 인간은 아주 위대하기 때문에 현세와 내세에서 자기 자신과 남들을 위하여 역사에 영향을 미칠 수 있다.[592]

쉐퍼에 의하면, 인간은 역사에 의미 있는 영향을 미칠 수 있는 놀라운 존재이다. 인간이 비록 타락했을지라도 여전히 도덕적이며 이성적인 존재이다. 무엇보다 인간은 결정론에 사로잡힌 기계가 아니다. 인간이 자신을 기계라고 할지라도 여전히 인간은 하나님 앞에 죄책감을 느끼며 의미와 통일성을 구하는 존재이기 때문이다.[593] 기독교는 이와 같은 인간의 유의미성에 대해 분명하게 말한다. 이에 대해 쉐퍼도 "기독교는 인간에게 궁극적이고 충분한 의미를 부여하는 유일한 체계이다."라고 말했다.[594] 기독교는 육체를 경멸하는 플라톤적인 체계가 아니다. 성경은 하나님께서 인간을 전인으로 만드시고 구원하신다고 증언하고 있다. 그러므로 중생한 기독교인들은 삶 전체에서 전인으로 예수 그리스도의 주권을 고백하며 살아간다.[595]

---

[592] Ibid., 281.
[593] Francis A. Schaeffer, **복음의 진수**, 46-47; "인간은 창조주를 인정하기보다는 자신을 마치 기계처럼 여기는 삶을 선택했다고 하더라도, 기계가 되진 않았다. 네덜란드의 화가 반 고흐에 관한 어떤 책에 보면, 그가 파리에 도착하여 마지막 자살을 할 때까지 그린 그의 자화상들이 점차 덜 인간적인 모습으로 그려져 갔다는 사실이 기록되어 있다. 하지만 아무리 타락한 존재라고 해도, 반 고흐가 아니라 다른 그 어떤 인간이라도 인간이 아닌 다른 것이 될 수는 없다."
[594] Francis A. Schaeffer, **기독교 교회관**, 282.
[595] Ibid.; "플라톤 사상에서 육체는 악하거나 경멸받아야 된다고 말한다. 중요한 것은 오직 영혼뿐이다. 성경은 하나님이 전인(全人)을 만드셨고 전인이 구원을 알아야 하고, 전인이 삶에서 예수 그리스도의 주권

그러나 마크 에드워즈(Mark Edwards)는 쉐퍼의 주권을 논하면서, 쉐퍼의 기독교 세계관에는 두 가지 근본적인 결점이 있다고 보았다. 첫째는, 쉐퍼의 사상이 매우 변증적이고 복음주의적 성격이기 때문에 문화에 대해 다소간 적대적이고 방어적이어서 긍정적인 세계관의 개발은 거의 불가능하다는 것이다. 둘째는, 쉐퍼의 전천년설적 자세는 미래에 대해 비관적이거나 운명적이어서 진지한 문화 참여에 긴장성이 있다는 것이다.596) 잭 로저스(Jack Rogers)도 역시 이 세상에서 6천 개 이상의 언어와 문화 그룹들이 있다면서 쉐퍼의 단일 문화적 관점을 비판했다.597)

그런데 에드워즈와 로저스의 견해는 쉐퍼가 하나님의 절대적 기준을 고수하면서 문화에 참여하려는 의도를 오해했다. 또한, 인간이 하나님의 형상으로 만들어졌기 때문에 인간성을 지켜가려고 한다는 쉐퍼의 견해가 비관적이었다고 볼 수 없다. 그런 차원에서 에체베리아 에두아르도(J. Echeverria Eduardo)가 기독교 세계관과 세속주의 사이에는 다양한 형태의 세계관이 있으며, 기독교인들은 그것을 "분명히 하고, 의사소통을 하며, 방어하고, 정당화해야 할 책임이 있다."고

을 알아야 한다고 말한다."
596) Mark Edwards, "How Should We Then Think: A Study of Francis Schaeffer's Lordship Principle," *The Westminster Theological Journal* 60:2 (1998): 218; "Schaeffer's Christian worldview also suffers from two fundamental shortcomings. First, the profoundly apologetic and evangelistic nature of Schaeffer's thought, which somewhat necessitates an antagonistic, defensive, or even oppositional stance towards culture, made his development of a positive worldview nearly impossible. Also, his premillennialism stands in further tension with his dreams of serious cultural engagement, since it demands at least some degree of pessimism and fatalism about the future. Perhaps the effects of his conservative education and involvement with the separatist fundamentalists are most evident here."
597) Jack Rogers, Francis Schaeffer: the promise and the problem(2)," *Reformed Journal* 27:6 (1977): 15; "Contrary to Schaeffer's assumption. Christian an thropologists have documented thousands of distinct world-views. There are over six thousand different language and culture groups, plus numerous subcultures in the world, each having its own world-view. … Schaeffer's mono-cultural perspective adversely affects his thought."

말한 것은 매우 적절하다 할 것이다.598)

그런 까닭에, 기독교인들은 인간이 인간이기를 포기할 수 없다. 예를 들어, 인류학자인 레비 스트로스(Claude Lévi-Strauss)는 세상 어디를 가든지 모든 사람이 동일한 방식으로 살고 있다고 말함으로써 인류학계를 뒤흔들었다. 원시 부족에게도 인간의 사고가 고도의 분석적 반정립은 아니라도 기본적인 반정립의 사고가 존재하고 있다는 것을 말했다. 아인슈타인(Albert Einstein)은 우주 속에는 인간이 논박할 수 없는 질서가 있다고 보면서 그보다 더 큰 해답이 있어야 한다고 생각했다. 그렇다고 아인슈타인이 유대-기독교적 입장이나 성경으로 돌아간 것이 아니다. 아인슈타인은 자기 생애 말기에 현대의 신비주의자가 되었다.599)

쉐퍼는 '인간이 인간으로서의 의미를 가지고 있다면 현대인들이 인간의 인격성과 기원과 궁극성에 대해서 말할 수 있어야 한다.'고 명확하게 주장했어야 했다. 인간이 스트로스처럼 사고를 한다거나, 아인슈타인처럼 우주적 질서가 있다고 말한다면 인간의 기원과 인격성과 궁극성에 대해 말할 수 있어야 한다.

그러나 현대인들은 그 세 가지를 말하지 못하기 때문에 자기가 자기를 죽음으로 몰아가고 있으며, 하나님의 진노를 받게 된다. 그로 인해, 쉐퍼의 표현대로 하자면, "도시에는 죽음이 있다."고 말하게 된

---

598) J. Echeverria. Eduardo, "The Christian faith as a way of life: in appreciation of Francis Schaeffer (on the fiftieth anniversary of L'Abri Fellowship)," *The Evangelical Quarterly* 79:3 (2007): 244; "Significantly, both Christians and non-Christians think in terms of some life-orienting belief or other that is part of a total world-and-lifeview. Indeed, there exists a conflict of worldviews in contemporary culture, especially between the Christian worldview and Secularism in all its varied forms. Thus, the Christian has a responsibility to work out the implications of this totality-view by articulating, communicating, defending, and justifying it to a given generation.
599) Francis A. Schaeffer, **기독교 교회관**, 297; "그래서 사르트르는 '거기에는 무엇인가 존재한다.'고 말하였고, 아인슈타인은 '그렇다. 그 형태의 신비로움을 보라.'는 말을 덧붙였다."

다.600) 그것은 하나님의 진리를 불의로 막고 있기 때문에 받는 진노이다.601)

그런 까닭에, 기독교인들은 현대인들에게 깊은 연민(deep compassion)을 가지고 예레미야가 가진 태도를 가지되 인간의 상실을 말해야 한다.602) 인간의 인격성과 기원과 궁극성을 하나님으로부터 제공을 받을 때 인간은 합리성을 고수하면서 삶을 진지하게 살아갈 수 있을 것이다.

---

600) Ibid., 240.
601) 하나님의 진노가 불의로 진리를 막는 사람들의 모든 경건치 않음과 불의에 대하여 하늘로 좇아 나타나나니(롬 1:18)
602) *CWFS4*, 299; "Like Jeremiah, we must keep on so speaking regardless of the cost to ourselves. … if ther is to be a constructive revolution in the orthodox, evangelical church, we must comprehend and speak about the lostness of the lost, including the man without the Bible. As with Paul this must not be done with a cold orthodoxy, but with deep compassion for our own kind."

5. 서구관과 도약 반대
5.1. 인간의 파괴와 도약에서의 반대

쉐퍼는 생태계의 파괴를 말하면서 플라톤의 이원론, 동양의 범신론, 서구의 진화론에 이의를 제기하고 기독교적 창조론을 말했다. 그가 서구관의 문제를 말하기 위해 먼저 말하는 것은 생태학적 문제이다. 인간은 심각한 생태학적 문제에 직면하고 있다. 이런 생태학적 문제를 기독교의 잘못이라고 주장하는 견해에 반대하면서 쉐퍼는 근본적인 원인을 다음과 같이 말했다.

> 생애 말년에 다윈(Darwin)은 자기가 나이가 들어감에 따라 두 가지가 무디어졌다고 자신의 글에서 여러 번 이야기한 적이 있다. 첫 번째는 예술에 대한 즐거움이었고, 두 번째는 자연에 대한 즐거움이었다. 이것은 매우 흥미롭다. 다윈은 인간을 포함하여 자연은 오직 비인격과 시간과 우연을 기반으로 한다는 명제를 제시하였는데, 그런 그가 생애 말년에 자연이 자기에게 그러한 것과는 반대의 효과들을 끼쳤었다는 것을 인정하지 않을 수 없었기 때문이다. … 자연에 대한 '즐거움'의 죽음은 자연 자체의 죽음으로 이어지고 있다.[603]

위의 글에서 볼 수 있듯이 쉐퍼는 생태계의 문제가 기독교의 잘못이라고 주장하는 일련의 주장들은 잘못되었으며, 오히려 다윈의 잘못된 명제가 원인이라고 보았다. 다윈은 인간과 자연은 오로지 비인격과 시간과 우연을 기반으로 한다는 명제를 말했으나, 자신의 생애 말년에 자연이 자기에게 그 반대의 효과를 주었다는 것을 인정했다. 왜냐하면, 말년의 다윈은 두 가지가 무디어진다고 진술했기 때문이다. 첫 번째는, 예술에 대한 즐거움이었으며, 두 번째는, 자연에 대한 즐거움이었다. 다윈이 이런 두 가지를 말했다는 것은 인간과 자연이 오

---
[603] Francis A. Schaeffer, 기독교 서구관, 17.

직 비인격과 시간과 우연을 기반으로 한다는 자신의 명제를 거스르는 일이다.

쉐퍼는 린 화이트(Lynn White)가 '좋지 않은 자연관'이라고 하면서 기독교는 인간이 자연에 대한 지배권을 갖고 있다고 가르치고 그로 인해서 인간이 자연을 파괴했다는 근거로 삼는 것에 대해 이의를 제기했다.604) 화이트는 현대인들이 탈기독교적 세계에 살고 있는데도 기독교적 사고방식을 견지하고 있다고 말했다. 화이트는 기독교는 "인간이 자연에 대한 지배권을 가지고 있다."는 좋지 않은 자연관(bad view of nature)을 제시했기 때문에 인간이 자연을 파괴했다고 주장했다.605) 화이트의 대안은 아시시의 프란시스(Francis of Assisi)가 말하는 인간을 포함한 모든 피조물의 평등사상이었다.606)

놀랍게도 생태학적 딜레마를 해결하기 위한 대답으로 범신론이 제시되고 있다. 리처드 민즈(Richard Means)는 범신론적 기초에서 자연과의 화해를 말했다. 민즈는 화이트의 개념을 확장하여 선불교(Zen Buddism)에 관심 있는 이 세대의 '재즈팬들'(cool cats)과 결부시켰다.607) 반면에, 에릭 호퍼(Eric Hoffer)는 자연을 낭만시 하는 위험을 경고했다. 자연을 낭만시 한다는 것은 자연에 인간의 반응을 투사하여 바라보는 것을 말한다. 그런 개념을 가지고 고양이를 바라보게 되면 고양이가 인간처럼 반응하는 것으로 여기게 된다. 민즈는 호퍼의 글을 오해하여 '인간과 자연의 화해'로 생각했으나, 호퍼는 "인간이 자연을 초월해야 한다."고 말했다.608)

---

604) *CWFS5*, 5.
605) Ibid.
606) Francis A. Schaeffer, 기독교 서구관, 18-19.
607) *CWFS5*, 7
608) Ibid., 10.

쉐퍼는 범신론이 해결책이라고 말하는 것에 대해 다음과 같이 말했다.

> 자연을 낭만시하는 것이 해답이거나 해결책이 아니라고 하며 이를 거부한 것은 옳았다고 해야 한다. 첫째, 지금 있는 그대로의 자연은 언제나 자비로운 존재인 것이 아니다. 그리고 둘째, 우리의 감정과 생각을 나무에 투사한다면 그것은 나무를 베어서 인간을 위한 오두막을 지을 재료로 사용하는 것을 정당화할 토대를 우리가 갖지 못하게 된다는 것을 의미하게 될 것이다.[609]

쉐퍼의 견해대로 만일, 인간이 범신론적 화해론의 입장에 서게 되면 자연을 보호하려다가 인간이 위험에 직면하게 된다는 것을 알 수 있다. 생태학적 위기에 직면한 현대인들이 '실제로 살아가는 환경과 이 세계의 삶이 달려 있는 자연을 어떤 토대 위에서 다루어야 하는가?'는 매우 중요한 화두이다. 왜냐하면, 자연에 대한 인간의 태도가 중요한 이유는 당대만이 아니라 다음 세대에까지 직접적으로 영향을 미치기 때문이다.

한편, 쉐퍼는 생태학에서조차도 범신론적이고 동양적 사상으로 흐르고 있는 현실을 말한다. 헉슬리는 마지막 소설인 『섬』(Island)에서 초등학교의 아이들이 생태학을 배우고 미래의 유토피아를 그리면서, "생태학의 원리는 불교의 원리로 통한다."고 말했다.[610] 또한 펜실베니아의 벅힐 폴즈에서는 '환경과 오염에 대한 협의회'라는 토론회가 있었는데, 그 토론회에서 해답으로 제시된 것은 범신론의 방향에서 찾아야 한다는 것이었다. 이런 일련의 일들은 범신론이고 동양적인 사상이 생태학적 문제들에 대한 유일한 해답으로 제시되고 있다는

---

609) 프란시스 쉐퍼, **기독교 서구관**, 박문재 역 (경기: 크리스챤다이제스트, 1999), 21.
610) Ibid., 24.

것을 증거 해 준다. 이렇게 되면 인간은 자연의 풀과 같은 존재가 되어버린다. 쉐퍼는 왜 이런 범신론적 해결책에 대해 이의를 제기하는지 다음과 같이 말했다.

> 내가 말하고자 하는 것은 범신론적 대답은 단지 이론적으로 빈약한 대답일 뿐만 아니라 '실천적으로도' 빈약한 대답이라는 것이다. 범신론적인 자연관을 취하기 시작하는 사람은 자연이 두 얼굴을 지니고 있다는 가설에 대하여 어떠한 해답도 가지지 못한다. 자연은 자비로운 얼굴을 가지고 있지만 적이 될 수도 있다. 범신론자는 자연을 정상적인 존재로 본다. 이런 견해 속에는 자연의 비정상성을 위한 여지가 없다.611)

쉐퍼의 견해에 따르면, 범신론적인 해결책은 자연이 가지는 비정상성이 인간에게 적이 된다는 것을 매우 간과하고 있다는 것을 알 수 있다. 쉐퍼의 견해를 지지해 주는 근거는 까뮈의 소설 『페스트』(*The Plague*)에서 실제적으로 찾아볼 수 있다.

까뮈는 오리온(Orion)이 직면한 딜레마를 다음과 같이 논평했다.

> 그래, 만약 그가 의사들과 합류하여 페스트와 싸운다면, 그는 하나님에 맞서 싸우는 것이 될 것이고, 만약 그가 사제와 합류하여 페스트와 싸우지 않음으로써 하나님과 맞서 싸우지 않는다면, 그는 인도주의자가 되지 못할 것이다."612)

페스트도 자연의 일부이기 때문에 페스트와 싸운다면 하나님과 맞서 싸우게 되고, 페스트와 싸우지 않게 된다면 인도주의를 저버리게 되는 딜레마에 빠지게 된다. 그런데 까뮈는 이 딜레마를 풀지 못했다. 낭만적이고 비기독교적인 신비주의는 자비롭지 않은 자연에 대해 아

---

611) Ibid., 29-30.
612) Ibid., 30.

무런 해결책이 없기 때문이다. 범신론에 기초한 생태학적 주장들은 '모든 것이 하나다'라는 기치 아래에서 화해를 웅변적으로 말하지만, 자연이 파괴적으로 등장하여 인간을 죽여갈 때는 자연을 설명하지 못한다.

쉐퍼의 체계에서 본다면, 범신론은 개별자에게 개별자의 특수성을 부여하지 못한다. 범신론은 개별자의 의미와 통일성을 부여받지 못하기 때문에 인간도 자연도 고유성이 상실된다. 쉐퍼 역시 그 부분을 잘 인지하고 있다. 쉐퍼는 범신론이 인간에게 통일성을 제공하나 개별자의 다양성에 대한 의미가 제거되기 때문에 범신론은 해답이 아니라고 말했다.[613] 범신론은 이론적으로나 실천적으로나 빈약한 대답인 것이다.

까뮈의 딜레마처럼 페스트를 비롯한 자연적 재앙이 닥칠 때 책상에 앉아서 이론적으로 맞느냐 안 맞느냐를 논하고 있을 수 없다. 인간은 정면으로 위협하는 자연에 대해서 싸워야 하느냐, 싸우지 말아야 하느냐를 결정해야만 한다. 싸우지 않는다면, '모든 것은 하나다'라는 전제에 동의하고 자연의 재앙이 자신을 부르는 소리로 여기고 자신을 송두리째 던져야 한다. 그러나 그런 전제를 거부하고 자연의 재앙으로부터 자신을 지키려고 한다면 모든 수단을 동원해서 자기와 공동체를 위해 자연과 싸워야만 한다.

이런 범신론적이고 동양적인 신비주의에 대해 쉐퍼는 기독교인은 페스트와 싸울 수 있다고 말하면서 그리스도께서 죽은 나사로에게 행한 일에 대해 다음과 같이 말했다.

---

613) *CWFS5*, 17.

그리스도가 나사로의 무덤 앞에 섰을 때(요 11장), 그는 자신이 하나님임을 주장하고 있으면서도 화를 내셨다. 헬라어 원문은 그리스도가 화를 내셨다는 것을 분명히 해 준다. 그는 '자기 자신에게 화냄이 없이' 페스트에게 화를 낼 수 있었다. 이 화는 역사적인 시공간 상의 타락에 대한 것이다. 따라서 그리스도인은 카뮈와 같은 곤경에 처하지 않아도 된다. 그러나 범신론적이고 신비주의적인 해답을 제시하고 있는 사람에게는 자연이 언제나 자비로운 것은 아니라는 사실에 대한 그 어떠한 해결책도 존재하지 않는다. 그 사람에게는 자연의 이러한 이중적인 모습의 기원을 이해할 길이 없다.614)

쉐퍼의 진술에 의하면, 예수님께서는 자연과 자신을 동일시하지 않으셨으며 자연에 자신을 투사하지도 않으셨다. 예수님께서는 인간이 직면한 질병과 죽음의 이유가 '역사적인 시공간 상의 타락'임을 아셨기 때문에 나사로의 질병과 죽음에 대해 화를 내실 수 있으셨다.615) 쉐퍼의 논리대로라면 예수님의 가르침에 기초한 기독교는 인간에게 닥치는 자연의 적대적 모습에 대해 싸워갈 수 있고 카뮈가 가졌던 곤경에 빠지지도 않는다. 그런데 놀랍게도 범신론적 입장으로 자연을 이해하게 되면 자연이 제대로 가치를 인정받는 것이 아니라 인간과 자연이 함께 늪 속으로 빠져든다는 사실이다. '모든 것은 하나다'라는 전제는 마르키 드 사드가 "존재하는 것은 도덕적으로 옳다."는 말과 연결이 된다.616) 따라서 사드의 전제 속에 인간이 도덕적으로 타락하게 된 것은 우연이 아니다. 범신론적 전제나 사드의 전제나 인간을 존재론적으로나 도덕적으로나 무가치하게 만드는 일에 있어서는 같은 일을 하고 있는 것이다.

---

614) 프란시스 쉐퍼, **기독교 서구관**, 박문재 역 (경기: 크리스챤다이제스트, 1999), 30.
615) Francis A. Schaeffer, **기독교 문화관**, 142; 카뮈의 말에 따르면 그리스도는 흑사병을 미워하셨다. 그분은 스스로를 하나님으로 주장하셨지만, 하나님으로서의 자신을 미워하지 않고서도 흑사병을 미워할 수 있었다.
616) Francis A. Schaeffer, **이성에서의 도피**, 51.

쉐퍼의 설득력 있는 견해는 자연에 대한 범신론적 입장을 고수하게 되면 인간이 고양되는 것이 아니라 비인격적이고 저급한 위치로 떨어진다는 것이다.617) 쉐퍼가 인간과 자연의 범주에 대해 고찰했지만, 범신론이 말하는 존재의 신성에 대해 말하지 않은 것이 아쉽다. 범신론이라는 단어 자체가 그러하듯이 모든 존재에 신성이 있다는 생각을 가지게 되면 인간과 자연이 더 고상한 존재가 될 것이라는 생각은 맹목적 도약이다. 결국, 인간 존재의 기원에 대해 비인격적이고 우연적인 것에 상정하면서 인간의 가치를 찾고 누리려는 것은 자기모순에 해당되기 때문이다.

그러므로 오직 무한하시고 인격적인 하나님께 인간과 모든 존재의 기원을 두게 될 때에만 인간과 자연의 가치가 고상하게 된다. 예수님께서는 들의 백합화와 들풀보다 인간을 더 귀하게 여기셨다. 따라서 성경의 원리대로 살아가는 기독교인만이 인간과 자연에 대한 올바른 규범을 가지고 살아갈 수 있다. 그런 의미에서 쉐퍼는 올바른 자연관을 가지기 위해 기독교의 창조관을 가져야 한다고 말하면서 다음과 같이 말했다.

> 기독교 자연관의 시작은 창조라는 개념, 즉 시공간 연속체의 시작 이전에 하나님이 존재하셨으며 하나님이 무(無)로부터 만물을 창조하셨다는 것이다. 이것으로부터 우리는 창조는 하나님의 본질의 연장이 아니라는 것을 알아야 한다. 창조된 것들은 그 자체로 객관적인 실존을 갖는다. 그것들은 진정으로 존재한다.618)

---

617) *CWFS5*, 19; "Those who propose the pantheistic answer ignore this fact-that far from nature to man's height, pantheism must push both man and nature down into a bog. Without categories, there is eventually no reason to distinguish bad nature from good nature."
618) Francis A. Schaeffer, 기독교 서구관, 37.

쉐퍼에 의하면, 하나님께서는 무(無)로부터 시공간의 모든 존재를 창조하셨다. 화이트헤드(Whitehead)나 오펜하이머(Oppenheimer)와 같은 사람들은 현대과학은 기독교적인 창조관이 없었더라면 존재하지 않았을 것이라고 보았다. 자연은 동양의 사상처럼 신의 꿈이 아니다. 자연 세계는 공(空)이 아니라 실제로 존재한다. 하나님께서 창조하신 만물은 그 기원에 있어서 무에서 동등하게 창조되었다. 그런 까닭에 자연은 그 자체로 가치가 있다. 만물을 창조하신 하나님은 인격적이고 무한한 하나님이시다. 반면에 동양의 신들은 인격적이지 않으며, 헬라와 로마의 신들은 인격적이나 유한하고 한계가 있는 신들이다.

무한성의 측면에서 만물은 하나님과 간격이 있다. 그리고 창조주와 창조된 것들 사이에는 간격이 있다. 또한, 그 창조물 중에서, 인간과 다른 존재들과도 간격이 있다. 그 간격의 기준은 인격성이다. 인간의 인격성의 근거는 인간은 하나님의 형상대로 지음을 받았다는 데 있다. 쉐퍼는 창조성에 있어서는 다른 모든 창조물과 연합되어 있으나 인격성에 있어서는 떨어져 있다고 말했다.619) 쉐퍼의 의도를 반영하여 인간은 창조성에 있어서는 다른 모든 창조물과 연속성이 있지만, 인격성에 있어서는 다른 모든 창조물과 불연속성이 있다고 말하는 것이 더 명확하다.

쉐퍼의 이러한 주장이 의미가 있는 것은 현대의 범신론적 하향성에 반하는 견해이기 때문이다. 쉐퍼는 인간이 하나님의 형상대로 창조되었기 때문에 상향적(upward)이며 동시에 하향적(downward)이라

---

619) *CWFS5*, 29; "Man is separated, as personal, from nature because he is made in the image of God. That is, he has personality, and as such as he is unique in the creation; but he *is* united to all other creatures as being *created*. Man is separated from everything else." 박문재는 "인간은 '창조되었다'는 점에서 다른 모든 피조물들과 연합되어 있다."고 번역했으나, 원문은 "인간은 창조된 존재로서 다른 모든 창조물들과 연합되어 존재한다."라고 강조되어 있다.

고 말했다.620) 이 상향성이 중요한 이유는 인간이 하나님으로부터 의미와 통일성을 제공받으므로 도약이 발생하지 않기 때문이다. 그런데 알버트 슈바이쳐(Albert Schweitzer)는 상향적 관계에 충분하지 않았기 때문에 자신을 하마와 연결했다. 인간이냐 동물이냐의 차이점이 양적인 차이로만 인식하게 되면 나는 누구인가에 대한 개별적이고 궁극적 가치가 상실된다.

한편, 기독교인은 자기 존재에 대한 관점이 창조성과 인격성에 근거하기 때문에 이웃 사랑이 가능하다. 인간은 결코 에너지 입자의 연장이 아니다. 현대인들은 이웃을 사랑해야 할 공통 기원(common origin)과 공통 관계(common relationship)라는 진정한 공통점을 가지고 있지 못하다. 그렇지만 기독교인은 하나님이라는 하나의 기원에서 모든 인간이 나왔다는 것을 알기 때문에 한 육체이고 한 핏줄이라는 인식으로 사랑이 가능하다. 따라서 인간이 인간을 사랑할 수 있는 근거는 창조성과 인격성에 있어서 의미와 통일성이 주어지기 때문에 사랑이 가능하다고 말하는 것이 더 분명하다.

쉐퍼는 결국 인간과 창조물들의 존재 그 자체로 의미가 있으며 상향적이고 하향적인 통일성이 있다는 것을 말했다. 인격적이고 무한하신 하나님께서 창조하셨기 때문에 모든 존재는 의미가 있다. 인간을 비롯한 모든 존재는 우연한 존재가 아니라 창조된 그 자체로 의미가 있기 때문에 의미를 주는 감정적인 반응이 일어나며 진정한 아름다움을 갖게 된다.621) 그로 인해 기독교인들은 도약이 발생하지 않는다.

---

620) Ibid.
621) Francis A. Schaeffer, **기독교 서구관**, 56; 쉐퍼는 "나무 앞에 서서 나무에 대하여 감정적인 반응을 보인다."고 말했으나, 쉐퍼의 의도를 보다 더 명확히 표현하기 위해서는 "나무 앞에 서서 나무에 대하여 의미를 주는 감정적 반응을 보인다."고 말해야 한다고 생각한다.

5.2. 인간의 존엄성에서의 도약 반대

쉐퍼는 인간의 존엄성을 말하기 위해 세계관으로 시작했다. 인간은 각자가 세상을 바라보는 방식을 가지고 있으며, 그 방식이 매일의 삶 속에 영향을 미친다. 이것을 세계관이라고 말하며, 이 세계관이 삶을 지배하고 이 세계관은 각자가 궁극적인 진리라고 여기는 것에 직접적인 영향을 받는다. 문제는 서구사회가 가지는 세계관은 모든 실재가 물질로 이루어져 있으며 우연히 생성되었다는 비성경적인 세계관이라는 것이다. 따라서 쉐퍼는 이 시대의 세계관에 대해 다음과 같이 말했다.

> 이런 견해는 오직 '물질'만이 존재한다고 주장하기 때문에 철학적 유물론으로 지칭되기도 하고, 초자연적인 것이 존재하지 않는다고 말한다는 이유로 자연주의(naturalism)라 불리기도 한다. 오직 인간으로부터 출발하여 인간을 만물의 척도로 삼는 인본주의는 통상적으로 물질주의적 철학을 갖고 있다.[622]

쉐퍼는 현대인들이 철학적 유물론, 자연주의, 인본주의 세계관을 가지고 있다고 보았다. 현대인들이 초자연적인 하나님께서 인간과 우주를 창조하셨다는 기독교적 토대를 저버림으로써 인간과 우주가 우연과 물질과 시간의 결과로 생겨났다고 생각했기 때문이다.[623] 중요한 것은 '현대인들이 이런 자기 존재의 기원을 물질에 두게 됨으로해서 일어난 결과가 무엇인가?' 하는 것이다. 그 결과는 인간의 존재와 생명에 대한 경시 풍조를 가져왔다는 것이다.

---

[622] Francis A. Schaeffer, 기독교 서구관, 박문재 역 (파주: 크리스챤다이제스트, 1999), 381.
[623] CWFS5, 354; "The materialistic or naturalistic or humanistic world-view almost always takes a superior attitude toward Christianity. Those who hold such a view have argued that Christianity is unscientific, that it cannot be proved, that it belongs simply to the realm of 'faith.' Christianity, they say, rests only on faith, while humanism rests on facts."

쉐퍼는 인간 존재의 무의성으로 전락해 버린 예를 우디 알렌(Woody Allen)과 애니 홀(Annie Hall), 그리고 블랙햄(H. J. Blackham)을 들어서 말했다. 특히 쉐퍼는 폴 고갱(Paul Gauguin)의 비참한 결말에 대해 다음과 같이 말했다.

> 유명한 화가인 폴 고갱은 자살을 시도하기 직전에 그린 자신의 마지막 작품에 이런 글을 써놓았다: "우리는 어디에서 오는가? 우리는 어떤 존재인가? 우리는 어디로 가는가?" 그 대답은 "우리는 아무 곳에서도 (nowhere) 오지 않으며, 우리는 아무것도(nothing) 아니며, 우리는 아무 곳으로도(nowhere) 가지 않는다.'이다.[624]

쉐퍼는 현대인들이 자기 존재에 대한 궁극적인 해답을 가지고 있지 않다고 보았다. 그것은 고갱만이 아니라 쉐퍼가 예를 들어 말한 사람들은 모든 것이 물질뿐이라는 인본주의에서 출발했기 때문에 나온 결과였다. 또한, 쉐퍼는 프란시스 크릭(Francis Crick) 박사가 보는 사람의 본질은 "DNA 주형을 구성하는 화학적 물리학적 성질로 환원될 수 있다."는 것이라고 말했다.[625] 이런 비기독교적 존재론에서는 '물질이냐? 인간이냐?'의 차이는 다만 '복잡한 형태이냐? 아니냐?'의 차이밖에 없다. 그리고 그와 같은 인본주의적인 존재론과 세계관은 이미 실패했다.

과거 계몽주의자들은 인간의 이성으로 모든 해결책이 주어질 것이라고 낙관론을 펼쳤으나 시간이 지남에 따라 궁극적인 해결책이란 존

---

624) Francis A. Schaeffer, 기독교 서구관, 383.
625) Francis A. Schaeffer, 다시 자유와 존엄으로, 김원주 역 (서울: 생명의말씀사, 1995), 15-16; "… 프란시스 크릭이 설명했던 생명관의 핵심적인 부분은, 사람은 본질적으로 DNA 주형을 구성하는 화학적 물리학적 성질로 환원될 수 있다는 생각이다. 바로 이것이 사람의 본질이다. 그러므로 철학적으로 볼 때 프란시스 크릭은 환원주의자, 즉 인간을 하나님의 형상으로 지음받은 복잡한 인격적 존재에서 전자-화학적 기계로 환원하려는 사람이다. 불행히도, 이런 견해는 인간을 무의미하게 만들 뿐만 아니라, 곧 아무런 처벌도 받지 않고 인간을 조작할 수 있고 그렇게 되기 쉬울 것이라는 생각에 이르게 된다."

재하지 않는다는 말만 더 크게 외치게 되었다. 그런 계몽주의자들이나 그 후손들까지도 끝까지 포기하지 않는 것은 물질주의적 세계관이다. 문제는 그런 사고방식은 인간 생명에 대한 경시 풍조를 낳게 되었다는 것이다. 인간의 생명이 존중받지 못하면 인간의 생명이 위협을 받게 될 때 아무것도 할 수 없게 된다. DNA의 조작으로 시험관 아기를 생산하는 시대에 인간의 기술은 한계를 생각하지 않는다. 그로 인해서 발생하는 윤리적인 문제들에 대해 현대인들은 해결책이 없다.626) 따라서 쉐퍼는 그와 같은 일에 대하여 다음과 같이 말했다.

> 모든 인간 생명의 유일무이한 가치를 위한 합당한 이유를 제공해주는 세계관으로부터 흘러나오는 일단의 확고한 원칙들이 없다면, … 인간의 생명에 대한 저급한 견해에 의해 생겨난 현재의 악에 대한 실질적인 저항은 있을 수 없을 것이다. 비인간성을 초래한 것은 물질주의적인 세계관이었다. 비인간성을 몰아내는 것도 이와 다른 세계관이어야 한다. 낙태, 유아살해, 안락사, 유전지식의 악용에 대하여 감정적으로 불편함을 느끼는 것으로는 충분치 않다. 현재의 인명 경시 풍조에 대항하기 위해서는 우리 사회 내에서 상당한 비율의 사람들이 인간의 존엄성을 위한 토대를 제공해주는 세계관을 채택하여 살아가지 않으면 안 된다.627)

쉐퍼는 인간의 생명이 합당한 가치를 제공 받으려면 비인간성을 초래한 물질주의적 세계관을 버려야 한다고 했다. 인간이 직면하는 생명경시 풍조에 저항하려면 감정적인 일에 그쳐서는 안 되며 인간의 삶과 윤리를 위한 궁극적인 토대가 있어야만 한다. 인간의 생명을 빼앗고 살해하는 악에 대항할 수 있으려면 적극적인 자세로 비인간성을

---

626) Ibid., 26-27; "그러면 그들은 왜 그 일을 하는가? 그것은 그들이 오직 하나의 한계 조건을 가지고 있는 우주에서 살고 있기 때문이다. 그리스도인은 두 가지 한계 조건을 가지고 있는데, (1) 사람이 할 수 있는 일과 (2) 사람이 해야 할 일이 그것이다. 현대인은 두 번째 한계를 가지고 있지 않다. 현대인을 제한하는 것은 오직 기술뿐이다. 현대인은 자신이 할 수 있는 일이라면 무엇이든지 한다."
627) Francis A. Schaeffer, 기독교 서구관, 385.

몰아내야 한다. 이러한 견해에서 쉐퍼는 역사가들에게 마음과 문화의 문제에 관한 전쟁에 뛰어들 것을 말했으나 그 요청을 거절했다.[628]

1960년대에 급진적 운동들은 낙태, 유아살해, 안락사, 유전지식의 악용과 같은 생명경시 풍조에 대하여 감정적 불편함을 나타내는 것만으로는 변화를 일으킬 수 없다. 항의하는 것이나 이상을 가지는 것만으로는 안 되고, 진정한 대안이 필요하다. 그 대안이란 우주와 인간에 대한 올바른 세계관을 가지는 것을 의미한다. 우주의 복잡성과 질서, 인간의 인격성과 독특성을 생각할 때 이것을 가장 적절하게 잘 설명하는 세계관은 성경에 제시하는 세계관이다. 쉐퍼는 미국의 대통령이나 호텔에서 일하는 사람도 하나님의 관점에서는 모든 사람이 의미가 있다고 라브리(L'Abri)에서 가르쳤다.[629]

쉐퍼는 성경적 세계관에 반대하는 사람들은 신앙에 의거한 답변들일 뿐이라고 주장하지만, 우주와 인간에 대한 기본적 사상을 논하면 기피해 버리는 것에 대해 의문을 제기했다.[630] 특히나 성경을 자연적인 부분과 초자연적인 부분으로 나누어서 초자연적인 부분은 현대인

---

[628] Barry Hankins, "'I'm just making a point': Francis Schaeffer and the irony of faithful Christian scholarship," *Fides et historia* 39:1 (2007): 34; "He wanted Christian historians to join the culture war, and he was dumbfounded when they would not Most Christian historians readily appropriate Schaeffer's call to take matters of mind and culture seriously, and to do so from a Christian perspective At the same time, however, they reject his call to use their scholarship to make a point in the culture wars Instead, Christian historians seem to believe they are called to a form of faithful scholarship that, rather than making a point, …"

[629] Corrie Cutrer, "L'Abri turns 50; Francis Schaeffer's ministry is bigger than ever," *Christianity Today* 49:5 (2005): 22; "Schaeffer was a respected philosopher and apologist in the 1960s, and he treated students with utmost respect. 'He had a deep sense of the dignity of people,' Barrs said. 'It didn't matter if he was speaking to the President of the United States or the maid in his hotel room. Every person had significance in God's sight.'"

[630] Francis A. Schaeffer, 기독교 서구관, 386; "그들은 문제점을 알지만-만물은 어디에서 왔으며 어떤 이유로 현재의 모습을 지니고 있는가?-하나님을 개입시켜 해결책을 강구 하고자 하지 않는다. 하나님은 '종교'에 속하고, 종교적 답변들은 사실들을 다루지 않는다고 그들은 말한다. 오직 과학만이 사실을 다룬다. 따라서 기독교의 답변들은 진정한 답변들이 아니며 '신앙에 의거한 답변들' 뿐이라고 그들은 주장한다."

이 수용할 수 없는 것으로 만들어 놓았다.631) 그 대표적인 사람이 슈트라우스(David Friedrich Strauss)이다. 슈트라우스는 자신의 책 『예수의 생애』(*The Life of Jesus*)에서 복음서의 대부분의 내용은 신비적이라고 말했다. 슈트라우스는 복음서를 철저하게 비신화화(demythologizing)했다. 슈트라우스는 "진정한 역사는 신화로부터 분리되어야 한다."고 말했다.632)

성경적 세계관을 반대한 사람들의 문제는 이런 견해가 과학적 사실들에 기반한 것이 아니라 그들이 수용했던 합리주의 세계관에 근거했다는 사실이다. 이것은 성경의 세계관을 벗어난 합리주의가 그토록 강조했던 신앙에 의거한 답변과 다르지 않다. 그런데 합리주의에 바탕을 둔 인본주의 세계관은 모든 존재들이 오직 물질로부터 시작되었다고 말하지만 왜 물질이 존재하게 되었는가에 대한 과학적 대답은 없다. 따라서 쉐퍼는 현대인들이 아무런 실제적인 근거도 없이 성경적 세계관을 거부하고 인본주의자들의 견해를 추종하는 것은 부당하다고 주장했다.633)

쉐퍼는 우리가 무엇을 안다고 하는 지식의 원천에 대해 근본적인 입장을 다루었다. 쉐퍼는 하나님의 권위를 거부하고 오직 인간을 중심에 놓은 인본주의 철학자들을 거론하면서 대표적으로 데이비드 흄(David Hume)을 말했다. 흄은 눈에 보이지 않는 세계를 거부하고 더 나아가 눈에 보이는 세계를 의심하는 회의론으로 나아갔다. 문제는 흄이 그렇게 말해 놓고도 정작 자신은 그렇게 살지 않았다는 것이

---

631) *CWFS5*, 515.
632) Ibid; "'Rationalism rejects knowledge outside of man himself, expecially any knowledge of God. Rationalism led naturally to the present predominant world view" that is, *materialism* (only matter exists) or *naturalism* (no supernatural exists). "This view did not come because of scientific facts, but was rooted in the rationalist world view which they accepted."
633) Francis A. Schaeffer, 기독교 서구관, 390.

다.634) 쉐퍼가 인본주의 철학자인 흄을 통해 말하고자 하는 것은 지식의 원천에 대한 추구가 인본적일 때에 존재에 대한 합당한 근거를 말하지 못한다는 것이다. 그로 인해 문제들이 발생하는 데, 첫 번째는 모든 것의 무의미성이며, 두 번째는 도덕의 상대성이다.635)

헉슬리는 다음과 같이 말했다.

> 임신하지 않는 여자와 아무리 많은 쾌락의 외도를 즐겨도 자네는 자네 아들의 애인에 의해 눈알을 빼앗길 염려는 없는 걸세.636)

헉슬리의 말은, 쉐퍼의 말대로, "한 사람만 일편단심으로 사랑하는 것은 악이 되고, 난잡한 성관계가 선이 된다."637) 헉슬리는 신의 계율과 섭리도 인간으로부터 온다고 말하면서 인간의 욕망을 정당화했다.638) 헉슬리의 예에서 보듯이 인본주의는 딜레마에 빠져 있다. 인본주의자들은 인간의 문제에 대한 해결책을 말하지 못하며 윤리적 체계에 확실한 것이 없다. 인본주의자들에게 남은 것은 상대적 진리와 상대적 도덕밖에 없다. 결국, 사람들은 신비적 체험을 얻기 위해 약물을 사용했다.639) 그러므로 쉐퍼는 인간의 문제에 대한 "적절한 해결책이 되려면 반드시 이 도덕적인 필요를 충족시켜야 한다."고 말했다.640)

---

634) Ibid., 397.
635) *CWFS5*, 366.
636) Aldous L. Huxley, **멋진 신세계**, 이덕형 역 (서울: 문예출판사, 2018), 361.
637) Francis A. Schaeffer, **기독교 서구관**, 400.
638) Ibid; "'인과의 수레바퀴는 한 바퀴 회전해서 내가 여기 왔도다'라고 말하고 있네만 오늘날 에드먼드가 어디 있겠나? 푹신한 의자에 앉아 팔로 여자의 허리를 감아 안고 성호르몬이 든 껌을 씹으며 촉감영화를 보고 있을 걸세. 신이 공평한 것은 의심할 여지가 없네. 그러나 신의 계율은 결국 사회를 구성하는 인간들이 규정하는 것일세. 신의 섭리도 인간으로부터 얻는 것이야."
639) Francis A. Schaeffer, **이성에서의 도피**, 70; "1960년대에 사람들은 합리성의 세계와는 무관한 신비한 경험을 가져 보겠다고 약물을 사용했다."
640) Francis A. Schaeffer, 162; "… 단순한 물리적 해결책으로는 부적당하다. 인간의 딜레마는 물리적인

쉐퍼가 논의하는 그 어떤 주제들 속에서도 중요하게 주장하는 것은 '그 체계나 세계관에 맞추어서 일관되게 삶을 살아가는 것이 가능한가?' 하는 것이다. 성경적 세계관을 거부하는 사람들은 실재에 대한 사상과 자신의 삶이 불일치하기 때문에 언제나 긴장 상태로 살아갈 수밖에 없다. 그런 사람들의 삶에는 언제나 불안이 느껴지기 때문에 도약이 발생하지 않을 수 없다.

그것을 증명해 주는 것이 쉐퍼가 주목하는 서구 세계의 신비주의화이다. 서구는 하나님이 존재하는 것처럼 행동한다. 동양은 초연의 정신(a spirit of detachment)을 말하면서 인격을 말하지만, 그 인격은 비인격적 우주 안에 있는 비정상적인 것이다.[641] 동양 철학자들이 말하는 신은 인격이 아니라고 말하기 때문에 인간이 독립적인 자아라는 것을 제거해 버린다.[642] 따라서 기독교 세계관에 대한 대안적 세계관은 모두 비인격적인 것으로 출발하며 인간의 실제 모습에 대해 부정적이다. 결국, 성경적 세계관을 벗어나면 인간이 인간으로서 그 존재 가치를 인정받을 수 없게 된다.[643] 인간을 대량으로 학살하는 것이 부당하다고 말할 수 없으며 부모를 공경해야 할 이유를 발견하지도

것이 아니기 때문이다. 또 형이상학적 해결책도 부적당하다. 창세기 1-11장을 통해 알고 있는 대로 인간의 문제는 일차적으로 형이상학적인 것도 아니기 때문이다. 인간의 문제는 도덕적이다. 인간은 하나님을 반역하기로 선택했기 때문이다. 그러므로 적절한 해결책이 되려면 반드시 이 도덕적 필요를 충족시켜야 한다."
641) *CWFS5*, 726.
642) Francis A. Schaeffer, **낙태, 영아살해, 안락사에 대한 그리스도인의 자세**, 김기찬 역 (서울: 생명의말씀사, 1995), 174; "이 동양 철학자들은 신은 인격이 아니라고 하는 점이다. '신'은 궁극적인 차별이 없는 '비인격적인 모든 것'을 뜻한다. 그래서 이러한 견해 안에서의 해결책은 우리가 인격적인 열망을 제거하고, 우리로 하여금 독립적인 실체, 전적으로 독립적인 자아로 만드는 것을 제거해야 한다고 말하는 것이다. 이런 '독립적인 자아'라는 개념이 바로 마야(maya), 즉 '환영'(幻影)이다."
643) Francis A. Schaeffer, **기독교 서구관**, 403; "서구는 물질주의적 견해를 갖고 있고 비종교이다. 동양은 비물질주의적 견해를 갖고 있고 종교적이다. 그러나 둘 다 비인격적 체계들이다. 이 점은 중요하다. 그리고 대조적으로 그것들의 차이들은 하찮은 것들이다. 결과적으로 서양이나 동양에서는 인간을 사물들의 실재의 모습에 대하여 비정상적이고 이질적인 존재로 본다. 동양적 견지에서는 사람들은 '마야' 또는 환상이라고 말하고, 서양적 견지에서는 부조리한 기계들이라고 말한다."

못한다. 성경적 세계관을 벗어난 체계에서는 인간이라는 존재에 대한 궁극적 답변은 없고 오로지 "우주는 현재의 순환이다"는 말 외에는 할 말이 없다.644)

'이성은 왕이다'라고 외쳤던 계몽주의의 표지는 실제적인 해답이 되지 못했다. 어떤 실존주의 체계들도 인간의 의미와 도덕, 소망과 아름다움에 대해 아무런 해결책을 제시하지 못했다.645) 오늘의 서구 세계는 이성이 죽은 자리에 신비주의가 득세하고 있다. 현대의 철학자들은 이성으로 사람들에게 해답을 주려고 했던 것을 포기하고 새로운 해답을 발견했다고 하면서 나는 경험을 했다라고 말하기 시작했다. 쉐퍼는 실존주의가 이성적인 사고를 하는 것이 아니라 개인의 체험을 중시하는 매우 신비적 경향을 지니고 있다고 다음과 같이 말했다.

> 실존주의적 방법론에 의하면, 철학을 다루는 방식은 실재에 관한 명제들을 고찰하는(비인격적이고 객관적으로) 사고의 사용을 통해서가 아니다. 오히려 큰 문제들을 다루는 방식은 오직 개인의 체험에 의거해서이다. 고찰되는 것은 반드시 실제로 존재하는 것에 대한 체험이어야 할 필요는 없다. 객관적인 실재가 경험되든 안 되든 경험 자체로서의 경험만으로 충분하다.646)

실존주의가 자신들의 경험을 중시한다는 것은 실존주의자들이 합리성을 버리고 비합리성을 중시한다는 것을 말해준다. 현대의 실존주의자들이 말하는 내용이나 현대의 신비가들이 말하는 내용이 일치하고 있기 때문이다. 하이데서는 불안을 말하지만, 그 불안을 일으키는

---

644) *CWFS5*, 373; "Interestingly enough, the Western materialist also tries to explain the form of the universe by a theory of endless cycles. … Both the Eastern thought and the Western put forth this unproven idea of endless cycles because their answers finally answer nothing."
645) Ibid., 375.
646) 프란시스 쉐퍼, **기독교 서구관**, 박문재 역 (경기: 크리스챤다이제스트, 1999), 411.

근거에 대해서는 말할 수 없다. 다만 경험할 뿐이다. 현대의 신비가들은 실제로 존재하는 신으로부터 느끼고 경험하는 것이 아니다. 현대의 신비가들은 어떤 것이 존재하는지, 존재하지 않는지에 대해 알 길이 없다.

더 심각한 문제는 현대의 신비가들이나 실존자들이나 자신들이 경험한 것을 말로 표현할 수 없다는 사실이다. 현대의 신비가들이 아는 것은 궁극적인 존재에 대해서는 알 수 없고 다만 경험 그 자체로 경험되는 것뿐이다. 쉐퍼의 견해에 의하면, 현대의 신비가들이 도약하는 것이나 현대의 실존주의자들이 도약하는 것이나 똑같은 것이다. 결국, 인간의 존엄성을 말해 줄 어떤 근거도 없게 되었다. 따라서 쉐퍼는 인간의 존엄성을 말함에 있어 그 근거를 창세기를 통해서 다음과 같이 말하고 있다.

> 성경은 우리에게 우주는 존재하고 인격적인 창조주에 의해 의도적으로 창조되었기 때문에 형태와 의미를 지니고 있다고 말해준다. 이것이 사실이기 때문에 우리는 인격적인 존재로서 결코 비인격적이지 않은 우주와 조화를 이루지 못하는 이질적인 존재가 아니라는 것을 안다. 달리 말하면, 유한한 우리 인간과 우주의 창조주이자 우주의 의미의 궁극적 원천으로서 배후에 있는 무한하신 창조주 사이에는 연속성이 존재한다는 것이다.647)

쉐퍼는 비인격적 기원과 시간과 우연을 주장하는 진화론으로는 결코 인간의 존엄성을 말할 수 없다고 했다. 쉐퍼는 오직 하나님의 형상대로 인간이 창조되었다는 성경에 기초해야 인간의 인격과 존엄성이 가치를 지닐 수 있다고 보았다. 현대인들이 인간 존재의 존엄성을 비인격과 우연성에 기초하게 되면 자기 존재의 의미를 줄 수 있는 경

---
647) Ibid., 418.

힘을 얻기 위해 비합리성으로 가게 된다. 그런 까닭에, 쉐퍼는 기독교인들은 무한하신 창조주가 인간 존재의 궁극적 원천이 되므로 연속성이 주어진다고 말했다.

5.3. 기독교인으로서의 도약 반대

쉐퍼가 일관되게 주장하는 것은 기독교인의 삶 전체에 그리스도의 주권이 실제로 적용되어야 한다는 것이다. 그리스도의 주권이 기독교인의 삶에 실제적이지 않으면 도약이 발생하기 때문이다. 쉐퍼는 하나님의 생각에 뿌리를 둔 사고가 없이는 의와 정의에 대한 소망은 없다고 보았다.[648] 그런 쉐퍼의 의도를 볼 때, 쉐퍼의 책과 자료를 이해하는 근본적인 시각은 그리스도의 주권과 도약 반대이다. 그런 점에서 쉐퍼의 논증 방식은 인본주의 체계의 문제점을 제시하고 그로 인해서 도약이 발생한다는 것을 일관되게 말하고 있다. 예를 들어, 쉐퍼가 세속적 실존주의를 논할 때 사르트르, 야스퍼스와 하이데거를 말하면서 다음과 같이 말했다.

> 하이데거는 만사를 이러한 유의 근본적인 불안에 결부시킨다. 그러므로 우리가 상층부를 표현하려고 사용하는 용어도 마찬가지이다. 이러한 사상은 결국 도약에 근거하고 있는 것이다. 여기서 희망은 합리적인 '하층부'와 분리되어 있다.[649]

쉐퍼는 실존주의자들에게는 불안이 상층부의 역할을 하고 있다고 보았다. 하이데거의 문제는 그것을 다른 사람들에게 어떻게 설명할 길이 없다는 것이다. 그것이 하이데거의 도약이다. 키르케고르에게 있어서 불안한 개인은 가능성에 대한 자유 앞에 선 개인이다.[650] 그런

---

[648] Michael S. Hamilton, "The Dissatisfaction of Francis Schaeffer: Thirteen years after his death, Schaeffer's vision and frustrations continue to haunt evangelicalism," *Christianity Today* 41:3 (1997): 30; "'There is a flow to history and culture. This flow is rooted and has its wellspring in the thoughts of people.' His singular message was that a society cannot hope for righteousness and justice without thinking the thoughts of God from the bottom up."
[649] Francis A. Schaeffer, 이성에서의 도피, 65.
[650] 손창선, "키르케고르의 자유의 가능성으로서의 불안과 사이코드라마의 우주적 불안-철학적 사이코드라마적 재조명을 통한 불안의 역설," **철학사상문화** 22:7 (2016): 48; "키르케고르의 불안의 개념 속 불안

까닭에 쉐퍼의 논증 속에서 '그리스도의 주권을 말한다는 것은 하나님으로부터 의미와 통일성을 제공받는다'는 의미이다. 조효원은 현대인들이 불안이 없는 것을 안타까워했으나,651) 쉐퍼의 체계에서 보았을 때, 그것은 상층부로의 도약으로 생존하는 현대인의 안타까운 모습을 드러내는 것이다. 쉐퍼가 인본주의자들의 도약을 말한다는 것은 인간이 하나님 없이 의미와 통일성을 확보하려는 시도이다.

쉐퍼는 그리스도의 주권과 도약 반대를 말하기 위해서 3부작인, 『존재하시는 하나님』, 『이성에서의 도피』, 그리고 『존재하시며, 말씀하시는 하나님』을 초기에 저술했다. 그리스도의 주권을 삶의 모든 영역에 적용하기 위해 『그렇다면 우리는 어떻게 살아야 하는가』를 저술했다. 쉐퍼는 통치, 법, 시민 불복종과 기독교인의 관계는 무엇인가를 다루기 위하여 『그리스도인의 선언』을 썼다. 『그리스도인의 선언』은 기독교인들이 총체적인 세계관을 가지고 살아가야 한다는 것을 말해준다. 마이클 맥비카(Michael J. McVicar)는 그리스도인의 선언은 기독교인과 세속 세계관 사이의 반정립 개념으로 구성되어 있다고 말했다.652) 미국의 문화는 기독교 세계관에서 멀어져서

한 개인은 가능성의 자유 앞에 선 개인이다. 객관적으로 증명된 길, 역사적으로 결정된 길이 아닌 무엇인지 몰라도 오직 '할 수 있음'이라는 가능성만을 가지고 무언가를 시도하는 인간이다. 그는 한 상태에서 다른 상태로 비약하는 인간, 유한 속에서 무한을 지향하는, 고독 속에서 새로운 지평을 여는 실존하는 인간이다."

651) 조효원, "불안 불안 불안-키르케고르의 세 아들에 대하여," 문학동네 18:2 (2011): 16; "키르케고르의 세 아들은 모두 엄청난 불안 속에서 살았다. 첫째는 불안을 막으려 했고, 둘째는 불안을 떨치려 했으며, 셋째는 불안을 껴안으려 했다. 우리는 어떠한가? 막거나 떨치거나 껴안을 그 어떤 불안이, 우리에게 있는가?"

652) Michael J. McVicar, "Reconstructing America: Religion, American Conservatism, and the Political Theology of Rousas John Rushdoony" (Ph.D. diss., The Ohio State University, 2010), 353; "At its heart, however, the Manifesto is more deeply Kuyperian and Vand Tilian than it is Rushdoonian. The text is structured around the notion of the 'antithesis' between Christian and secular worldviews. At the outset of the text, Schaeffer makes clear that American culture has shifted 'away from a world view that was at least vaguely Christian … toward something completely different-toward a world view based upon the idea that the final reality is impersonal matter or

'궁극적 실재는 비인격적 물질이거나 에너지이며 비인격적 우연에 의해 현재의 모습을 형성하게 되었다'는 생각으로 변화되었다. 그런 변화에 대하여 먼저, 쉐퍼는 기독교인들의 문제점을 다음과 같이 말했다.

> 지난 80여 년 동안 사회 및 통치와 관련하여 이 나라에서 그리스도인들의 가장 기본적인 문제점은 그들이 사물들을 총체적으로가 아니라 단편적으로 보아왔다는 것이다. 그들은 이 모든 것이 세계관의 변화로 인하여, 즉 사람들이 세계와 인생을 전체적으로 생각하고 바라보는 전반적인 방식에 있어서의 근본적인 변화로 인하여 생겨났다는 것을 보지 못하였다.653)

쉐퍼는 기독교인들의 문제점은 '현실의 문제점들의 원인이 세계관의 변화로 인해 발생한 것이다'라는 것을 간파하지 못한 것이라고 보았다. 뿐만 아니라 쉐퍼는 가정이 파탄하고 낙태가 자행되는 현실의 근본적인 원인이 기독교적 세계관으로부터 멀어졌기 때문이라고 분석했다. 현대인들이 다 기독교인들이 아니더라도 미국을 비롯한 서구문화를 지배한 것은 기독교적이었다. 그런데 현대인들은 기독교 세계관을 버리고 궁극적인 실재는 비인격적 우연 혹은 비인격적 물질이나 에너지라는 세계관을 가지게 되었다. 따라서 쉐퍼는 두 개의 세계관은 총체적인 두 가지 실재관이며, 그것들이 총체적으로 두 가지 다른 결과를 만들어 낸다는 사실을 말했다.654) 누구라도 하나의 세계관을

---

energy shaped into its present form by impersonal chance' in which man-and not God-becomes the measure of all things. These two perspectives 'stand as totals in complete antithesis to each other and, consequently, anyone who embraces the humanistic view that impersonal chance dominates the universe cannot ultimately cooperate with Christians to create a better world."
653) Francis A. Schaeffer, **기독교 서구관**, 465.
654) Ibid., 467; "내가 기독교는 참되다고 말할 때, 나는 기독교가 총체적 실재-중심적인 실재인 인격적이고 무한하신 하나님의 객관적 존재를 비롯하여 모든 존재하는 것의 총체-에 참되다는 것을 의미한다. 기독교는 단지 일련의 진리들 묶음이 아니라 진리 자체(Truth)-모든 실재에 대한 진리-다. 그리고 그 진리를 지성적으로 고수하는 것-보잘 것 없는 방식으로나마 그 진리, 존재하는 것의 진리에 의거하여 살아가는 것-은 몇몇 개인적인 결과들을 가져올 뿐만 아니라 통치적, 법적 결과들을 가져온다."

선택하게 되면 그 세계관을 선택한 개인에게만이 아니라 정치, 경제, 사회, 문화의 전 영역에 총체적 차이들을 초래한다는 것이다. 두 가지 총체적인 세계관은 혼합될 수 없다. 종합이 아니라 하나의 세계관으로만 살아갈 수 있다.

쉐퍼는 그 시작을 17세기의 스펜서(P. J. Spener)의 지도 아래 시작된 경건주의로 보았다. 경건주의의 시작은 형식적이고 추상적인 기독교에 대한 건전한 항의였다. 문제는 경건주의가 물질적인 세계와 영적인 세계를 구분하는 플라톤적 영성을 가지고 있었다는 것이다. 경건주의는 물질적인 세계에 중요성을 가지지 않았기 때문에 인간의 지성에 관한 것을 소홀히 했다. 결국, 경건주의의 영성은 삶의 일부에 고착되고 말았다.[655] 그런데 쉐퍼는 "참된 영성은 실재 전체를 포괄한다."고 했다.[656] 쉐퍼의 이 말은 기독교인들이 다만 성경과 교리를 믿는 것만으로 멈추어서는 안 되며, 현실의 삶에 영향을 미쳐야 한다는 의미이다. 그런 점에서 쉐퍼는 참된 영성을 다음과 같이 말했다.

> 참된 영성은 실재 전체를 포괄한다. 성경이 우리에게 죄악 된 것, 즉 하나님의 성품에 맞지 않는 것들이라고 절대적이라고 말씀하고 있는 것들이 있다. 그러나 이러한 것들 말고도 그리스도의 주권은 삶 '전체'에 미친다. 참된 영성은 삶 전체를 포괄할 뿐만 아니라 삶의 면면의 모든 부분들을 포괄한다. 이런 의미에서 실재와 관련하여 영적이지 않은 것은 없다.[657]

쉐퍼는 참된 영성이란 실재 전체를 포괄하며, 그리스도의 주권이 삶 전체에 미친다고 보았다. 이에 대해 주도홍 교수는 쉐퍼의 이런

---

655) *CWFS5*, 424; "The totality of human existence was not afforded a proper place. In particular it neglected the intellectual dimension of Christianity. Christianity and spirituality were shut up to a small, isolated part of life."
656) Francis A. Schaeffer, 기독교 교회관, 212-213.
657) Francis A. Schaeffer, 기독교 서구관, 466.

영성을 가리켜 '전인적이며 우주적 영성'이라고 말했다.658) 그러나 주도홍 교수는 "결론적으로 기독교 세계관을 강조하는 쉐퍼의 심미적 영성이 모든 크리스천을 향해 비약적 절정에까지 이르게 된다."라고 표현한 것은 잘못된 표현이다.659) 쉐퍼의 영성을 '심미적 영성'이라고 표현한 것 자체가 쉐퍼를 이해하지 못한 것이며 지극히 키르케고르적인 표현이다. 왜냐하면, 쉐퍼는 "그리스도인의 삶은 예술 작품이 되어야 한다. 그리스도인의 삶은 상실되고 절망하는 세계 속에서 진리의 일이 되어야 하고, 또 미(美)의 일이 되어야 한다."고 말했기 때문이다.660) 무엇보다 주도홍 교수가 제시한 쉐퍼의 기독교 영성관 445페이지에는 '비약적'이라는 표현이 없다. 이것은 주도홍 교수가 쉐퍼의 사상 체계가 도약을 반대하고 있다는 것을 파악하지 못한 진술이다.

그리스도의 주권이 현실에 영향을 미치고 성경과 교리가 살아가는 현실에 작용하면 기독교인들은 인본주의적인 것이 아니라 인도주의적이어야 한다.661) 기독교인들은 세상 모든 사람 중에서 가장 인도주의적인 사람이 되어야 한다. 이것은 쉐퍼가 기독교 교회관에서 진정한 기독교인의 표지는 사랑이라고 말한 것과 상통한다.662) 기독교인으로서 인도주의자가 되고 사랑하는 사람이 된다는 것은 성경이 말하는 참된 인간의 모습을 삶으로 증거 하는 것이다. 기독교인은 인간의 참된 모습을 파괴하는 사상과 체계에 대해 확고하게 반대해야 한다.

---

658) 주도홍, "쉐퍼의 아름다운 영성 이해," 116; "쉐퍼는 청교도적 우주적 영성을 강조한다. 골방의 영성이 아니라, 우주적 영성이요, 하나님이 친히 지으신 자신의 모든 피조물을 향한 영성이다. 영성의 폭이 삶의 모든 것을 포함한다. 결코 부분적이지 않다(not fragmented). 사랑을 향해서는 전인적 영성, 곧 그리스도의 주권이 삶의 전 영역에 미치는 영성이다."
659) Ibid., 124.
660) Francis A. Schaeffer, 기독교 영성관, 445.
661) Francis A. Schaeffer, 기독교 서구관, 469; "'인도주의'(humanitarianism)는 사람들에게 친절하고 도움을 줌으로써 사람들을 인간적으로 대하는 것이다. … '인본주의'(humanism)는 인간을 만물의 중심에 놓고 만물의 척도로 삼는 것이다."
662) Ibid., 465.

물질-에너지, 우연으로 이루어진 실재 개념을 세계관으로 소유한 사람들은 인간에 대한 참모습을 말할 수 없다. 왜냐하면, 인간의 존재와 인격성을 설명할 길이 없기 때문이다. 어떤 형태의 인간관을 가지더라도 인간관이 잘못되면 사회관과 법률관도 잘못된다. 그 말은 사람들이 살아가는 근본적인 토대가 잘못 형성된다는 것을 의미한다.663) 물질적 세계관은 인간을 맹목적 우연의 산물로 격하시키고 분자 배열의 다른 형태에 지나지 않는다고 절하했으며, 유능한 동물로 만들었다. 물질적 인간관은 잔인한 폭력성이 발생하게 되었다. 그런데 인간은 그런 사회 속에서 살아갈 수 없다.

쉐퍼는 인간이 자유에 대한 열망을 가지고 있으면서도 무정부를 초래하지 않고 자의적 횡포가 되지 않을 적절한 토대가 무엇인지를 질문했다.664) 쉐퍼는 이 질문에 대해 그런 적절한 토대는 물질주의적 개념이 아니라 하나님의 형상대로 창조된 인간 됨을 소유하고 있어야 한다고 보았다. 그런 인간 됨이 있을 때 법적 통치가 잔인한 폭력의 지배 이상의 통치를 이룰 수 있기 때문이다. 그 인간 됨은 하나님의 기록된 법에 의한 정의로 실현되어야 한다. 종교개혁이 한 일은 궁극적인 실재인 하나님께로 돌아가는 것이며, 그것은 인간의 참된 실재로 돌아가는 것이었다. 인간의 구원만이 아니라 사회적 필요를 해결하기 위해서라도 하나님께로 돌아가야 했다.

쉐퍼는 지나간 역사를 말하면서 기독교적 합의가 없는 인본주의자들이 자유를 아무리 외쳐도 혼란만 일어나고 그 혼란을 통제하기 위

---

663) *CWFS5*, 428; "Those who hold the material-energy, chance concept of reality, … nott only do not know the truth of the final reality, God, they do not know who Man is. Their concept of Man is not, just as their concept of Mas is mistaken, their concept of society and of law is mistaken, and they have no sufficient base for their society or law."
664) Francis A. Schaeffer, **기독교 서구관**, 471.

해 독재로 귀결된다고 말했다.665) 인본주의자들이 자유를 말할지라도 궁극적 실재에 대해 잘못된 개념을 갖고 있기 때문에 인간의 인간 됨에 대해 말할 수 없다는 것이다. 그런 인본주의자들의 자연스러운 관심사는 국가와 사회이다. 궁극적 실재에 대한 물질주의적 개념으로의 철학적 변화는 물질주의적 삶으로 변화되었고 진정한 자유가 보장되지 않았다. 그 결과 개인의 부요와 평안을 원하는 침묵하는 다수의 가치관으로 인해 인간이 가져야 할 진정한 자유는 묵살되고 말았다.666)

쉐퍼는 법을 비롯한 현실 사회의 문제들에 대해 논했다. 그가 보았을 때 특히 법과 법원은 인본주의적 사고방식이 사람들에게 강제적으로 부과하는 도구라고 보았다. 쉐퍼는 대표적인 사례로 낙태법이 그 완벽한 예라고 말했다. 1973년에 미국의 50개 주 전체가 낙태법을 무효화 했다.667) 쉐퍼가 더 심각하게 지적하는 것은 성경을 믿는 신학자들이 그 문제에 대해 소리를 내지 않았다는 것이다. 무엇보다 쉐퍼의 안타까운 심정은 신학자들이 신학의 위험성을 보았을 때 그것이 세상에 미칠 파급효과를 내다보지 못하고 대처하지 않았다는 것이다. 그것은 신학자로서나 기독교인으로서나 책임을 다하지 못한 것이다. 아퀴나스가 하층부에 자율성을 주게 됨으로써 삶의 전 영역에 비성경

---

665) Ibid., 473; "특히 제2차 세계대전 이후 미국 국무부의 사람들이 전세계를 돌아다니면서 통치에 있어서 형식과 자유의 균형을, 철학과 종교로 인하여 자체적으로는 결코 그러한 것이 나올 수 없었던 문화들에 이식하고자 했을 때, 거의 모든 경우에 그것은 어떤 형태의 전체주의 또는 독재로 끝나고 말았다."
666) *CWFS5*, 430; "With its mistaken concept of final reality, it has no intrinsic reason to be interested in the individual, the human being. Its natural interest is the two collectives; the state and society."
667) Francis A. Schaeffer, **기독교 서구관**, 485-486; "… 미국국민들의 의견은 중요하지 않았다. 대법원은 낙태가 합법적이라는 결정을 자의적으로 내렸고 하루 밤새에 각 주의 법률들을 뒤집어엎고 낙태는 합법적일 뿐만 아니라 윤리적이라는 것을 미국 국민들의 사고 속에 강제로 심어 놓았다. 엘리트인 대법관들은 그들의 결정이 법적으로나 의학적으로 자의적인 것이었음에도 불구하고 그들의 의지를 국민 대다수에게 강요하였다. 이렇게 법과 법원은 전적으로 세속적인 대중들에게 강제로 부과하는 도구가 되었다."

적인 세계관이 지배하게 되고 통일성을 확보하지 못하게 되자 사람들은 도약을 감행했다. 쉐퍼는 그런 일에 기독교인으로서 책임 있는 삶을 살아야 할 것을 주문했다.

결국, 쉐퍼는 기독교인들이 단편적이었으며, 그릇된 실재관에 근거한 총체적인 세계관(total world view)을 파악하는 데 실패했다고 말했다.668) 그로 말미암아 기독교인들은 삶의 전 영역에서 비인간적인 결과를 초래할 것을 알지 못했다. 그것은 법과 통치의 분야에서 더 확실하게 나타났다. 쉐퍼가 의도하는 것은 법과 통치가 하나님의 법에 어긋나는 것이라면 그것은 언제든지 폐할 수 있다는 것이다. 그렇기 때문에 기독교인들은 우연으로 생성된 물질-에너지를 궁극적 실재라고 믿는 세계관의 철폐에 노력해야 한다. 그런 인본주의적 세계관은 상대주의적이며 결국은 비인간적인 것을 만들어 낸다. 왜냐하면, 인본주의 세계관은 인간 개개인의 유일무이성과 인간 그 자체로의 존엄성에 대한 토대를 가지고 있지 못하기 때문이다. 그것은 근본적으로 인간이라는 존재의 본질에 대해 전혀 아는 것이 없기 때문에 초래된 결과이다.

쉐퍼는 기독교인으로서의 법적, 정치적 자세에 대한 책임감을 강조했다. 기독교인들은 낙태와 유아살해, 안락사에 대해 발언하며 싸워야 하고 기독교적 대안을 보여주어야 한다. 그런 분야 외에도 삶의 모든 영역에서 값비싼 대가를 치르더라도 성경적인 대안을 말하고 실천해 가야 한다. 쉐퍼는 그렇게 하기 위해 기독교 법조인회(the Christian Legal Society)와 같은 모임을 만들고 분쟁 당사자들을 중재하는 노력을 한 것을 의미 있게 말했다.669) 그런 행동들은 어떤 사

---

668) CWFS5, 493.
669) Ibid., 494; "We should be practicing these alternatives in all areas even as we stand legally and

람들처럼 기독교는 다만 기독교적 대안을 실천하기만 하면 된다는 방식이 아니다. 쉐퍼의 이러한 주장은 기독교가 플라톤적인 이원론으로 살아가서는 안 된다는 것을 의미한다. 기독교인들이 영혼만을 중요하게 생각하고 종교적인 일에 만족하면서 살아가게 되면 삶의 실재에 있어서는 인본주의적 세계관에 지배를 당한다는 것을 의미한다. 그러므로 기독교인이 성경대로 살아간다면 플라톤적인 세계관과 신앙이 되어서는 안 된다.670)

쉐퍼는 기독교인의 삶에 대해 다음과 같이 말했다.

> 우리가 성경에 명령되어 있는 대안들을 실천하지 않는다면, 우리는 성경 아래 살고 있는 것이 아니다. 그리고 우리가 적절한 수준의 시민적 불복종의 기본선을 실천하지 않는다면, 마찬가지로 우리는 성경 아래 살고 있는 것이 아니다.671)

쉐퍼에 의하면, 기독교인들이 성경적 세계관에 입각한 대안들을 실천하지 않으면 성경대로 살아가는 것이 아니다. 쉐퍼의 이런 주장의 의미를 알기 위해서는 쉐퍼의 체계로 이해할 필요가 있다. 만일 기독교인들이 하나님을 믿는다고 말하면서 종교적인 영역에서만 믿음을 가지고 있고, 현실의 삶에서는 하나님을 믿는 것과는 아무런 상관없이 살아간다면, 그것은 도약이나 마찬가지라는 것이다. 왜냐하면, 그런 삶은 상층부와 하층부의 분리를 의미하기 때문이다. 쉐퍼는 사명이 도약 없이 가능한 이유에 대해 다음과 같이 말했다.

---

polotically against our present society's and goverment's wrong solutions for the ills of humanity. We indeed are to be humanitarians in living contrast to the inhumanity forth by materialistic humanism."
670) Francis A. Schaeffer, **기독교 서구관**, 540.
671) 프란시스 쉐퍼, **기독교 서구관**, 박문재 역 (경기: 크리스챤다이제스트, 2002), 540.

따라서 종교개혁이 우리에게 가르치는 것은 하나님께서 '상층부'와 '하층부'에 관하여 성경을 통해 말씀하고 계신다는 것이다. 그러므로 그들은 지식의 참된 통일을 이룩하였다. 그들에게는 르네상스에서 다루던 자연과 은총의 문제는 없었다. 그들은 참된 통일성을 갖고 있다.672)

쉐퍼에 의하면, 종교개혁은 상층부와 하층부의 분리 없이 참된 통일을 가지고 있었다. 종교개혁자들이 통일성을 가진 것은 그들이 남달라서가 아니었다. 종교개혁자들은 상층부와 하층부 양 영역에 있어서 하나님의 계시에 일치된 통일성을 가졌기 때문이다. 종교개혁자들은 합리성을 벗어나 초월성으로 해결하지 않았다. 아퀴나스처럼 하층부에 자율성을 부과한 것도 아니고, 그 영향을 입은 인본주의적 체계처럼 비합리성으로 간 것도 아니었다. 따라서 참된 기독교 신앙이라면 '영혼만 구원받으면 현실은 어떻게 되어도 상관없다'는 것은 결코 바람직한 기독교 신앙이 아니다. 잘못된 세계관은 잘못된 현실을 갖게 된다.

케네스 하퍼(Kenneth C. Harper)는 쉐퍼를 평가하면서, '그리스도께서 죽으심으로 인간에게 위엄과 존중을 주셨다'고 말했다.673) 그러므로 인간의 인격성과 가치를 참되게 말하는 기독교적 세계관만이 개인의 유일무이성과 존엄성의 토대를 가질 수 있다. 인간은 궁극적 실재에 대한 기독교적 세계관을 가지고 살아갈 때 합리성을 중시하면서도 도약이 일어나지 않는다.

---

672) Francis A. Schaeffer, 이성에서의 도피, 32.
673) Kenneth C. Harper, "Francis A Schaeffer: an evaluation," *Bibliotheca sacra* 133:530 (1976), 135; "Francis A Schaeffer: an evaluation," *Bibliotheca sacra*, 133:530 (Apr-Jun 1976), 135. "He accepts men as beings for whom Christ died and extends to them the dignity and respect this implies."

III. 결론 및 제언

지금까지 쉐퍼의 문화관, 성경관, 영성관, 교회관, 서구관을 도약 개념을 중심으로 검토하고 연구한 결과 쉐퍼가 합리성을 중시하는 경향을 가지고 있으며 도약을 반대한다는 것을 알 수 있었다. 쉐퍼는 합리성을 중시하면서도 합리주의자가 되어 기계론에 빠지거나 비합리성으로 나아가 도약하지 않았다. 쉐퍼는 물질과 시간과 우연이 아니라 인격적인 하나님으로부터 인간의 존재적 관점을 확보하고 있었기 때문이다. 따라서 본 연구를 통해 존재의 근원을 비인격성에 기초하게 되면 학문으로부터 삶의 모든 영역에 비합리성으로 도약한다는 것을 알 수 있었다.

쉐퍼에 의하면, 그리스도인들이 상층부로 도약하지 않으려면 다음 세 가지를 분명히 해야 한다. 첫 번째로, 성경이 우주와 역사에 대해 가르치는 것은 합리성을 가지고 있다. 믿음은 이성적인 마음을 배제하지 않는다. 성경은 진리의 역사를 기록했으며(눅 1:1-4), 합리적인 토론과 검증에 개방적이었다. 성경 저자들은 주관적인 상상에 의한 도약적 진술이 아니라 역사적인 증거를 근거하여 기록했다.

사도 바울은 고린도 교회 성도들에게 다른 살아있는 목격자들과 함께 부활하신 예수님의 이야기를 확증해 줄 것을 당부했다(고전 15장). 사도는 1960년대의 미국의 기독교 부모들처럼 "그냥 믿으라!"라고 말하지 않았다. 사도 바울은 그리스도의 부활이 사실이며 그것을 보고 경험한 사람들이 있기 때문에 부활을 의심하는 것이 불합리 하다고 주장했다.

성경은 우리 마음의 이성에 대한 능력이 믿음에 이르는 데 중요한 역할을 한다고 말한다. 하나님께서는 어리석은 믿음을 원하지 않으신다. 어리석은 믿음이란 비합리적인 믿음이다. 비합리적이란 맹목적 도약에 근거한 믿음은 성경이 말하는 믿음이 아니다.

두 번째는, 믿음은 '얼마나'가 아닌 '누구냐'에 관한 것이다. 성경이 말하는 믿음은 인격적이고 영원하신 하나님으로부터 주어진 것이다. 쉐퍼는 "기독교에서 신앙의 가치는 신앙이 향하는 대상에 달려있다."고 말했다.674) 우리 하나님께서는 우리를 구원하시는 일에 신실하시기에 우리의 신앙은 가치가 있다. 하나님께서 우리를 변화시키고 사랑하시는 일에 신실하시므로 우리의 신앙은 가치가 있다.

세 번째는, 우리 존재의 근거는 인격적이고 무한한 하나님이시다. 현대인들은 인간 존재의 근원을 물질, 우연, 시간으로 생각하기 때문에 인간의 인격성과 문제에 대해 말할 수가 없다. 나와 경쟁 상대에 있는 사람들과 원수들을 사랑해야 할 근거를 마련하지 못한다. 세상의 부조리, 자연재해 그리고 질병과 맞서 싸워야 할 근거가 없다. 성경은 인격적이고 선하신 하나님께서 인간을 인격적으로 창조했다고 말한다. 인간의 문제는 인간이 역사의 시공간에서 타락했기 때문에 일어난 결과다.

성경이 말하는 믿음은 '인간의 선택과 결단으로 믿음을 가졌느냐?'를 말하는 것이 결코 아니다. 우리는 자율적인 존재가 아니기 때문이다. 참된 믿음은 우리의 주체적 열정으로 도약한 결과가 아니라 은혜의 선물이다. 인격적이고 영원한 삼위일체 하나님을 믿고 그 안에서 의미와 통일성을 제공받는 자들은 안정감을 누리며 도약이 일어나지 않는다.

---

674) 프란시스 쉐퍼, 기독교 문화관, 문석호 역 (서울: 크리스챤다이제스트, 1994), 87; "현대인은 자신의 신앙의 대상에 관해서는 말할 수 없고, 단지 신앙 자체에 관해서만 말할 수 있다. 따라서 그는 그것이 모든 이성에 반하여 존재할 때에는, 자신의 신앙의 존재와 그 크기를 논의할 수 있지만, 그것이 전부이다. 현대인의 신앙은 내향적이다."

쉐퍼는 현대인들의 문화관, 성경관, 영성관, 교회관, 서구관에서 도약이 일어나는 이유가 궁극적 실재에 대한 문제라는 것을 밝혔다. 쉐퍼는 교회가 성경의 진리에 굳게 서고 성경의 진리로 자기 존재의 의미와 통일성을 확보해야 함을 말했다. 궁극적 실재가 무한하고 인격적인 하나님이시기에 기독교인들은 존재의 불안 없이 하나님과의 관계 속에서 안정적인 삶을 살아갈 수 있다. 그런 까닭에, 기독교인들은 도약이 일어나지 않게 된다.

본 연구가 인간의 존재적 관점을 도약 없이 성경적으로 제공받도록 한 것은 한국 기독교계에 참된 경건의 토대를 제공해 줄 수 있다. 기독교의 경건은 합리성을 중시하면서도 비합리성으로 가지 않는다. 기독교는 아퀴나스가 말하는 것처럼 인간이 자율성을 가진 존재가 아니다. 오히려 하나님으로부터 의미와 통일성을 제공받는 하나님 의존적인 존재이다.

또한, 현실의 불안과 구원의 확신에 의심이 생길 때 기독교인의 존재 근거와 확실성에 대해 분명하게 말해 줄 수 있다. 기독교인은 무한하시고 인격적인 하나님 안에 있기 때문에 합리성을 포기하지 않고 인격성에 대해 말할 수 있다. 실존주의 철학이 개별자의 자율성을 부르짖으나 그 실상을 보면 자기 존재를 확인 받기 위하여 하이데거처럼 시인이 되어 비합리성으로 도약한다. 현 존재를 말할 때는 이성적으로 실존을 부르짖었지만 정작 하이데거 자신이 그렇게 살지 못하기 때문에 합리적 사고를 포기해 버렸던 것이다.

세상은 철학으로부터 시작해서 미술과 음악에 이르기까지 합리성을 포기해 버렸다. 문화가 보편자를 발견하는 것에 실패했다는 것은 삶의 의미를 찾지 못하고 죽는다는 것을 의미한다. 칼 바르트와 같은 신정통주의자나 신신학자들도 역시 합리성을 포기하고 그냥 믿어야만 하는 비합리성으로 감으로써 방식만 다를 뿐이지 동일하게 도약이 일어났다.

반면에 참된 기독교는 창세기 1-3장에 기록된 창조역사를 역사적 사실로 믿기 때문에 상층부와 하층부의 분리가 없다. 기독교는 인간과 세계의 존재 기원이 인격적인 하나님께 있기 때문에 비인격적인 존재에 기원하는 세상의 사상과 달리 인간의 존재와 인격성에 관해 설명할 근거를 가지고 있다. 그러므로 도약이 없는 기독교인들은 하나님께서 사랑의 하나님이시듯이 기독교인들도 이웃을 사랑할 수 있다. 기독교인들은 자신의 가정과 삶의 현장에서 작은 자는 없다는 것을 확신하기 때문에 기계가 아니라 참된 인간으로서 그리스도의 인격을 닮아갈 수 있다. 그로 인해 기독교인들은 그리스도의 주권이 삶 전체에 미치는 통일성을 가진 존재로 살아갈 수 있다.

본 논문은 현대 기독교가 비기독교적 영성에 영향을 입어 도약을 감행한다는 사실을 알게 해 준다. 또한, 본 논문을 통하여 현대인들과 달리 기독교인들이 상층부로 도약하지 않는 근거를 마련했다. 그 결과로 기독교인들은 하나님으로부터 의미와 통일성을 제공받아 안정된 삶을 살아갈 수 있다는 사실에 중요한 기여를 한다고 생각한다. 기독교 본래의 가치를 상실해 가는 이 시대에 도약이 어디에서부터 시작되었는지를 분명하게 규명함으로써, 기독교인들 역시 현실에서는 고난과 불안이 있음에도 불구하고 의미와 통일성을 누림으로 참된 기독교인으로 살아갈 수 있다.

그러므로 본 연구를 통하여 밝혀진 결과를 토대로 두 가지 제언을 하려고 한다. 첫째, 성경과 교리로 주어지는 의미와 통일성을 가르치는 작업이 필요하다. 성경과 교리로 주어지는 의미와 통일성이 무엇인지 가르치지 않기 때문이다. 기독교인들은 현대인들처럼 의미와 통일성을 찾기 위해 결코 도약할 필요가 없으며, 오히려 구원과 언약 속에서 의미와 통일성을 누려가고 있다는 것을 가르치고 배워야 한다. 하나님께서 우리에게 주신 풍성함을 기독교인들이 누리도록 의미와 통일성을 성경적으로 가르쳐야 한다.

둘째, 교회는 의미와 통일성을 실제로 목회에 적용할 수 있는 프로그램을 만들어야 한다는 것을 제안하고자 한다. 윌리엄 에임스(William Ames, 1576-1633)가 "신학의 모든 내용은 실천적으로 직접적으로 연관된다"고 말했듯이,675) 의미와 통일성을 기독교인들에게 실제로 제시할 수 있는 목회적 프로그램으로 만드는 것이 참으로 중요하다. 성경과 교리에 기반한 의미와 통일성을 가르칠 수 있는 프로그램이 개발되어야 한다. 성도들의 실제 생활에서 활용할 수 있는 목회적 툴(tool)이 필요하다. 본 연구는 기독교인들이 도약하지 않고 자기 존재를 성경적으로 확보하려는 쉐퍼의 이론을 살펴보는 것이 목적이었다. 그런 까닭에, 성도들에게 의미와 통일성을 제공하는 목회 프로그램 개발은 다른 연구자들에 의해 만들어지기를 소망한다.

RPTMINISTRIES
http://www.esesang91.com

---

675) William Ames, **신학의 정수**, 서원모 역 (고양: 크리스챤다이제스트, 2012), 111.

참고문헌

강갑회. "야스퍼스에 있어서 한계상황을 통한 실존개명." **철학논총** 29 (2002): 23-44.
권혁봉. "프란시스 쉐퍼(Francis A. Schaeffer)의 藝術理解에 對한 考察." **침신논문집** 3 (1980): 117-138.
고광필. "폴 틸리히의 신학적 인간학적인 자아의 개념과 그 문제점." 185. **光神論壇** 5:1 (1993): 183-200.
김균진. "폴 틸리히(Paul Tillich)의 基督論과 그 問題點." **신학논단** 16 (1983): 221-253.
김동규. "시가 아름다운 이유: 하이데거 시론(詩論)을 중심으로." **존재론 연구** 31 (2013): 103-132.
_____. **철학의 모비딕**. 파주: 문학동네, 2013.
김용준. "바르트의 계시관에 대한 개혁 신학적 비판." **개혁논총** 31 (2014): 47-77.
_____. "칼 바르트의 성경관에 대한 개혁신학적 비판." **개혁논총** 35 (2015): 73-98.
김종엽. **하이데거의 형이상학이란 무엇인가 읽기**. 서울: 세창미디어, 2014.
김태한. **뉴에이지 신비주의**. 서울: 라이트하우스, 2008.
남경태. **개념어 사전**. 서울: Humanist, 2012.
_____. **누구나 한번쯤 철학을 생각한다**. 서울: Humanist, 2012.

라은성. **이것이 개혁신앙이다**. 서울: PTL, 2017.

목창균. **현대신학논쟁**. 서울: 도서출판 두란노, 1999.

박성현. "현대사회의 문제와 명상치유." **한국명상학회지** 2:1 (2011): 63-70.

박아론. **현대신학연구**. 서울: CLC, 2006.

박유정. "존재의 소리와 고독: 하이데거와 릴케." **철학논집** 28 (2012): 197-221.

박찬국. "키에르케고르와 하이데거의 불안 개념에 대한 비교연구." **시대와 철학** 10:1 (1999): 188-219.

_____. "초기 하이데거의 불안 개념에 대한 비판적 고찰: 하이데거의 불안 분석은 얼마나 사태 자체를 드러내는가." **가톨릭신학과사상** 62 (2008): 143-177.

박찬호. "프란시스 쉐퍼의 성경관과 창조론." **창조오픈포럼** 6:2 (2012): 19-31.

배학수. "귀향의 노래-하이데거의 시 철학." **대동철학** 32 (2005): 211-240.

서철원. **서철원박사의 교의신학3 인간론**. 서울: 쿰란출판사, 2018.

성인경. **프랜시스 쉐퍼 읽기**. 서울: 예영커뮤니케이션, 1996.

손창선. "키르케고르의 자유의 가능성으로서의 불안과 사이코드라마의 우주적 불안-철학적·사이코드라마적 재조명을 통한 불안의 역설." **철학사상문화** 22:7 (2016): 28-59.

신동식. "프란시스 쉐퍼의 삶과 사상(5)." Apr 11, 2016. Accessed Apr 12, 2018.

http://blog.daum.net/bjc3028/7206971.

신응철. "기독교적 예술비평의 제문제: F. A. 쉐퍼와 W. D. 로마노프스키의 견해를 중심으로." **대동철학** 34 (2006): 195-220.

양승아. "키에르케고르의 실존주의가 불트만과 바르트에게 미친 영향에 대한 연구: 마태복음 6장 24-34절에 대한 설교 분석을 중심으로." **신학과 사회** 31:2 (2017): 151-183.

염재철. "시작(詩作)의 존재론적 해명-하이데거 예술철학 논구 (4)." **미학** 71 (2012): 77-104.

윤미정, 황경숙. "『파이돈』, 『파이드로스』와 『국가』를 통해 본 플라톤의 신체와 영혼의 가치 이원적 관계." **움직임의 철학** 19:1 (2011): 177-188.

윤종모. **치유명상**. 서울: 정신세계사, 2010.

이규민. "현세대 청년들을 위한 교육목회의 과제와 방향." **한국기독교신학논총** 107 (2018): 245-277.

이명곤. "키르케고르의 '실존적 권태와'와 '심미적 실존의 의의'." **철학연구** 127 (2013): 135-168.

_____. 키르케고르 읽기. 서울: 세창미디어, 2014.

_____. "키르케고르의 종교관과 주관성으로서의 진리." **동서철학연구** 89 (2018): 267-292.

_____. "죽음에 관한 진지한 사유와 죽음의 형이상학적 의미." **철학연구** 131 (2014): 303-330.

_____. "키르케고르: 윤리적 실존의 양상과 사랑의 윤리학." **철학연구** 129 (2014): 167-191.

_____. "키르케고르의 실존적 철학함의 방법론으로서의 '믿음의 역설'." **인간연구** 27 (2014). 61-94.

이상근. "상황윤리 비판." **신학지남** 143 (1968): 27-36.

이상원. "세속화 시대와 기독교영성: 기독교 영성의 길: 이원론적인 영혼의 정화에서 성령에의 전인적 순종으로." **성경과 신학** 49 (2009): 187-226.

이상하. **상황윤리**. 서울: 철학과현실사, 2007.

이순이. "신플라톤주의와 르네상스(Renaissance) 미술문화 연구: 피렌체의 메디치 家 영향을 중심으로." **조형연구(Visual Art Research)** 10 (2004): 107-134.

이승구. "위기 속에서 복음주의자들은 과연 어떻게 해야 하는가? - 프란시스 쉐퍼의 복음주의자들이 참으로 복음주의적이 되어야 한다는 도전을 중심으로." **국제신학** 8 (2006): 35-61.

_____. **전환기의 개혁신학**. 서울: 이레서원, 2008.

이어령. "암 통보받아 … 죽음 생각할 때 삶이 농밀해진다." 중앙일보, https://news.joins.com/article/ 23267144/ Jan. 7. 2019. Accessed. Jan. 17. 2019.

_____, 믿음을 말하다. 국민일보. http://news.kmib.co.kr/article/view.asp?arcid= 0004564055/ Jan. 23. 2011. Accessed. Jan. 17. 2019.

_____, 이어령 교수와의 대담- 삶과 죽음. 국민일보. https://www.youtube.com/watch?time_continue= 2&v=Cqmt7oBZLuc/ [인터뷰] (4분 19초부터 25초까지, Jan. 2. 2018.) Accessed. Jan. 17. 2019.

이홍균. "소외론의 시각에서 본 물상화론(Ⅱ): 루카치와 하버마스." **현상과인식** 20:2 (1996): 95-111.

임규정. "가능성의 현상학-키르케고르의 실존의 삼 단계에 관한 소고." **범한철학** 55 (2009): 281-325.

_____. "시인의 실존 : 키르케고르의 시인과 시의 개념에 관한 연구1." **철학사상문화** 14 (2012): 185-213.

전동진. "하이데거의 세계이해." **哲學** 63 (2000): 237-255.

장현갑. "왜 현대인은 명상에 열광하고 있는가?." **한국명상학회지** 7:1 (2017): 1-15.

정달용. "칼 야스퍼스의 「哲學的 信仰」." **신학전망** 32 (1976): 3-17.

정항균. "종교적 예외의 반복에서 미학적 창조의 반복으로: 키에르케고르와 니체의 반복 개념 연구." **카프카연구** 19 (2008): 233-263.

조규철. "하이데거의 사유근원과 현존재의 본래성." **철학논총** 30 (2002): 379-399.

조형국. "삶과 현존재 그리고 본래성: 하이데거의 불안, 양심, 죽음에 대한 생각을 중심으로." **가톨릭신학과사상** 62 (2008): 115-142.

조효원. "불안 불안 불안-키르케고르의 세 아들에 대하여." **문학동네** 18:2 (2011): 1-16.

주도홍. "쉐퍼의 아름다운 영성 이해." **한국개혁신학** 9 (2001): 107-130.

표재명. **키에르케고르의 단독자 개념**. 서울: 서광사, 1992.

폴 틸리히. **조직신학 Ⅱ**. 서울: 한들출판사, 2003.

_____. **조직신학 Ⅰ**. (서울: 한들출판사, 2005

한국키에르케고어 학회. **다시 읽는 키에르케고어**. 서울: 철학과 현실사, 2003.

허도화. "기독교 대학의 정체성: 기독교 대학과 교목실의 역할과 구조." **대학과 선교** 11 (2006): 160-169.

_____. "삶의 문제에 관한 상담으로서의 설교: Harry Emerson Fosdick의 상담설교를 중심으로." **대학과 선교** 12 (2007): 168-181.

_____. "실천신학: 성경적 설교의 원형으로서의 예언자적 설교." **신학과 선교** 39 (2011): 117-152.

_____. "교회의 사회적 영성 회복: 공동예배를 통한 사회화 훈련을 중심으로." **신학과 선교** 50 (2017): 195-232.

홍경자. "야스퍼스의 한계상황과 의미-정향된 철학상담." **철학과 현상학 연구** 47 (2010): 101-127.

황민효. 폴 틸리히의 신학 Ⅱ. 서울: 한국장로교출판사, 2008.

황재범. "서번트 리더십의 기독교적 및 시대적 적합성과 특징들." **신학논단** 60 (2010): 211-234.

_____. **개혁교회 3대 요리문답**. 서울: 한들출판사, 2013.

Ames, William. **신학의 정수**. 서원모 역. 고양: 크리스챤다이제스트, 2012.

Aquinas, Thomas. **신학대전 Ⅰ**. 정의채 역. 서울: 바오로딸, 2014.

_____. **신학대전 Ⅱ**. 정의채 역. 서울: 바오로딸, 2014.

Barth, Karl. 로마서 강해. 조남홍 역. 서울: 한들, 1997.

_____. 교회교의학 Ⅲ/Ⅰ. 신준호 역. 서울: 대한기독교서회, 2015.

_____. 로마서. 손성현 역. 서울: 복있는사람, 2017.

Böckle, Franz. "상황윤리." 박정일 역, **신학전망** 18 (1972): 57-61.

Boulton, Wayne G. "A different Schaeffer." *Reformed Journal* 32:8 (1982): 3-4.

Burns, Robert W. Ⅱ. Review of "*Truth with love: the apologetics of Francis Schaeffer.*" by Bryan A. Follis. *Journal of the Evangelical Theological Society* 52:1 (2009): 179-183.

Calvin, John. 기독교강요(상). 원광연 역. 고양: 크리스찬다이제스트, 2010.

_____. 기독교강요(중). 원광연 역. 고양: 크리스찬다이제스트, 2010.

_____. 기독교강요(하). 원광연 역. 고양: 크리스찬다이제스트, 2010.

Camus, Albert. 이방인/페스트/전락/표리. 김용훈 역. 서울: 삼성당, 2000.

Cutrer, Corrie. "L'Abri turns 50: Francis Schaeffer's ministry is bigger than ever." *Christianity Today* 49:5 (2005): 21-24.

Doran, Nicole Ellen. "A Christian philosophy of music and the arts: The contributions of the Schaeffer family and the L'Abri community. Musical Arts." D. diss., University of Cincinnati, 2002.

Dorn, Jacob H. Review of "*Francis Schaeffer and the shaping of evangelical America.*" by Barry Hankins. *Fides et historia* 41:2 (2009): 137-139.

Dunn, Steven. "Where Francis Schaeffer Got Aquinas Wrong." May 8, 2013. Accessed Apr 12, 2018. https://philosophicaugustine.wordpress.com/2013/05/08/francis-schaeffer-and-thomas-aquinas-secular-autonomy.

Eduardo, J. Echeverria. "The Christian faith as a way of life: in appreciation of Francis Schaeffer (on the fiftieth anniversary of L'Abri Fellowship)." *The Evangelical Quarterly* 79:3 (2007): 241-252.

Edwards, Mark. "How Should We Then Think: A Study of Francis Schaeffer's Lordship Principle." *The Westminster Theological Journal* 60:2 (1998): 193-223.

Fischer, John. "Learning to cry for the culture: let's remember Francis Schaeffer's most crucial legacy—tears." *Christianity Today* 51:4 (2007): 40-41.

Fletcher, Joseph. **상황윤리**. 김동수 역. 서울: 규문각, 1968.

_____. **새로운 도덕 상황윤리**. 이희숙 역. 서울: 종로서적출판주식회사, 1989.

Frame, John M. **성경론**. 김진운 역. 서울: 개혁주의신학사,

2014.

_____. 기독교윤리학. 이경직 외 4명 역. 서울: 개혁주의신학사, 2015.

_____. "Some Thoughts on Schaeffer's Apologetics." Fame- Poythress.org. Jun 5, 2012. Accessed Apr 12, 2018. https://frame- poythress.org/some-thoughts-on-schaeffers-apologetics.

Freke Timothy · Gandy Pete . 헤르메티카. 오성근 역. 서울: 김영사, 2005.

_____. *The Hermetica: The Lost Wisdom of the Pharaohs, Material*. New York: TarcherPerigee, 2008.

Gardiner, Patrick. 키에르케고르. 임규정 역. 서울: 시공사, 2001.

Hamilton, Michael S. "The Dissatisfaction of Francis Schaeffer: Thirteen years after his death, Schaeffer's vision and frustrations continue to haunt evangelicalism." *Christianity Today* 41:3 (1997): 22-30.

Hankins, Barry. "'I'm just making a point': Francis Schaeffer and the irony of faithful Christian scholarship." *Fides et historia* 39:1 (2007): 15-34.

_____. *Francis Schaeffer and the Shaping of Evangelical America*. Michigan: William B. Eeerdmans Publishing company, 2008.

Häring, Bernhard. "상황윤리." 신학전망 22 (1973): 30-55.

Harman, Allan M. Review of "*Francis Schaeffer and the shaping of evangelical America.*" by Barry Hankins. *The Reformed Theological Review* 72:1 (2013): 65-67.

Harper, Kenneth C. "Francis A Schaeffer: an evaluation." *Bibliotheca sacra* 133:530 (1976): 130-142.

Heidegger, Martin. 형이상학이란 무엇인가. 최동희 역. 서울: 서문당, 1978.

_____. 존재와 시간. 전양범 역. 서울: 시간과공간사, 1992.

_____. 언어로의 도상에서. 신상희 역. 파주: 나남, 2012.

Heinzmann, Ichar D. "Thomas Von Aquin Und Die Autonimoie Der Vernunft," *Der Streit um den rechten Glauben.* 1991. Accessed April 12, 2018. https://core.ac.uk/download/pdf/12170790.pdf/

Hoekema, Anthony A. 개혁주의 인간론. 이용중 역. 서울: 부흥과개혁사, 2012.

Huxley, Aldous L. 멋진 신세계. 이덕형 역. 서울: 문예출판사, 2018.

Jaspers, Karl. 철학적 신앙. 신옥희 역. 서울: 이화여자대학교 출판부, 1979.

Johnson, Adam Lloyd. "Created To Know: A Comparison Of The Epistemologies Of Michael Polanyi And

Francis Schaeffer." *The Westminster Theological Journal* 79:1 (2017): 45-58.

Johnson, Thomas K. "The Moral Crisis of the West: Reflections from Helmut Thielicke and Francis Schaeffer." *Presbyterion* 17:2 (1991): 119-124.

_____. "Dialogue with Kierkegaard in Protestant theology." *Communio viatorum* 46:3 (2004): 291-293.

Kenny, Anothony. 고대철학. 김성호 역. 서울: 서광사, 2013.

Keroas, Jean-Marie. "Thomas d'Aquin et la logique d'Aristote." Oct 15, 2015. Accessed Apr 12, 2018. http://www.mauvaisenouvelle.fr/?article=livres-thomas-d-aquin-et-la-logique-d-aristote—679.

Kierkegaard, Sören Aabye. 철학적 단편. 표재명 역. 서울: 종로서적주식회사, 1980.

_____. 공포(恐怖)와 전율(戰慄). 손재준 역. 서울: 삼성출판사, 1982.

_____. 공포와 전율. 임춘갑 역. 서울: 치우, 2011.

_____. 관점. 임춘갑 역. 서울: 치우, 2011.

_____. 주체적으로 되는 것. 임규성, 송은재 역. 서울: 지식을 만드는 지식, 2012.

Kim, Tony. 키르케고르 신앙의 합리성. 윤덕영 역. 서울: 홍성사, 2018.

Kunzmann, Peter, Franz-Peter Burkard, Franz Wiedmann. **철학도해사전**. 여상훈 역. 파주: 들녘, 2016.

Kutschki, Norbert. *Der Streit um den rechten Glauben*. Zürich: Benziger. 1991.

Larsen, David Kenneth. "God's Gardeners: American Protestant Evangelicals Confront Environmentalism." Ph.D. diss., The University of Chicago, 2001.

Lillback, Peter A. **칼빈의 언약사상**. 원종천 역. 서울: CLC, 2009.

Lyon, Larry W. "The enduring value of the public theology of Francis Schaeffer." Ph.D. diss., Southeastern Baptist Theological Seminary, 2016.

Lyoyd-Jones, David Martyn. **성경교리강해시리즈1 성부하나님 성자하나님**. 강철성 역. 서울: 기독교문서선교회, 2000.

Marias, Julian. **철학으로서의 철학사**. 강유원, 박수민 역. 파주: 도서출판유유, 2016.

Mccarty, Charles Barry. "A Study Of The Integrity of Evidence used in Francis A. Schaeffer's 'How should we then live?: The rise and decline of Western thought and culture." Ph.D. diss., University of Pittsburgh, 1980.

McCulley, Mark. Review of "*Schaeffer, Francis A., 'A Christian Manifesto'; Whitehead, John W., 'The Second American Revolution'*." *Journal of Church* and State 25:2 (1983): 354-356.

McVicar, Michael J. "Reconstructing America: Religion, American Conservatism, and the Political Theology of Rousas John Rushdoony." Ph.D. diss.. The Ohio State University, 2010.

Nettleship, Richad Lewis. 플라톤의 국가론 강의. 김안중, 홍은경 역. 파주: 교육과학사, 2013.

Neuhaus, Richard John. "The Schaeffer Legacy." *First Things* 34 (1993): 63-64.

Oliphint, K. Scott. Review of *"What is Truth: A Comparative Study of the Positions of Cornelius Van Til, Francis Schaeffer, Carl F H Henry, Donald Bloesch, and Millard Erickson."* by James Emery White. *The Westminster Theological Journal* 57:2 (1995): 495-497.

Outlaw, William David. "The Impact of Francis Schaeffer on selected American Evangelical social thinkers." Ph.D. diss., Mid-America Baptist Theological Seminary, 2001.

Owen, John. 개혁주의 성령론. 이근수 역. 서울: 여수룬, 2000.

_____. *The Works Of John Owen Vol. Ⅲ*. albany or USA: Books For The Ages, 2000.

_____. 죄와 은혜의 지배. 이한상 역. 서울: 부흥과개혁사, 2015.

_____. 죄 죽임. 김귀탁 역. 서울: 부흥과개혁사, 2018.

Tillich, Paul Johannes. "Dialogues, East and West: conversations between Dr Paul Tillich and Dr Hisamatsu Shin'ichi Part two." *The Eastern Buddhist*, 5:2 (1972): 107-128.

Parkhurst, Louis Gifford. 프란시스 쉐퍼. 성기문 역. 서울: 두란노, 1998.

Patterson, James A. "Cultural pessimism in modern evangelical thought: Francis Schaeffer, Carl Henry, and Charles Colson." *Journal of the Evangelical Theological Society* 49:4 (2006): 807-820.

Perkins, Robert L. *International Kierkegaard Commentary Concluding Unscientific Postscript to Philosophical Fragments vol XII*. Georgia: Mercer University Press, 1994.

Pinnock, Clark H. "Breakthorugh for evangelicals." Review of *"The God Who Is There."* by Francis Schaeffer. *Christianity Today* (1969).

Plato. *The Timaeus*. Archer-Hind, Richard Dacre ed. London: Macmillans and co., 1888.

____. *The Republic of Plato*. New York: Oxford University Press, 1958.

____. *The Republic Of Plato*. Francis Macdonald Cornford tr. New York: Oxford University Press, 1976.

Poole, Matthew. 청교도성경주석17 사도행전 로마서. 박문재 역. 서울: 크리스챤다이제스트, 2015.

Rogers, Jack. "Francis Schaeffer: the promise and the problem(1)." *Reformed Journal* 27:5 (1977): 12-15.

_____. "Francis Schaeffer: the promise and the problem(2)." *Reformed Journal* 27:6 (1977): 15-19.

Robinson, John A. T. *Christian Morals Today.* London: The Westminster Press, 1964.

Sanford, James C. *Blueprint for Theocracy: The Christian Right's Vision for America: Examining a Radical "Worldview" and Its Roots.* Rhode Island: Metacomet Books, 2014.

Schaeffer, Edith Seville. **가정이란 무엇인가**. 양은순 역. 서울: 생명의말씀사, 2006.

Schaeffer, Francis A. *The Complete Works of Francis A Schaeffer A Christian Worldview Vol. I, 2d ed. A Christians view of Philosophy and Culture.* Wheaton, Illinois: Crossway Books, 1991.

_____. *The Complete Works of Francis A Schaeffer A Christian Worldview Vol. II, 2d ed. A Christians view of The Bible as Truth.* Wheaton, Illinois: Crossway Books, 1991.

_____. *The Complete Works of Francis A Schaeffer A Christian Worldview Vol. III, 2d ed. A Christians view of Spirituality.* Wheaton, Illinois: Crossway Books, 1991.

_____. *The Complete Works of Francis A Schaeffer A Christian Worldview Vol. Ⅳ, 2d ed. A Christians view of The Church*. Wheaton, Illinois: Crossway Books, 1991.

_____. *The Complete Works of Francis A Schaeffer A Christian Worldview Vol. V, 2d ed. A Christians view of The West*. Wheaton, Illinois: Crossway Books, 1991.

_____. 기독교 문화관. 문석호 역. 서울: 크리스챤다이제스트, 1994.

_____. 20세기 말의 교회. 김재권 역. 서울: 생명의말씀사, 1995.

_____. 궁극적 모순은 없다. 김원주 역. 서울: 생명의말씀사, 1995.

_____. 낙태, 영아살해, 안락사에 대한 그리스도인의 자세. 김기찬 역. 서울: 생명의말씀사, 1995.

_____. 다시 자유와 존엄으로. 김원주 역. 서울: 생명의말씀사, 1995.

_____. 쉐퍼의 명설교. 전호진 역. 서울: 생명의말씀사, 1995.

_____. 시대의 요구에 부응하는 기독교. 이상미 역. 서울: 생명의말씀사, 1995.

_____. 위기에 처한 복음주의. 윤두혁 역. 서울: 생명의말씀사, 1995.

_____. 초영성주의에 맞서는 그리스도인의 자세.

김원주 역. 서울: 생명의말씀사, 1995.
_____. **환경오염과 인간의 죽음**. 김진홍 역. 서울: 생명의말씀사, 1995.
_____. **그리스도인의 표지**. 김재권 역. 서울: 생명의말씀사, 1996.
_____. **오늘날의 교회의 사명**. 권혁봉 역. 서울: 생명의말씀사, 1996.
_____. **기독교 서구관**. 박문재 역. 고양: 크리스챤다이제스트, 1999.
_____. **예술과 성경**. 김진홍 역. 서울: 생명의말씀사. 2001.
_____. **기독교 교회관**. 박문재 역. 고양: 크리스챤다이제스트, 2002.
_____. **기독교 영성관**. 박문재 역. 고양: 크리스챤다이제스트, 2002.
_____. **기독교 성경관**. 문석호 역. 고양: 크리스챤다이제스트, 2003.
_____. **진정한 영적생활**. 권혁봉 역. 서울: 생명의말씀사, 2003.
_____. **창세기의 시공간성**. 권혁봉 역. 서울: 생명의말씀사, 2003.
_____. **기초 성경 공부**. 문대규 역. 서울: 생명의말씀사, 2004.
_____. **쉐퍼의 편지**. 양혜원 역. 서울: 홍성사, 2005.

_____. 그러면 우리는 어떻게 살 것인가?. 김기찬 역. 서울: 생명의말씀사, 2006.

_____. 이성에서의 도피. 김영재 역. 서울: 생명의말씀사, 2008.

_____. 복음의 진수. 조계광 역. 서울: 생명의말씀사, 2014.

Smith, Vincent Edward. *Idea-men of today*. Milwaukee: Bruce, 1950.

Stadler, G. Thomas. "Renaissance humanism: Francis Schaeffer versus some contemporary scholars." *Fides et historia* 21:2 (1989): 4-20.

Stewart, Jon Bartley. *Kierkegaard's Influence on Theology: Anglophone and Scandinavian Protestant Theology (Kierkegaard Research: Sources, Reception and Resources)*. England: Ashgate Publishing Limited, 2018.

Störig, J. Hans. **세계철학사**. 박민수 역. 서울: 자음과모음, 2015.

Stumpf, Samuel Enoch, James Fieser. **소크라테스에서 포스트모더니즘까지**. 이광래 역. 서울: 열린책들, 2017.

Thi Hong Buu, Huynh. "Francis Schaeffer's True Knowledge Apologetics and Its Relevance to Curriculum in a Christian Educational Context." 박사학위논문, 고신대학교, 2014.

Tollefsen, John Jacob. "An Apologetic Approach To

Hermeneutics And Inerrancy." *Global Journal of Classical Theology* 11 (2014): 1-34.

Wells, Ronald A. "Whatever happened to Francis Schaeffer." *Reformed Journal* 33:5 (1983): 10-13.

William, Edgar. "Two Christian Warriors: Cornelius Van Til and Francis A Schaeffer Compared." *The Westminster Theological Journal* 57:1 (1995): 57-80.

Wood, Andrew. 2006, Review of "*Truth with love: the apologetics of Francis Schaeffer.*" by Bryan A. Follis. *Stone-Campbell Journal* 11:1 (2008): 104-105.

프란시스 쉐퍼의
도약 반대론

지은이 정태홍
발행일 2019년 5월 20일
펴낸곳 RPTMINISTRIES
주소 경남 거창군 가조면 마상3길 22
전화 Tel. 010-4934-0675
등록번호 제547-2018-000002호
홈페이지 http://www.esesang91.com
ISBN 979-11-89889-12-8(03230)
CIP 2019011243 가격 20,000원

저작권ⓒ정태홍, 2019